U0476655

公共关系与战略传播丛书

# 赋能：县级媒体融合的改革经验与创新探索

FUNENG: XIANJI MEITI RONGHE DE
GAIGE JINGYAN YU CHUANGXIN TANSUO

刘晓程　著

读者出版社

图书在版编目（CIP）数据

赋能：县级媒体融合的改革经验与创新探索 / 刘晓程著. -- 兰州：读者出版社，2023.11
ISBN 978-7-5527-0777-9

Ⅰ. ①赋… Ⅱ. ①刘… Ⅲ. ①县－传播媒体－研究－中国 Ⅳ. ①G219.2

中国国家版本馆CIP数据核字（2023）第213754号

## 赋能——县级媒体融合的改革经验与创新探索

刘晓程　著

| 责任编辑 | 漆晓勤 |
|---|---|
| 装帧设计 | 雷们起 |

| 出版发行 | 读者出版社 |
|---|---|
| 地　　址 | 兰州市城关区读者大道568号（730030） |
| 邮　　箱 | readerpress@163.com |
| 电　　话 | 0931-2131529（编辑部）　0931-2131507（发行部） |
| 印　　刷 | 兰州银声印务有限公司 |
| 规　　格 | 开本 787 毫米 × 1092 毫米　1/16<br>印张 17.375　插页 2　字数 326 千 |
| 版　　次 | 2023 年 11 月第 1 版<br>2023 年 11 月第 1 次印刷 |
| 书　　号 | ISBN 978-7-5527-0777-9 |
| 定　　价 | 68.00元 |

如发现印装质量问题，影响阅读，请与出版社联系调换。

本书所有内容经作者同意授权，并许可使用。
未经同意，不得以任何形式复制。

# 公共关系与战略传播丛书
## 编委会

顾　　问：冯　诚　曹国林
丛书主编：刘晓程
编　　委：李惠民　穆建刚　许小平　王　芳　韩　亮
　　　　　于永俊　张硕勋　王君玲　刘晓程　权　玺

## 公共关系与战略传播丛书简介

"公共关系与战略传播丛书"是兰州大学公共关系与战略传播研究中心推出的系列教学、科研和社会服务成果。系列成果汇集该中心多年来在新闻传播学界尤其是在公共关系与战略传播领域积累的丰富成果,通过不断沉淀和打磨,出版一批研究专著和系列教学案例集、实践成果集、优秀论文集,以此系统盘点中心家底,拓宽中心科学研究和社会服务边界,努力将中心打造成为新时代中国西部卓有影响的新型公关学术智库。

## 基金项目

本书系教育部社科基金项目《县级媒体融合与基层传播治理创新研究》(项目编号:19XJA860001)的结项成果,同时也是教育部社科青年基金项目(项目编号:21YJC860017)和国家社科基金项目(项目编号:20BXW095)的阶段性成果。

# 总 序

如果以"公共关系之父"爱德华·伯内斯（Edward Bernays）1923年在纽约大学开设公共关系课程并于同一年出版公关专著《舆论的结晶》（Crystallizing Public Opinion）算起，现代公共关系学诞生至今刚好满一百年。

在国外，公共关系研究机构起步早、种类多、发展快。早在1939年，公共关系专家雷克斯·哈洛（Rex F. Harlow）就创立了美国公共关系理事会（ACPR）；1948年ACPR与全美公共关系顾问协会（NAPRC）合并，组成美国公共关系学会（PRSA）；1955年国际公共关系协会（IPRA）在伦敦成立，被视为现代公共关系国际化的重要标志。近年来，国际传播学会（ICA）设立公关分会，为推动公共关系学术研究的国际化做出了贡献。在我国，1987年成立的中国公共关系协会（CPRA，当前业务主管单位是中共中央宣传部），是我国成立最早的全国性公共关系行业社会团体；1991年成立中国国际公共关系协会（CIPRA，当前业务主管单位为外交部），旨在推动中国公共关系业的职业化、规范化和国际化发展。2015年中国新闻史学会公共关系专业委员会（PRSC）成立，为中国公共关系学科发展、专业建设和学术研究搭建了重要平台。

我国高校和科研机构中以公共关系为主的学术组织不少，最早可以追溯至中国社会科学院新闻研究所明安香研究员1984年成立的公共关系课题组。作为国内第一个公共关系研究组织，他们于1984年12月26日在《经济日报》上推出著名的长篇通讯《如虎添翼——记广州白云山制药厂的公共关系工作》，同时发表了社论《认真研究社会主义公共关系》，成为中国公关史上的一件大事。1986年，由明安香研究员主编的《塑造形象的艺术——公共关系学概论》在科学普及出版社出版，系我国内地第一本公共关系学著作。几年之后的1988年，在大西北的兰州大学，时任教务处处长杨峻组织协调，新闻系刘树田、李东文给予关心支持，由来自新闻、哲学、历史、经济、管理、外语、电信、物理、马列、文化中心与学校党政部门等不同学科和专业背景的一批青年学者和骨干教师组织发起，经时任兰州大学校长胡之德批准，于1988年底正式同意成立兰州大学公共关系研究中心。这批青年骨干教师以杨魁、段京肃、戴元光、张克非、甘晖、徐敬章、王维平、陈文江、穆建刚、李映洲、李文、曹孟勤、马建国、乔健、江波、胡元新、李磊、孙明贵、陈春丽、于永俊等老师为代表。他们开风气之先在全国率先开办公共关系辅修专业，在新闻系、夜大学和自学考试开办公共关系学专业（大专），同时面向社会开展大规模的公共关系、市场营销、广告培训教育，为政府、企事业单位和媒体开展公关策划和商业咨询服务，为兰州市首届丝绸之路节、条山集团、黄河集团、民百集团、滨河集团、皇台集团、广东宏远集团、TCL集团、椰风集团、兰州电力、兰州电信及兰州移动等提供咨询策划服务，取得广泛的社会影响。1989年，兰州大学公共关系研究中心联合深圳大学、杭州大学、中山大学、复旦大学等高校发起主办"全国高校公共关系教学研讨会"，在中国公关学界影响深远。1994年，兰州大学公共关系研究中心成功主办了"第三届全国高校公共关系教学研讨会"，其中提出的产学研一体化的"大公关"理念，得到了与会专家学者们的高度认同，也奠定了兰州大学公共关系研究在全国"西部学派"的重要地位，成为"改革开放以来高校文科成功服务社会典范的'兰大现象'"，被《科技日报》《甘肃日报》《公关世界》等新闻媒体及社会高度关注。此外，中心还参与编撰《公共关系学》（主编熊源伟，该书1990年由安徽人民出版社出版，曾被评为全国优秀畅销书，又称公关"红宝书"）和《公共关系案例》（系"红宝书"配套的案例教学参考书籍），组织编写"高校公关专业用书"系列书籍，编撰《公共关系大辞典》，组织出版"现代企业策划丛书""公共关系-营销-广告丛书"等。1997年，该中心组织申报的教学研究成果《中国特色公共关系教学体系建立的研究与实践》荣获甘肃省教学成果一等奖。

1997年，为了顺应社会对公共关系及咨询策划服务的新需求与发展新趋势，在兰州大学社科处的支持下，同意在原有兰州大学公共关系研究中心的基础上，成立"兰州大学现代咨询策划研究所",实行两块牌子一套人马的运作机制。这一时期,由于人员流动及学科发展形成的人员分流等原因,核心成员主要以杨魁、段京肃、李惠民、穆建刚、樊得生、石束、王芳、杨宏伟等为代表。他们组织策划了"现代企业创新研究丛书",承担了春天酒业、佛慈制药等商业咨询策划服务,并将研究和服务视野与大众传播领域相结合,先后完成"《读者》现状研究与创新""《兰州广播电视报》创新方案""《兰州晨报》新版策划方案""《西部商报》创新发展白皮书""《天水晚报》品牌创新与整合营销系统策划""《都市天地报·城市周刊》整体策划方案""甘肃省广播电视总台品牌文化提升工程"等咨询策划服务项目,同时积极推动"西部欠发达地区大众传播事业发展与社会进步""西部农村地区互联网发展实证研究"等纵向课题的研究工作,逐步将传统商业公关策划引向多元战略传播领域。

近年来,以新闻与传播学院老师为主体的各种研究团队依然活跃在公共关系与战略传播研究的舞台上。相关团队依托各类课题项目的支持,组织出版"风险社会与危机传播研究丛书",并逐渐加强对危机传播、舆情治理、对外传播、政策传播、科学传播等专题的研究工作,不断丰富发展了公共关系与战略传播研究的边界。2016年,由王芳教授牵头成立的"兰州大学社会舆论调查与舆情研判中心"获批甘肃省级高校新型智库,在危机传播管理和舆情研判应对方面承担了大量政府委托项目,撰写大量舆情研判报告,受到中宣部舆情局,甘肃省委宣传部、网信办、办公厅等单位的支持肯定。

2020年10月,PRSC第五届学术年会暨第十三届公关与广告国际学术论坛(PRAD)在兰州大学召开。会上,不少专家和领导回忆起兰州大学公共关系学科的发展历史,认为很有必要恢复设立公关研究中心,系统梳理兰州大学30多年来在公共关系领域开展的各项工作和成功经验,为新闻传播学一级学科博士点建设提供新的增长点。为此,我们在上述团体的基础上重新梳理家底并整合资源,于2021年5月20日成功获批成立兰州大学公共关系与战略传播研究中心。新中心为兰州大学校内人文社会科学类非实体性研究机构,挂靠新闻与传播学院,聘任刘晓程同志担任中心执行主任。

新中心在"公共关系"的基础上增加"战略传播"有如下考虑:一是避免公共关

系的污名化标签限制。长期以来,"公共关系"被简称为"公关",经常被贴上"搞关系"之类的世俗标签,成为一个说不清、道不明的领域,很难在学界获得重视。为避免这种尴尬,新中心需要去除人们对传统公关形成的狭隘理解,以新促新。二是顺应时代发展的需要。不可否认,老公关中心是改革开放初期的时代产物,尽管在学术上他们很早就提出了公共关系的"社会-文化说"和"21世纪大交融·大市场·大公关"的深刻思想,但在教学和社会服务上,主要还是以企业公关与商业策划为主。而在当今时代,公共关系显然不再仅仅是传统商业领域的一种专业工具,早已渗透在包括新闻宣传、政策传播、科学传播、对外传播、边疆传播在内的各种战略传播应用领域之中,并以此不断丰富新闻传播学的内涵。三是考虑中心团队现有的资源整合和学科建设需要。尽管中心团队中的很多成员与老公关中心以及相关研究机构有不少渊源,但真正深耕公关基础理论研究的同仁并不多。大家多在战略传播相关地带开展教学、科研和社会服务工作。因此有必要通过战略传播的牵引,把大家聚集到一起,开展更加多元而深入的合作。

然而,不论作何考虑,新中心都将始终抱持对老中心优良传统的继承学习并发扬光大。比如,老公关中心的前辈们一直致力于公关人才培养和基础理论研究,一直坚持教学、科研、社会服务"三位一体"的发展模式,一直强调各种类型成果的持续积累和迭代产出……这些成功经验都值得我们在今天接续继承并发展创新。"公共关系与战略传播丛书"的提出,就是这样一种最朴素的构想。作为新中心成立以来的第一个标志性工作,这套丛书将主要汇集中心成员多年来在公共关系与战略传播教学、科研、社会服务等方面积累形成的丰富成果。其主体内容包括如下三种类型:一是公共关系与战略传播有关的各类研究著作,以公共关系基础研究、不同类别的战略传播专题理论研究或专题应用研究为主。主要依托中心团队成员已经或正在开展的各类研究课题,争取把每个课题都孵化成一本专著,从而以系列成果的形式保存下来。二是公共关系与战略传播有关的案例成果,以教学案例集的方式统一结集出版。多年来,中心成员在广告、公关、舆情、咨询等领域积累了十分丰富的社会服务案例(有的还是非常成功的商业案例),这些成功案例既是相关实战课题的产品,也可作为公关与战略传播教学的资料。三是公共关系与战略传播有关的作品集。多年来,中心老师指导学生开展了大量形式多样的业务教学实践或社会服务实践工作，一大批优秀的实践作品值得整理出版，这既是对各类指导工作的一种梳理，也是对业务问题的再次交流，同时也符合当下人才培养和专业建设的基本要求。

总之，"公共关系与战略传播丛书"是对兰州大学公共关系30多年学科建设的一种传承、一种沉淀、一种发展。我们希望通过这样一个相对开放的出版计划，让更多从事相关教学、研究、实践的同仁能以"公共关系与战略传播"的名义再度结集起来，不论我们选择扎根基础研究或专题研究，还是选择投身社会服务或致力于专业教学，都能用更加多元灵活的方式促进我们的工作，积累我们的成果。以此为基础，我们再一次站在新的历史起点上，对标国家战略和区域经济社会发展，对标人才培养实际和新闻传播学科发展要求，努力书写兰大新传人的新篇章。

刘晓程

2022年10月28日

兰州大学一分部

# 前言：重返县级媒体

2018年是中国县级融媒体中心建设的元年。这一年，习近平总书记在全国宣传思想工作会议上指出，要扎实抓好县级融媒体中心建设，更好引导群众、服务群众。县级融媒体中心建设从此拉开大幕。随着全国各地县级融媒体中心建设不断深入，县级融媒体中心的功能逐渐清晰——新闻、政务、服务、商务，以县级融媒体中心为依托，不断推进基层社会治理体系优化与治理能力提升。

县级媒体是中国基层的舆论阵地，肩负着基层社会治理、政治沟通、舆论引导、网络安全、文明传承，以及意识形态引领工作。县级融媒体中心建设能否带来中国基层传播治理的切实改变，使其从传统媒介环境下"宣传—操控"的单向治理模式，向公开、透明、民主之维转型改变？在全媒体传播体系下，能否构建形成以双向对称、平等互动为基本原则的全媒体对话传播体系？

带着这样的问题，我们申报获批了2019年教育部社科基金项目《县级媒体融合与基层传播治理创新研究》（项目编号：19XJA860001）。我们在前期申报论证中指出，县级媒体融合是中国特色的一项政策要求，是新形势下县级媒体发展的现实需要。然而，既往研究主要集中在宏观层面的传播与国家治理，以及微观层面的县级媒体融合创新实践，并没有沉浸到传播与基层社会治理的具体情境上来，从而导致两个问题的探讨存在一种割裂现象——县级媒体融合仅仅停留于技术市场层面，忽视了传播治理领域的综合研究。

因此，课题申报时希望以推动县级媒体融合发展为契机，研究相关实践带来的新问题和新经验，既能进一步发展新理论，又能为促进县级媒体融合事业健康发展提供切实指导。

然而，这些"美好愿望"在具体研究中遇到了诸多现实问题。一是县级融媒体中心还是个新鲜事物，其建设本身需要一个渐进的发展过程，相关研究不能脱离县级融媒体中心这一具体的对象，而且需要一个较长时段的广泛观察和深度思考。二是基层社会治理创新不是一般的硬件建设，无法一蹴而就，相关研究如上所言需要沉浸到传播与基层社会治理的具体情境之中，但这个"具体情境"极为复杂，研究者无法在短时间内看到非常显著的变化，如果生硬移植其他理论或经验，会有"生搬硬套、水土不服"的操作风险。三是受三年新冠疫情的影响，原本计划面向全国开展较为广泛的实地调研总是无法成行，这在一定程度上影响了相关研究的典型性和代表性。

面对这些问题，课题组必须做出及时调整——重返县级媒体。

对中国人而言，县级媒体并不是一个陌生的概念。早在新中国成立之初，广播大喇叭就在全国各地"遍地开花"，人们对这种超出行政区划和地理空间的声音媒体有着天然的技术亲近感，甚至作为一种"乡愁"在各种乡村记忆的语境中被不断提及和复现。当然，在不少基层文化人的记忆中，不光有"大喇叭"这类媒体，还有县级报刊，后者因为文字媒介的稀缺性而变得更加特殊，有时甚至成为基层群众的社会地位的一种代表性符号。能看得到县报的人，要么是地方官员，要么就是有一定社会地位的文化人。

进入电视时代，"四级办"不仅让县级电视成为一个制度性的产物，同时也成为一代人的媒介记忆。作为一种制度性安排，县级电视台是一种传播权力和社会身份的象征。谁能被县级电视台采访，成为县级电视台的报道对象，都是一种社会荣耀的体现；作为一种媒介记忆，人们更多沉浸在居家看电视，收看县域新闻，点播（滚动播放）流行歌曲、电影、电视剧，声讨县电视台低俗农药广告和医疗广告，以及参与到县级电视台举办的各种节庆文化活动等极具时代烙印的具体记忆之中。县级电视台在人们的印象中更像点歌台、点播台和录像厅。

回头看，这些记忆似乎并不久远，随之而来是全国电视网的崛起。人们被央视的大制作以及全国性的卫星电视所吸引，大家沉浸在《还珠格格》和《超级女声》带来的全民娱乐狂欢之中。电视机不再具有基层性和地方性，而成为各省头部媒体吸纳全国观众的重要载体。至于县级电视的那些一般化的节目制作早被人们抛在身后。县级电视台的专业人员除了坚守县域新闻宣传工作外，有的不得不流向婚庆公司之类的地方文化产业领域。

更具毁灭性的是互联网时代的到来，尤其是手机创造的移动互联网社会的出现。一机在手，天下我有；机一离手，魂都没有。这句话成为基层群众媒介接触的真实写照。万事问"度娘"、新闻看头条、购物上淘宝、沟通用微信、娱乐在快手……哪怕在极其偏远的农村，人们也不会再留恋县级媒体的美好记忆。

而就在这时，县级融媒体中心横空出世。上千万的巨额投入、崭新的全媒体大楼、最先进的技术装备、最现代的办公环境……县级媒体一下子进入到了前所未有的发展阶段——它们越来越有了现代媒体的模样，越来越淡化了行政区划的地方身份和基层色彩，在媒体融合的大舞台里，它们和其他全国性的专业媒体一起同频共振、齐飞共舞。

人们也突然发现，在万物皆媒、人人都是记者的后真相时代，来自县级媒体的信息传播、新闻报道、政务服务、便民服务、电子商务变得那么具体、真实和迫切。这不仅让我们形成对县级媒体的全新认知，也让本课题研究找到了更真切的具体方向——研究县级媒体。

基于这种认识，课题组重新规划了如下研究内容：一是以研究者所在地为具体对象，全面梳理县级媒体的发展历史，厘清县级媒体的功能变迁。二是仍以研究者所在地为具体对象，全面梳理县级媒体融合改革的发展历程，对县级媒体融合改革形成一个总括性的认识和了解。三是聚焦县级媒体融合的省级平台，从媒体关系维度讨论县级媒体融合改革对省级媒体平台带来的深刻改变。四是开展用户调查，了解广大基层用户对县级媒体和媒体融合的基本认识，从中寻找县级媒体未来发展的可能方向。五是从基层政府工作人员和县级媒体从业人员两个维度展开调查，一方面了解基层政府工作人员的媒介素养，一方面了解基层媒体从业人员的职业认同，从中寻找县级媒体融合改革应该关注的重点和方向。六是从商业模式入手，对全国具有代表性的县级融媒体中心展开研究，归纳整理县级融媒体中心的商业模式，为县级融媒体中心的改革发展提供借鉴。

于是，就有了这本书七个章节的具体内容安排，它们是课题组"重返县级媒体"的研究成果集纳，也是我们认真对待"县级媒体融合与基层传播治理创新研究"这一课题的具体回应。

通过重返县级媒体、研究县级媒体，我们确实形成了不少有意义的发现：

（1）县级媒体的功能有其自身的历史发展轨迹，县级媒体融合改革是新时代的新要求、新使命和新担当。

（2）县级媒体融合创新是一个循序渐进的过程，"千县一面"不应是这一改革的具体归宿，"多元一体"为相关改革实践提供了更多的可能性。

（3）县级媒体融合带来省级平台全媒体传播体系的重构，再造了省级平台的传播生态和关系生态，而基于关系视角的连接、互动对县级媒体融合改革更有现实指导意义。

（4）发展用户并沉淀用户，是县级媒体的关键，基于用户的产品创新、服务创新、品牌构建是县级媒体健康发展的应有方向。

（5）县级媒体的发展离不开基层政府工作人员的广泛参与，提升他们的媒介素养，增强他们的对话能力，对县级媒体健康发展具有现实意义。

（6）县级媒体从业人员是县级媒体发展的从业主体，他们的职业认同构建既需要职业化维度的制度安排，更需要职业管辖权意义上的系统再造，让从业者干得有体面、有激情、有成就，是县级媒体长远发展的必经之路。

（7）县级融媒体中心突破"千县一面"的关键是要找到属于自身特色的商业模式，无论选择单一媒体型、服务平台型、多元化公司型、复合系统型哪一种商业模式，都应依托县域自身，从本地资源、价值创造、价值网络、内部管理机制与价值体现等维度构架自有特色的商业模式，找到具有独特竞争力的自我发展之道，唯有如此才能首先生存下来，并在基层社会治理创新的道路上越走越远。

以上，就是这本书的主要内容。我们希望这本书能让更多人重新关注县级媒体，理解县级媒体融合改革的本质，为县级媒体融合与基层传播治理创新研究提供更多、更有价值的借鉴和参考。

# 目 录

第一章　持续赋能：县级媒体的功能考察…………………………… 001

第二章　多元一体：县媒融合的改革经验…………………………… 027

第三章　关系再造：媒体平台的融合创新…………………………… 042

第四章　用户视角：公众认知与功能拓展…………………………… 064

第五章　媒介素养：基层人员的对话能力…………………………… 095

第六章　重塑系统：从业人员的职业认同…………………………… 135

第七章　聚焦价值：县级媒体的商业模式…………………………… 178

结语：融合·赋能·善治……………………………………………… 228

参考文献…………………………………………………………………… 233

附录1　县级媒体融合与基层社会治理创新研究座谈、访谈提纲………… 240

附录2　县级融媒体的公众认知、使用及评价情况调查问卷…………… 245

附录3　政府工作人员媒介素养调查问卷……………………………… 255

后　记……………………………………………………………………… 263

# 第一章 持续赋能：县级媒体的功能考察

县级媒体是国家传播体系中的重要一环，也是连接基层社会的关键一环，是政策执行、民生保障、社会稳定的重要基础。作为最贴近基层社会群众的一类媒体，县级媒体责无旁贷地承担着联系基层群众、服务基层群众的重要功能。

从纵向维度看，县级媒体在我国有其自身的发展历史。从中华人民共和国成立之初全国政治宣传网络建设形成县级广播（"大喇叭"）、县级报纸的建设浪潮，到改革开放之初"四级办台"的县级媒体建设制度的形成，再到新时代县级融媒体中心与全媒体传播体系建设的国家战略推动，县级媒体参与了新中国成立以来传媒改革变迁的全过程，也经历着自己十分独特的发展进程。

"功能"是本章考察县级媒体发展变迁的重要角度，这在学界已有共识。哈罗德·拉斯韦尔（Harold Lasswell）认为大众传播具有环境监视、社会协调和文化传承功能。韦尔伯·施拉姆（Wilbur Schramm）认为应该从政治功能、经济功能、一般社会功能几个层面概括大众传播功能。李良荣认为，大众媒体具有沟通情况，进行宣传、整合社会，实施舆论监督，传播知识、提供娱乐，作为企业、赢得利润等五大功能。[①] 作为媒体系统的一员，县级媒体无疑也应具有上述功能。但是，这些功能在县级媒体层面是如何发挥的，又经历了怎样的演变过程，是我们试图观察和厘清的重要问题。

本章，我们将县级媒体功能放在一个历史性的维度来加以考察，探讨县级媒体的功能变迁，并讨论影响县级媒体功能变迁的历史原因。在具体描述中，我们从历史视角切入，以改革开放和党的十八大为历史考察的时间节点，将县级媒体的发展

---

① 李良荣：《新闻学概论》，复旦大学出版社2010年版，第128—133页。

历史分为三个阶段，同时考虑研究的便利性，重点考察甘肃省县级媒体的发展历程和功能变迁[①]。

## 一、改革开放前的县级媒体

### （一）改革开放前全国县级媒体的发展简况

新中国成立初期，为巩固新生政权，维护社会的稳定发展，党和政府需要媒体进行大量的政策宣传，以保证政策及时下达。在此背景下，国家开始对县级媒体建设进行布局，基层广播事业的发展受到高度重视。1949 年 9 月，《中国人民政治协商会议共同纲领》第 49 条明确提出"发展人民广播事业"[②]。1950 年 4 月 22 日，新闻总署正式发布了《关于建立广播收音网的决定》，《决定》指出："无线电广播事业是群众性宣传教育的最有力的工具之一，利用广播进行宣传和动员，可以发挥极大的作用。"[③] 在全国性的政策指导之下，1952 年 4 月 4 日，我国第一座县级广播站——吉林省九台县广播站正式播音。1952 年年底，全国第一次广播会议肯定了九台县的工作经验，并决定向全国推广。此后，县级广播站开始在全国如火如荼地发展起来。到 1954 年年底，全国已建成县级广播站 547 个。[④] 当时，县级广播站的主要任务是转播中央台、省台的节目，使其成为党和政府对群众宣传教育、指导工作的有效工具。同时，县级广播站还积极开办贴合农村实际、密切联系农民的广

---

① 为了解甘肃省县级媒体发展的历史情况，课题组通过甘肃地方史志网、甘肃数字方志馆以及万方地方志数据库等开放渠道查阅了大量资料。其中主要资料来源有：甘肃省广播电影电视局史志编纂委员会办公室编纂的《甘肃广播电影电视大事记（1918—2003）》，甘肃省地方史志编纂委员编纂的《甘肃省志·广播电影电视志（第六十四卷）》《甘肃省志·广播电影电视志（1999—2008）》《甘肃省志·大事记（1986—2010）》，兰州市地方志编纂委员会、兰州市广播电视志编纂委员会编纂的《兰州市广播电视志》，武威市广播电视局编纂的《武威市广播电视志》，宋旺喜主编的《天水市广播电视志》，庆阳县广播电视局编纂的《庆阳县广播电视志》，庆城县广播电影电视志编纂委员会编纂的《庆城县广播电影电视志（1952—2008）》，《庆阳县志》编纂委员会编纂的《庆阳县志》，敦煌市地方志编纂委员会编纂的《敦煌志》等。

② 中共中央文献研究室：《建国以来重要文献选编（第一册）》，中央文献出版社 1993 年版，第 12 页。

③ 赵玉明：《中国广播电视通史》，中国传媒大学出版社 2006 年版，第 206 页。

④ 张建星、唐绪军、崔保国、胡怀福：《中国报业 40 年》，人民日报出版社 2018 年版，第 89 页。

播节目，成为基层群众获取生活、生产信息的主要渠道。

这一时期，在经济条件较好的地区，大批县级报纸纷纷创刊。最早的县级报纸是 1954 年 5 月由中共临海县委创办的《临海报》。1956 年，《人民日报》报道了吴兴县创办的《吴兴报》，成为全国县级报纸中的一个典型。与此同时，金华县的《金华日报》也在全国形成影响，受到关注。这一时期县级报纸事业的发展十分迅速。以浙江为例，到 1956 年年底，浙江全省有县报 75 家，几乎达到县县有报。①但因为这一时期的县报缺乏坚实的经济基础，在三年困难时期，县报陆续停刊。

"大跃进"期间，应国家号召，全国各县大力发展广播电台。到 1960 年，全国建成县级广播站 1600 个，1961 年则达到 2 万多个。②"文革"时期，县级有线广播站、大喇叭成为搭建全国基层广播网络的主要媒介。到 1973 年，全国有线广播网基本普及，全国农村有线广播喇叭达 9900 万只，比"文革"前的 870 万只增加了 10 倍以上，到 1976 年年底，全国安装的有线喇叭发展到 1.13 亿只，是"文革"前数量的 17 倍多。单从数量变化来看，大喇叭在"文革"期间的发展速度极快。在当时的经济社会环境下，县级广播站和县乡一级的大喇叭，实际上是一种"技术下沉"的媒体推广实践。这些大喇叭被安装在县（市）的学校操场、工厂、农村稻田及公社的电线杆、房顶上。作为一种声音媒介，面对基层复杂的环境，其覆盖率和有效性都远超过其他的媒介形式。同时，大喇叭相较于普通广播更具灵活性高、成本低的特点，这使其能够迅速下沉到基层地区。所以，大喇叭的数量与基层广播站的数量相差极为悬殊。

总之，在改革开放前，我国县级媒体以县级收音站、广播站和县乡一级大喇叭、县级报为主要形式。这一阶段的县级媒体受政策因素影响，根据经济和社会环境条件逐渐发展起步，其发展过程呈现一定的延续性和稳定性。延续性主要体现在县级媒体对基层群众的宣传、动员始终发挥着应有的终端作用；稳定性则体现在县级媒体网络的扩展对此后县级媒体发展的基本格局打下了一定的基础。

---

① 潘祥辉：《"广播下乡"：新中国农村广播 70 年》，《浙江学刊》，2019 年第 6 期，第 4—13 页。

② 赵玉明：《中国广播电视通史》，中国传媒大学出版社 2006 年版，第 317 页。

## (二)改革开放前甘肃县级媒体的发展状况

这一时期,甘肃省县级媒体的发展与全国基本同步。在甘肃省,这一时期主要以县级收音站、广播站和乡镇大喇叭为主,发展速度较快。在广阔县域和一些偏远地区,县级媒体成为基层群众接收外界信息的"第一媒体"。

1950年10月,中共甘肃省委宣传部发出《关于开展广播工作的指示》。年底,甘肃省人民政府发布《关于建立广播收音网和加强广播工作的指示》,决定在全省建立广播收音网。由此,各市、县相继开始建立收音站、广播站。据《甘肃广播电影电视大事记(1918—2003)》记载,1951年1月,甘肃省建立首批县级收音站,有临夏、秦安、庆阳等县。而在《天水市广播电视志》中提到,1950年11月,武山县广播收音站建立,那么,甘肃省建立县级收音站的时间也可以追溯到1950年。到1954年年底,全省已有县级收音站98个。[①]

这一时期,县级收音站主要负责抄收中央人民广播电台和甘肃省人民广播电台的新闻,并编成油印小报和黑板报,在县域内进行传播。据《甘肃广播电影电视大事记(1918—2003)》记载,灵台县收音站的油印小报每期发行1000多份。收音站将党在过渡时期的总路线、土地改革、三大改造等方面的方针政策,以及抗美援朝战争期间的信息及时向广大群众宣传,是扩大宣传的一种手段。同时,县级收音站还承担着下乡组织农民收听广播的任务,特别是在中央、省台有重要新闻和重要节目时,各县级收音站都会事先预告,再组织集体收听。当时的宣传形式贴近基层群众的生活方式,收音站的工作人员也会利用赶集日、节日、庙会等群众聚集的时机,定期上街宣传、开展读报活动,甚至用快板等形式,及时向群众宣传土地改革、互助合作、婚姻法等政策法规。

随着广播技术的发展,有线广播开始推广;加之人民生活水平提高,基层群众听广播的需求变得越来越迫切。1954年12月,甘肃省人民委员会发布《逐步建设农村有线广播的指示》,要求到1957年所有县市建起广播站。1955年,甘肃广播收音网发展到区、乡一级,各地收音站内容逐步扩大。据《甘肃省志·广播电影电

---

[①] 甘肃省广播电影电视局史志编纂委员会办公室:《甘肃广播电影电视大事记(1918—2003)》,甘肃文化出版社2004年版,第23页。

视志(第六十四卷)》记载,当时一些收音站结合本地特色,报道本地新闻,有些县还增加了关于农业科技知识、法律常识、生活常识的节目。一些县购置扩音设备、广播喇叭,在县域内建立小型广播站。据《甘肃广播电影电视大事记(1918—2003)》记载,1955年,甘肃省试建的第一个县级广播站——天水县广播站开始正式播音。此后,各县陆续开始建立广播站,到1957年年底,甘肃省已有县(市)广播站88个。[1]

然而好景不长,"大跃进"期间,刚刚发展起来的甘肃省县级广播事业跌入到了"谷底",县(市)广播多数停办,甘肃省内县(市)级广播站1958年减少至48个。[2]到1964年全国第八次广播工作会议后,甘肃省才开始逐渐加快恢复广播网,停办的县(市)级广播站逐渐恢复播音。在"文化大革命"期间,县级广播站基层广播网建设速度加快,县乡一级的大喇叭在基层发挥了十分重要的作用。据《甘肃广播电影电视大事记(1918—2003)》记载,至1977年年底,甘肃省广播喇叭270.7万只,与1965年的4.8万只相比,增加了50倍以上。

受资料限制,关于这一时期甘肃省县级报刊事业的记载并不多。据《兰州市广播电视志》记载,1952年5月,永登县收音站创办的油印小报——《广播快报》出刊。但仅仅存在了两年之后,这份油印小报就在1954年6月宣告停刊了。有资料收藏了1958年的几份"礼县报":这几期报纸都是油印形式,其中105期共有四个版,109期和121期均为两个版。报纸整体已经具备较为完整的结构,报眼的位置登有本地要闻,第一版以国内新闻、本地新闻为主,有社论和评论版块,第二版则主要以农业信息为主,部分穿插本地新闻。在第105期的三版有广告、编后感、道歉启事,其中"广告"的内容为"本报从这期起改为五日刊",此后每逢一、六出刊,定价每份二分,总发行处为礼县邮政局。

这一时期,甘肃省县级媒体的人才队伍初具规模。据《甘肃省志·广播电影电视志(第六十四卷)》记载,1949年,全省县(市)级的职工仅有7人,随着县级

---

[1] 甘肃省广播电影电视局史志编纂委员会办公室:《甘肃广播电影电视大事记(1918—2003)》,甘肃文化出版社2004年版,第27页。
[2] 甘肃省地方史志编纂委员会、甘肃省广播电影电视志编纂委员会:《甘肃省志·广播电影电视志(第六十四卷)》,甘肃人民出版社2007年版,第4页。

收音站和广播站的建立，1956 年末全省县(市)级职工人数已增长到 245 人。1969 年，县(市)级职工人数增长至 502 人，占全省广播系统总职工人数的一半以上。以庆城县(原庆阳县，2002 年改名为庆城县)为例，据《庆阳县广播电视志(1952—1987)》记载，1952 年，庆阳县建立收音站时仅有 1 名正式职工。1963 年，庆阳县广播站仅有职工 3 人，1967 年职工增加至 17 人。县级媒体人才队伍的扩充，与省级媒体的发展不无关系。1955 年，甘肃省人民广播电台开始在全省设立记者站，到 1971 年，省台在全省 14 个地(州)均建立了地方记者站。此外，省台还通过培养和建设业余群众性通讯组织的方式，在全省各地(州)建立报道组。据《甘肃省志·广播电影电视志(六十四卷)》记载，20 世纪 60 年代，甘肃省地、县机关和工矿企事业单位组建报道组 920 多个，每年来稿数量超过 10000 件，约有 1500 件被采用。同时，甘肃省人民广播电台还面向县、乡级广播站的编辑、播音员、技术员，举办多种形式的业务培训班；甘肃省广播事业管理局定期组织业务技术骨干深入基层广播站指导工作，帮助提高县级媒体职工的业务水平；各地(州)也根据实际情况，举办短期培训班。这些工作都极大地促进了县级媒体从业人员的业务成长。

### (三)改革开放前甘肃县级媒体的主要功能

总体而言，甘肃省县级媒体在起步时就存在底子薄、人才不足的问题。但是随着宣传动员、政策宣传作用的突显，甘肃县级媒体逐渐有了一定的自主发展意识，开始自发提升县级媒体职工的业务水平，一定程度上促进了县级媒体的向前发展。

据《甘肃省志·广播电影电视志(第六十四卷)》记载的各县节目时间表(如表 1-1 所示)，这一时期，各县级媒体播出时间和次数都在增加，播出内容则主要是以转播中央和甘肃省的节目为主，政策学习类节目较多，个别县有本地新闻和自办节目，资讯类节目和文艺类节目的种类相对较少，且文艺类节目基本以歌曲为主，部分县的歌曲以革命歌曲为主。由此可见，这一时期县级媒体作为全国传播体系的末梢神经，在一定程度上主要是发挥政策下达的作用，积极配合国家巩固新生政权、宣传动员以及对基层管理的需要。

表 1-1　新中国成立初到改革开放前甘肃部分县级媒体的节目表

| 县级媒体 | 华池县广播站<br>（1956 年 1 月 1 日起） | 庆阳县广播站<br>（1965 年 9 月 1 日起） | 张家川回族自治县<br>毛泽东思想广播站<br>（1969 年 1 月 1 日起） |
|---|---|---|---|
| 播出节目 | 转播中央人民广播电台新闻、转播各地人民广播电台联播节目 | 转播甘肃人民广播电台节目、转播中央人民广播电台节目 | 转播中央台新闻和报纸摘要、转播中央台解放军生活、转播中央台对农村人民公社社员广播、转播中央台各地人民广播电台联播 |
| | 时事政治学习 | 政治学习节目（毛主席著作天天学节目、毛主席革命路线胜利万岁节目、工农兵活用毛泽东思想节目、毛主席革命文艺路线胜利万岁节目） | 政治学习节目（学习最高指示、老三篇天天学） |
| | 本县新闻 | 文艺类节目（合唱《东方红》） | 本县自办节目 |
| | 资讯类节目（农业科学技术、天气预报） | | 文艺类节目（革命歌曲） |
| | 文艺类节目（包括西北地方戏曲、音乐等） | | |
| 播出次数及时长 | 第一次播音:75 分钟<br>第二次播音:135 分钟 | 第一次播音:70 分钟<br>第二次播音:130 分钟<br>第三次播音:180 分钟 | 第一次播音:90 分钟<br>第二次播音:100 分钟<br>第三次播音:120 分钟 |

具体说来，这一时期县级媒体的功能主要表现在如下四个方面。

第一，县级媒体在政策宣传方面发挥了重要作用。这一时期的县收音站、广播站作为党和国家的"耳目喉舌"，积极宣传党中央的政策、方针，在基层社会发挥了重要的政策宣传和群众动员作用。随着广播收音站在全省各地（州）、县建立，在"土地改革""抗美援朝"中，各县收音站的收音员带上收音机和油印小报，到县域及农村地区宣传，起到了传达时事的作用。县城和农村集镇的黑板报，也在向群众传达政时事政策方面发挥了很大的作用。在组织群众收听广播方面，随着各地收音站的宣传内容逐渐增多、形式愈发多样，一些地方除了常规播送抄收的新闻以外，还结合本地情况，贴近群众，讲好地方小事，报道本地新闻。

第二，县级媒体为群众提供其所需的服务性信息。"天气预报"是县广播站的重点节目，在遇到突发自然灾害的情况下，广播可以随时启动应急响应，成为动员、指导群众进行抗灾救灾的得力工具。20世纪60年代，由于农民迫切需要学习农业、工业、副业等各类知识，各县广播站纷纷开办农业科技节目。据《甘肃省志·广播电影电视志（第六十四卷）》记载，河西走廊作为甘肃粮食的主产区，位于河西走廊地区的县级广播站，积极开办农业科技节目，这些节目除了宣传日常生产知识以外，还会邀请农业科技人员一起编写播出广播讲座、广播对话节目，向农民传授农业科技知识。各县（市）广播站还会开办一些科普节目或专栏，如《农家卫生》《妇幼之窗》《科学常识》等，多领域、多方面为农民生产和生活提供信息服务。有线广播还会报道一些个体或是经济联合体的致富经验，传播一些经济信息，为农民培育的树苗、种植的瓜果做宣传，帮助农民为其生产的农副产品开拓销路。

第三，当时的广播在一定意义上担任了"时钟"的作用。据《甘肃省志·广播电影电视志（第六十四卷）》记载的部分县（市）广播站节目时间表，县广播站每日定时播音，除去早晨六七点和晚上六七点钟的两次播音外，部分县还有中午十一、十二点播音，这些特定的时间点，为基层群众提供了一个重要的时间参考。

第四，县级媒体在丰富基层群众精神生活上发挥了一定的作用。据《甘肃省志·广播电影电视志（第六十四卷）》《庆阳县广播电视志》《武威市广播电视志》记载，地（州）、县级广播台（站）都设有戏曲、歌曲类的文艺节目，播出一些秦腔、陇剧、道情等西北戏曲。除此之外，有的县级广播站还会结合国家重大时事，编排文艺节目进行歌曲教唱，如《没有共产党就没有新中国》《社会主义好》《祝酒歌》等，一定程度上丰富了基层群众的精神生活。有的县广播站还将倡导文明新风专题广播作为一项重要的建设内容，通过制作专题节目，宣传好人好事、典型榜样，倡导移风易俗，并结合本县的名胜古迹、历史人物和社会主义建设的成就，从不同角度反映时代风貌，倡导社会新风尚。

（四）改革开放前甘肃县级媒体功能凸显的主要原因

改革开放前，县级媒体如同人体的末梢神经，在国家和社会治理的系统工程中充分发挥了政策宣传、政治动员和提供公共服务的功能，通过结合县域特色尤其是文化特色，满足基层群众的需求，进而打造了一种新的基层传播生态。具体到甘肃，以下几个方面是这一时期县级媒体功能凸显的主要原因：

首先，行政力量在其中起到了主要的作用，政策"赋能"推动县级媒体的建立与发展。沿着这一阶段国家整体的政治环境变化的主线，县级媒体的政策宣传功能十分突出。新中国成立后，依托国家政策的指导，县级媒体开始出现，此时的县级媒体的主要功能就是政治宣传和社会动员功能。从宏观上来看，县级媒体承担着传播党和国家政策的功能，从微观层面来看，县级媒体作为县域中最重要的传播平台，对动员县域内的群众、为县域内群众提供信息、处理一些县域内的事务起到了重要的作用。

其次，经济环境的变化也影响着县级媒体的发展。随着计划经济的发展，县域内经济的发展为县级媒体发展提供物质基础。广播的发展一方面使得县以下的区域被媒体覆盖，同时也使得县级媒体有了更多的自主权，在转播国家及省级媒体节目的基础上，开始自办节目并探索自身业务的发展。

再次，社会文化环境也使得甘肃省县级媒体在节目制作方面有其特色。新中国成立初期，全国开展扫盲运动，降低了文盲率，也改变了群众的生活。随着"百花齐放、百家争鸣"方针的提出，社会主义科学文化建设得到了长足的发展。在这样的文化环境下，基层群众的文化需求也不断提升，甘肃省县级媒体开始积极探索文艺类节目，开办戏曲、歌曲类节目。同时，县级媒体还将文明新风专题作为重要的栏目，引导基层群众养成良好的生活习惯，倡导文明乡风。

最后，媒介技术的进步，推动了县级媒体从收音站到广播站的发展。新中国成立初期，国家对广播收音网的投入，为县级媒体的起步提供了技术支撑。有线广播的出现和推广，使得县级媒体开始兴建广播站。媒介技术的稳定发展使得县级媒体不再局限于转播节目，逐渐有了自主发展的空间。许多县级媒体开始探索广播节目，出现了关注基层动态的本县新闻、提供便民信息的资讯类节目和迎合群众文化需求的文艺类节目。

## 二、改革开放后的县级媒体[①]

1978年党的十一届三中全会确定了解放思想、实事求是的思想路线，决定把全党的工作重心转移到社会主义现代化建设上来。改革开放之后宽松的政治环境、稳步提升的经济总量和不断进步的科学技术，为县级媒体发展提供了更大空间。

1983年，"四级办台"方针的确立，加速了广播电视在中国广大县域的发展，极大调动了县级媒体发展的积极性。但是，"四级办台"并没有从根本上解决县级媒体长远发展的难题，很快就出现了重复建设、资源浪费等现实问题，以致1995年以后，国家开始针对县级广电"治散治滥"。

21世纪初，随着新媒体技术的飞速发展，县级媒体抓住互联网的红利，开始积极探索新发展路径，走出了一条自主创新的发展模式。

甘肃省作为西部经济欠发达地区，市场经济的发展一方面挤压了县级媒体的生存空间，另一方面，市场也为县级媒体积极"赋能"，促使县级媒体思考和探索自身的发展路径。这一时期，甘肃省的县级媒体和全国同步，先经历了一个蓬勃发展的阶段，但随着国家对县级媒体的整治，其发展又陷入了困境，而技术的进步又为其带来了新的发展机遇和挑战。

### （一）改革开放后全国县级媒体的发展情况

1978年以后，国家开始恢复地方广电事业。1980年，中央广播局发布《国务院批转关于加强地方广播事业管理工作的请示报告》，指出要办好县、区地方广播宣传，县级媒体得到了一些发展空间。1983年3月31日至4月10日，广播电视部召开第十一次全国广播电视工作会议，要求在三五年内，除特殊有困难的地区以外，要做到县、社、队通广播，全国大多数县能看到电视。[②] 由此，我国开始布局四级办广播、四级办电视、四级混合覆盖的县级媒体发展框架。中央赋予地方开办电视频道的自主权力，极大地调动了县级办电视的积极性。在这一政策的指引下，各地方政府办电视台的热情高涨，纷纷成立自己的电视台。在一些县乡，甚至出现

---

[①] 本节的"改革开放后"主要是指改革开放到十八大之前这一时期。
[②] 葛娴：《以宣传为中心改革广播电视——记第十一次全国广播电视工作会议》，《新闻战线》，1983年第5期，第15、20页。

了村民写信或是在人代会上提案要求乡镇办广播电视的情景。部分积极的县、乡更是以群众私人存款垫付、"众筹"的方式开办广播电视。

与此同时，20世纪80年代中后期，我国电视工业高速发展，国产电视全面降价。[①] 电视机开始在基层家庭中普及，基层群众逐渐从收听广播转向更具有直观性、感染力和参与感的媒体——电视。这在一定程度上推动了县级电视台的发展。到1988年，全国共有县级电视台183座。[②]

1992年邓小平南方谈话后市场化改革不断推进，市场经济的确立，为基层广播电视事业发展提供了有利的环境。与此同时，媒体也从事业单位过渡到事业性质、企业化经营的双轨制运作模式。对县级媒体而言，就需要在承担原先政策宣传功能的同时，还要考虑生存问题——必须积极转型，参与市场竞争。由此，县级媒体开始尝试通过经营广告、组建传媒集团等商业手段，扩大市场份额。

但是，由于缺少可借鉴的成功经验，且县级媒体自办节目质量不高、人才不足，有些县还存在盲目建台、重复建设等问题，导致县级媒体效益不高、资源浪费，所以县级媒体在这一时期的发展很快遇到了瓶颈。1995年开始，国家开始全面停批县级台建设，同时出台一系列政策，整治县级电视台的散滥问题。1997年，广电部发布通知，要求同一县（市）设立的广播电台、电视台及有线电视台必须合并为一个播出实体。1999年，国务院办公厅转发信息产业部、国家广播电影电视总局下发的《关于加强广播电视有线网络建设管理意见的通知》，要求县级广播电视在实行三台合一的基础上，由省级电视台制作一套公共节目供所辖各县电视台播出，从中空出一定时期留给县级电视台播放自办的新闻和专题节目。[③] 由此，县级媒体的权力被逐渐收回，这让本来就发展动力不足的县级媒体处境更为艰难。

21世纪初，原有"四级办电视"变为"三级办电视""两级办电视"，县级媒体经过调整和治理，数量和规模都有所缩减。到2003年年底，县级广播电视台（转

---

① 曾润喜、杨璨：《重建本地用户连接 融入基层社会治理：县级融媒体发展路径研究》，《新闻与写作》，2021年第5期，第22-28页。
② 《1988年国民经济和社会发展统计公报》，《中国统计》，1989年第3期，第2-9页。
③ 《国务院办公厅转发信息产业部国家广播电影电视总局关于加强广播电视有线网络建设管理意见的通知（国办发〔1999〕82号）》，参见 http://zfgb.fujian.gov.cn/7065。

播）1441座。同时，由于创办县级报纸需要大量资金，过多的县报造成了地方政府和广大基层群众的负担。为减轻这些负担，国家对县级报进行整治。2003年，中共中央办公厅、国务院办公厅联合发出《关于进一步治理党政部门报刊散滥和利用职权发行，减轻基层和农民负担的通知》，要求各县和区不再办报，已经办的要停办。对个别影响大、有一定规模的县市报，可由省级党报或地市级党报进行有偿兼并，或改为地市级党报的县市版。①2004年，有国内统一连续出版物号的县市报由309家锐减到48家，后来新办了6家，共54家。②县级媒体在这一时期的发展举步维艰，迫切需要升级转型。

随后，有线电视建设不断从城市扩展到乡镇，央视多个频道、各大省级卫视的强势扩张、争夺收视，对县级媒体的生存空间造成严重挤压。③而网络的迅速发展一方面加剧了县级媒体发展的困境，另一方面也为县级媒体发展带来了新机遇。互联网的发展不仅使媒体格局、传播方式发生深刻变化，也使得广播电视行业迫切需要在组织管理、内容生产、公共服务等方面作出新的突破和尝试。2010年，《推进三网融合的总体方案》出台，国家正式推动电信网、广播电视网、互联网"三网融合"，我国广播电视行业开始进入真正的"融合期"。县级媒体也抓住了此次机遇，开始积极转型升级，逐渐出现了县级网站、手机报、电子版等新媒体形态。

（二）改革开放后甘肃县级媒体的发展情况

改革开放后，甘肃省县级媒体的发展与全国县级媒体的发展基本同步。在国家有关政策的指导下，甘肃省县级媒体经历了蓬勃发展阶段，但随着相关政策的调整和技术发展的影响，甘肃省县级媒体也经历了相应的调整和转型阶段。

1981年，甘肃省批转省广播局《关于加强地县广播事业管理工作的请示报告》，要求有步骤地整顿和巩固地、县与农村的广播事业。1983年，第十一次全国

---

① 陈国权：《县市报价值何以重塑——以〈浏阳日报〉为例》，《中国记者》，2013年第3期，第76—78页。
② 李骏、洪佳士：《浅析中国县市报的发展与突破》，《中国出版》，2011年第3期，第60—62页。
③ 曾润喜、杨璨：《重建本地用户连接 融入基层社会治理：县级融媒体发展路径研究》，《新闻与写作》，2021年第5期，第22—28页。

广播电视工作会议结束后,甘肃积极贯彻落实会议精神,这一时期,全省82个县(市、区)设立了广播电视局(处),由省厅统一管理、指导地县的广播电视宣传,各县(市、区)广播电视局(处)既是事业管理部门,又是新闻宣传机关。1984年后,甘肃省广播电视网基本形成,广播电视的技术水平有了较大提高,为甘肃县级广播电视发展提供了重要的动力。

以敦煌为例,据《甘肃省志·广播电影电视志(1999—2008)》记载,早在1982年,敦煌虽未正式建台,但已启动播出自办电视节目;据《甘肃广播电影电视大事记(1918—2003)》记载,1991年1月,广电部批准以敦煌电视转播台为基础的敦煌电视台正式试播;据《甘肃省志·广播电影电视志(1999—2008)》记载,1992年4月,经国家广电部批准的甘肃省首家县级电视台——敦煌电视台正式建成开播。敦煌台第一次开播采取录像重播形式。当时,敦煌本地要在中央台播出后的第三天才能看到真正的中央新闻。彼时,敦煌台的节目主要有《新闻联播》《甘肃新闻》《敦煌新闻》《专题新闻》《电视连续剧》《电影》《戏剧》《少儿节目》《天气预报》《科技知识》等,后又增加敦煌台自办的《广告节目》。全天播出时间达5个小时,节假日期间播出时间增至10小时以上。此外,敦煌台还配合当地旅游业发展,播出《来自敦煌的报告》《敦煌艺术》《为了敦煌艺术》等节目。1998年,敦煌台首次以现场直播方式播出第二届敦煌丝路旅游招商会的开幕式演出;2000年,敦煌台首次推出自制航拍专题片《飞跃敦煌》,展示敦煌区域全貌。

从全省来看,据《甘肃省志·广播电影电视志(1999—2008)》记载,从1990年至2000年,经过国家广电总局和省广电局批准,甘肃全省共有56个县正式建立电视台并播出节目。其后,在国家对广播电视台治散治滥的背景下,甘肃省自1997年开始,在对全省各播出机构广泛调研的基础上,制定了《甘肃省广播电视治散治滥工作实施方案》《甘肃省县、市广播电视播出机构合并方案》,省内许多县广播台(站)和电视台合并,陆续成立广播电视台。据《甘肃省志·广播电影电视志(第六十四卷)》记载,经过治散治滥后,1998年,全省经过批准播出的县级广播电视台仅有26座。1999年,全省县、市、区广播电台、电视台实行整合,各县的电台、电视台统一更名为"广播电视台",设有一套广播节目和一套电视节目,但内部仍是一套运行机制。

在体制机制方面，这一时期甘肃省的电视台基本由财政统一拨款，大多数县级电视台还没有广告收入，但也有一些灵活运营的县级台有广告收入，能够维持经营。不过整体来看，县级台的发展情况普遍不好，经营很艰难。在广播节目内容上，除了转播中央、省及市的主要新闻节目之外，自办节目主要由新闻、文艺和服务类的节目组成。新闻类的节目以采编本地新闻为主，多数称为《本县新闻》；专题类的节目主要包含知识性、教育性以及服务性的节目，部分县区还设有理论宣传类、法制类、民生类节目以及适合儿童和老年听众的儿童节目和老年节目；文艺类节目的播放时间集中于每天的中午和晚上，以播出戏曲或歌曲类节目为主，如《影视工作站》《甘州风情》《曲艺荟萃》等①；服务类节目主要以天气预报和广告节目为主，部分县区设有广播体操节目。以庆阳县为例，据《庆阳县广播电视志（1952—2008）》记载，1979年，广播每天播音3次，共计4小时；1987年，广播播音时间分为周内和周天，周内每天播音次数为2次，共计4小时，常设节目包括《本县综合节目》《政策宣传》《农业科技》《文艺节目》《天气预报》，此外还根据本地特色设有《西北地方戏曲》《歌曲》《广播体操》等。周天广播播音时间为中午和晚上，节目主要以轻松的文艺和戏曲节目为主。

总体来说，县级台在这一时段的发展较为缓慢，据《甘肃省志·广播电影电视志（1999—2008）》记载，此时县级台工作量很少，有一些县级电视台3天才播出一个15分钟的当地电视新闻，其他时间都用来播出电视剧。

在人才队伍建设方面，据《甘肃省志·广播电影电视志（第六十四卷）》记载，1978年、1988年、1998年，县（市、区）一级的广播电影电视职工人数分别为1109人、2685人、4540人，基本上每十年就增长了一倍。县（市、区）级的广电人才主要包括行政管理人员、编采人员、播音人员、工程技术人员、文艺人员、经济管理财会人员、有线机线员及其他人员等。以庆阳县为例，据《庆阳县广播电视志（1952—2008）》记载，从1988年到1994年年底，庆阳县广电编辑记者共计8名，其中包括从华北石油管理局、人民铁道报重庆记者站、白银公司等大报大企业

---

① 甘肃省地方史志编纂委员会、甘肃省广播电影电视志编纂委员会：《甘肃省志·广播电影电视志（1999—2008）》，甘肃人民出版社2015年版，第106页。

调回的 3 名骨干记者、当地分配的大学生以及转业军人。同时，还有 1 名国家一级播音员。2002 年庆阳县更名为庆城县。2003 年，庆城广播电视台第一次公开面向社会招聘采编播人员，通过现场考试形式录用了 4 名记者和 2 名播音员，均是大学生。2009 年，庆城台录用 28 名大学生，均是中文、新闻、播音主持以及广播电视编导等与媒体相关的专业。2010 年招聘 16 人，2011 年和 2012 年又招聘 24 人，此时，庆城台有正式编制工作人员达到 68 人。

为满足基层广播电视事业发展对人才的急切需求，甘肃省广播电视局积极开展广播电视技术专业干部短期培训，据《甘肃省志·广播电影电视志（第六十四卷）》记载，1979 年 12 月至 1984 年 8 月，先后举办 6 期培训班。一些地、县自己也积极举办类似的培训班，据《庆阳县广播电视志（1952—2008）》记载，从 20 世纪 80 年代中期到 90 年代中期，庆阳县每年都要举办 2—3 次通讯员培训班，培养了一大批通讯员队伍。

然而，各县级媒体人才队伍的发展却并不均衡。据《甘肃省志·广播电影电视志（1999—2008）》记载，21 世纪初，各县级台的工作人员数量不等，最多的有 311 人，最少的只有 5 人；在人员构成上，有行政、事业编制两种；职称结构上，初级和无职称的人员占比较大，约 78%，中级以上职称人员，约 22%；学历结构上，大专及以上人数约占 46%，大专以下人数约占 54%。

与此同时，一些县级媒体也通过内部机制的调整和优化，不断加强自身的人才队伍建设。比如，庆阳县就通过体制机制改革激发内生动力。据《庆阳县广播电视志（1952—1987）》记载，1985 年，庆阳县文化广播局取消了原来的广播电视股和文化艺术股，设编播股、业务股、财务股，各股分工明确、各司其职、互联互通，这种管理模式在一定程度上有利于提高业务效率。1994 年，庆阳县广播电视局又制定《庆阳人民广播电台机构、节目设置及运行管理暂行办法》，对广播电台机构设置、人员编制、人员培训、设备购置、办台方向、办台理念、办台宗旨、覆盖范围、转播上级台节目和开设自办节目等进行规定。1997 年，庆阳县广播电视台再次调整内部管理部门，人秘股、编播股分别改为办公室、编播室，同时成立了"技术管理室"。

更名"庆城县"以后，庆城台更注重考核机制的优化。2006 年，庆城台根据自身实际，制定了《庆城县广播电视台量化考核实施办法》，将工作人员的任务与工资、年终考核、职称晋升挂钩，实行重奖重罚，这一规定极大地激发了全体工作人员的积极性，每年省市级广电的用稿在不断增加。2008年，庆城台还推出一项奖励制度，要求局台每年拿出4万元，并指出"凡在省台用稿1篇，局台奖励100元稿费，头题奖励200元；在市台用稿1篇，局台奖励50元，头题奖励100元"。同时将记者用稿纳入到月量化考核，规定每位记者的月用稿数量。措施出台仅半年，省台用稿35篇，市电台用稿108篇。这些具体到数量、金额的考核机制，不但调动了县级媒体从业者的创作积极性，同时，被采用的稿件在省市台播出后，也扩大了县域的影响力。

（三）改革开放后甘肃县级媒体的主要功能

从节目安排来看（如表1-2所示），这一时期甘肃省县级媒体的播出时长明显增加，各县基本都有了本地自办的新闻节目，资讯类节目更加丰富，相关节目更关注群众生活，文艺节目种类也明显增多，各县都出现了广告节目。可见，这一时期县级媒体在节目制作上更加注重为群众提供信息，也更加关注群众精神文化生活方面的需求。同时，甘肃省县级媒体除了延续上一时期提供便民信息、促进民族团结、传播社会新风尚等方面的积极作用，在传播文化内容、舆论监督以及联系人民群众等方面也发挥着积极的作用。

表1-2 改革开放后甘肃部分县级媒体节目表

| 县级媒体 | 敦煌人民广播电台（1987年7月1日起） | 定西人民广播电台（1990年5月1日起） | 武威人民广播电台（1997年4月28日起） |
| --- | --- | --- | --- |
| 播出节目 | 转播中央二套《新闻和报纸摘要》、转播中央二套 | 转播中央台新闻和报纸摘要、转播省电台甘肃新闻 | 转播中央台新闻和报纸摘要，转播甘肃台新闻，转播中央台午间半小时，转播甘肃台全省新闻联播，转播中央台新闻纵横、法制园地、对农村广播，转播中央台各地新闻联播 |
| | 敦煌新闻 | 定西新闻 | 武威新闻 |

| 县级媒体 | 敦煌人民广播电台（1987年7月1日起） | 定西人民广播电台（1990年5月1日起） | 武威人民广播电台（1997年4月28日起） |
|---|---|---|---|
| 播出节目 | 资讯类节目（科技与生活、广播讲座、天气预报） | 资讯类节目（科技与信息、天气预报、农民之友、青少年之家、生活天地） | 资讯类节目（农村天地、城市广角、信息大世界、天气预报） |
| | 文艺节目（广播体操、体育节目、音乐、曲艺、地方戏曲） | 文艺节目（每日一歌、地方戏曲、文艺百花园） | 文艺节目（双休日娱乐城、每周金曲、文艺） |
| | 市场信息、广告 | 广告 | 广告 |
| 播出次数及时长 | 第一次播音：65分钟<br>第二次播音：185分钟<br>第三次播音：135分钟 | 第一次播音：95分钟<br>第二次播音：75分钟<br>第三次播音：180分钟 | 第一次播音：100分钟<br>第二次播音：65分钟<br>第三次播音：205分钟 |

首先，文艺、文化内容增多，县级媒体的文化传播功能得以强化。《甘肃省志·广播电影电视志（第六十四卷）》《甘肃广播电影电视大事记（1918—2003）》等资料记载，这一时期，一些县（市）级广播部门为了丰富文艺广播的内容，与当地文化部门合作，挖掘民间传统文艺作品。其中，秦腔、陇剧、"花儿"等节目受到广大农村群众的喜爱。早在20世纪80年代，天水、陇南、甘南、临夏等地、州、县广播台的文艺编辑，下乡走访民间艺人、民间歌手，收集民间广泛流传的"道情""高山剧""影子腔""花儿"等音乐资料，整理、录制民间艺人唱段，有的还编辑出版盒式录音带，供广播站播出，这在一定程度上传播和传承了民间文艺。各县的广播台还结合形势做好文艺节目编排工作，以教唱歌曲形式加强主流价值文化的传播，很多耳熟能详的歌曲，如《党啊，亲爱的妈妈》《亚洲雄风》《走进新时代》等都是在广播教唱节目中得到传唱。此外，一些县级媒体在一定程度上还承担了电影、电视剧的播放任务，扮演着固定乃至流动"放映厅"的角色。这一时期，随着电视、电影的普及，全家人一起围在电视机前看电视以及全村人在空地上一起看电影的情景随处可见。各级广播电视台（站）、电影放映单位，在传播新闻、提供信息、社会教育、文化娱乐等方面发挥着很大的作用，电影开演前后加映幻灯片，宣传党和政府的中心工作及科学文化、医疗卫生知识等。部分县级媒体还从甘肃音像出版社购买版权，播放电视剧。甘南人民广播电台还积极发展藏语广播，在

碌曲、玛曲、临潭、卓尼、舟曲、夏河、迭部等七县设立广播站，播放反映民族团结进步、两个文明建设的影片及译制的民族语言片，为铸牢中华民族共同体意识发挥重要作用。

其次，民生、服务内容增多，县级媒体的社会服务功能得以凸显。这一时期的广播、电影、电视，尽可能满足群众的各层次需求，成为听众、观众的知心朋友和生活顾问。据《甘肃省志·广播电影电视志（第六十四卷）》《甘肃广播电影电视大事记（1918—2003）》《庆阳县广播电视志》《武威市广播电视志》《天水市广播电视志》等记载，各县级台（站）在固定时间段都设有常规的生活服务节目，如《天气预报》《卫生与健康》《农家生活常识》《观众之友》《为您服务》《消防你我他》《广告》等，还设有一些可以与群众互动的点播、热线、解答群众疑难问题的节目等，群众与广播电视节目的互动也逐渐增加，广播播音风格也由原来单向的宣讲逐步向双向交流、对话转变。在宣传形式上，各县广播电视台开办了一批主持人节目和综合性节目，融合新闻、知识和服务内容，部分还融入了娱乐性内容。此外，政策服务也是重要的传播内容之一。据《甘肃省志·广播电影电视志（第六十四卷）》记载，一些县（市）广播台结合当地实际，开展广播讲座、广播对话等活动，播出《学习节目》《理论学习》《学习园地》《政策问答》等节目，不定时地开展新宪法、新党章、新婚姻法、森林法、刑法、民族区域自治法等讲座、讲话。部分县（市）还发动组织基层干部撰写理论宣传专稿，请党政领导在广播上直接演讲，举办理论知识竞赛。县级媒体通过这些活动增强了节目的互动性，使政策宣传变得更有趣味和吸引力。

本地新闻增多，县级媒体的新闻报道功能得以增强。随着各大媒体新闻报道功能的凸显，这一时期，各县（市）广播台也纷纷采纳群众建议，增加本地新闻报道内容，积极以本地新闻为突破口，扩大本地新闻报道面，增加本地新闻播放次数，录音新闻、现场报道逐渐增加，新闻形式更加多样。据《甘肃省志·广播电影电视志（第六十四卷）》记载，1983年以后，部分县广播台每天2—3次的播音中都有本县新闻，甚至做到了重要新闻随到随播，将重要内容及时传播给广大群众，真正做到了"新"闻。1986年，平凉地区广播电视处牵头组织所属七县（市）广播台、站，建立新闻稿交流关系，并在《新闻》节目中开辟"全区七县市简明新闻"专栏，每天定时播出各县（市）提供的新闻信息。[①] 同时，全省各地县（市）广播台还在新闻评论节目上有所创新，在《本县新闻》中开设"一分钟论坛""纵横谈""大家谈"等新闻专栏，联系当地实际发表评论，华亭县广播站播出《粮草转化的好途径》，武威市广播站播出《隆冬话"忙闲"》，白银区广播站播出的《小船也莫常调头》，武山县广播站播山的《刹刹不正常的拜年风》，秦安县广播站播出的《不要再弄虚作假了》等评论，被评为省级一、二等优秀稿件。本地新闻不限于正面宣传，也包括对社会不良倾向和不正之风进行揭露和批评，从而在新闻报道中不断凸显媒体的舆论监督功能。2010年，庆城台开办了《法治新时空》栏目，对本县存在的不良现象、不正之风，在准确掌握事实的前提下，予以批评揭露，促进其改正。

（四）改革开放后甘肃县级媒体功能凸显的主要原因

改革开放后，政策推动、县域经济、在地特色、技术机遇等成为影响甘肃县级媒体功能的主要因素。

首先看政策推动。这一时期，甘肃县级媒体的发展紧跟国家政策而变。1983年，中央确定"四级办台"体制，广播电视播出机构实现纵向全覆盖，甘肃省县级媒体随之蓬勃发展。但是，由于县级媒体同样面临"事业管理、企业经营"的特殊要求，因此很快出现"散滥"问题，随着国家有关部门对县级媒体发出"治散治滥"的政策，甘肃各县级媒体随之调整，在一系列政策的影响下，甘肃省县级媒体的数量逐渐减少，其探索经营发展的步伐也越发减缓。

其次看县域经济。这一时期，县级媒体功能的凸显，很大程度上还受到县域生产力发展水平的影响。随着改革开放深入，生产力水平不断提高，县域经济得到了一定的发展，这为县级媒体的发展奠定了一定的经济基础。由于广告的刺激，一些县级媒体开始探索新的发展方向。同时经济发展带来的文化生活需要，一些县级媒体大力发展文艺节目，有的地方还出现体育类节目。县级媒体的功能从单一的宣传功能，向信息传播和文化传播转变。

第三看在地特色。县级媒体发展离不开对县域特色的挖掘。这一时期，甘肃省

---

[①] 甘肃省地方史志编纂委员会、甘肃省广播电影电视志编纂委员会：《甘肃省志·广播电影电视志（第六十四卷）》，甘肃人民出版社2007年版，第288页。

县域内流动人口不多，绝大多数县域群众对"在地化"有着强烈的归属感，体现出很强的文化依附性。作为最接近基层群众的媒体，甘肃省县级媒体依托文化地理空间的深度介入，建立起基于地方文化认同的改革创新。具体表现在节目制作上，这一时期，一些县级媒体从本地特色出发，创新节目内容，出现了以秦腔为代表的各类西北特色戏曲节目，不但吸引了群众关注，也在一定程度上传承了本地特色传统文化。

第四看技术机遇。这一时期，技术的进步为县级媒体发展带来了新路。技术的进步使得广播、电视越发普及，社会信息多元化，基层群众对信息的需求也更为迫切，倒逼县级媒体开始借助技术的进步来探索媒体融合的道路，少部分的县级媒体开始触网，探索建设网站，开办手机报，为新时代的县级媒体融合发展奠定了重要的基础。

### 三、新时代的县级媒体

党的十八大以来，县级媒体的重心更加偏向服务群众，同时，随着县级媒体的不断发展，其功能逐渐延伸到基层社会治理上。从服务的维度上，县级媒体充分利用其资源优势和在地优势，先服务后引导，在服务中加强引导，加强与群众的互动；从治理的维度看，县级媒体通过技术"赋能"，不断提升其在基层社会的传播力和引导力，推动基层社会治理创新，助力乡村善治和社会振兴。就甘肃省而言，尤其在2014年传统媒体与新媒体融合发展战略进入国家层面之后，甘肃省县级媒体抓住了互联网技术带来的时代机遇，搭上县级新媒体发展的"顺风车"。2018年习近平总书记从国家战略层面提出县级融媒体中心建设方向，对县级媒体发展提出了新的要求，从而进一步推动了新时代县级媒体的发展。

（一）新时代县级媒体转型的背景

党的十八大以来，中国特色社会主义进入新时代。党面临的主要任务是，实现第一个百年奋斗目标，开启实现第二个百年奋斗目标新征程，朝着实现中华民族伟大复兴的宏伟目标继续前进。

2014年，中央全面深化改革领导小组第四次会议审议通过了《关于推动传统媒体和新兴媒体融合发展的指导意见》，在国家战略层面正式推出媒体融合发展战略，要求遵循新闻传播规律和新兴媒体发展规律，坚持传统媒体和新兴媒体优势互补、一体发展。

2016年，《关于进一步加快广播电视媒体与新兴媒体融合发展的意见》出台，指出媒体融合应坚持正确方向、协同创新、因地制宜的原则，强调树立深度融合发展理念，创办融合型节目体系、制播、传播、服务、技术、经营和运行体系，建设融合型人才队伍。此外，还要加强组织领导，加大政策扶持力度，做好知识产权保护和考评体系的保障。随着媒体融合的深化，县级媒体迎来了革新机遇，但县级媒体在技术、内容、资金、人才等方面的缺失，使其已经不能适应当下移动传播生态和基层社会治理的需求。如何推动县级媒体融合，开拓一条新的发展道路，实现县级媒体独有的价值，成了一个亟待解决的问题。

2018年8月22日，习近平总书记在全国宣传思想工作会议上指出："要扎实抓好县级融媒体中心建设，更好引导群众、服务群众。"县级媒体发展进入国家战略层面。随后，国家相继出台了《县级融媒体中心建设规范》《县级融媒体中心省级技术平台规范要求》《县级融媒体中心网络安全规范》《县级融媒体中心运行维护规范》《县级融媒体中心监测监管规范》等标准，以此指导和规范县级融媒体中心的发展。

2020年，中共中央办公厅、国务院办公厅印发《关于加快推进媒体深度融合发展的意见》。《意见》指出，要坚持以人民为中心的工作导向，坚持贴近群众服务群众。这进一步明确了媒体融合的发展方向。党的十九届四中全会提出推进国家治理体系和治理能力现代化建设，构建基层社会治理新格局。随后，"建强用好县级融媒体中心"被纳入"十四五"规划。

总的来说，这一时期县级媒体逐渐被重视，其发展也逐渐有了新的突破。随着媒体融合进入国家战略视野，县级融媒体中心作为媒体纵深融合的一次重要实践自然迎来了新的发展机遇。如何适应新的传播生态、新传播技术，进行舆论引导和基层传播，成为县级融媒体中心发展的新问题。

**（二）新时代甘肃县级媒体发展的基本情况**

这一时期，随着媒体融合改革的深化，甘肃省县级媒体牢牢抓住技术和政策的"红利"，并结合自身优势积极探索，涌现出一批发展较好的县级媒体。如玉门依托"智慧玉门",探索以综合服务平台为主的融合路径;陇南以电商产业为依托,连接数据,将触角伸至乡村一级;庆城通过连接大平台、打造自主平台的方式,走出了一条"借梯上楼、借船出海、抱团发展"①的媒体融合道路。

2014年,国家推出媒体融合改革战略之后,甘肃省随即召开全省传统媒体与新兴媒体融合发展座谈会,指出甘肃应当抓好规划、内容建设,加强传统媒体和新兴媒体融合发展。整合政府、市场、社会、技术、管理、安全等媒体融合相关要素,形成媒体融合跨地区、跨领域、跨部门合作。2018年县级媒体发展进入国家视野之后,甘肃省也开始积极响应。面对省内县级媒体小、散、乱的低发展情况,甘肃省在县级融媒体中心的建设中,采取了依靠省级技术平台"新甘肃云",打造"全省一张网"的建设路径。

2018年10月,甘肃新媒体集团成立,并在次年4月搭建省级技术平台"新甘肃云",为全省县级融媒体中心提供内容和技术支撑,全面助力甘肃省县级融媒体中心建设。2020年6月,全省所有县级融媒体中心全部挂牌成立并入驻省级技术平台"新甘肃云",初步形成"全省一张网"布局。2020年7月,甘肃省委宣传部组织对全省县级融媒体中心建设进行了检查、评估、验收,标志着甘肃省县级融媒体中心建设任务基本完成。截至2021年4月,甘肃省86个县市区全部建成县级融媒体中心并全部上线运行。②

甘肃省县级融媒体中心的建设模式主要有两种,一种是"县域自主",另一种是"省域统筹"③。在县级融媒体建设初期,一部分县级融媒体中心基本是以原有的电视台为核心,整合广播、网站、客户端等新媒体资源,形成一套基于本地的运行逻辑,以玉门、庆城和陇南为代表。另一部分县级媒体依托"新甘肃云"省级技术平台,很快地完成县级媒体融媒体中心建设,降低了县域自建的成本,也有利于高

---

① 王立平、刘阳、姚宏伟、张海鹏:《借梯上楼 借船出海 抱团发展——甘肃庆城县广电全媒体改革融合创新实践》,《中国广播电视学刊》,2018年第8期,第28—31页。
② 田野:《甘肃86个县市区全部建成县级融媒体中心》,《中国新闻出版广电报》,2021-04-28,第1版。
③ 王玉明、张华:《甘肃省县级融媒体中心建设的现状与问题》,《河西学院学报》,2021年第5期,第47—53页。

效的新闻宣传和舆论引导。

在体制机制方面，甘肃省县级融媒体中心仍旧是事业单位性质。在人才队伍建设方面，甘肃省县级融媒体中心从业人员结构仍以原电视台、报社、网站等媒体单位人员为主，少部分由社会招聘引进。人才队伍中的专业背景比较复杂，涉及新闻传播、影视、中文、经济、信息技术、艺术等专业；年龄结构上，中青年是县级融媒体中心的骨干力量。在经营方面，甘肃省县级融媒体中心主要以广告和电商营销为主要盈利方式，在电商营销方面，陇南电商产业起步较早，经验丰富，其入驻短视频平台，扶持本地主播，举办电商节，融合线上线下活动，推动了陇南的发展。在平台建设上，甘肃省县级融媒体中心主要以各类客户端、微信、微博、头条号、短视频等为基础搭建平台，形成"多元一体"的县级融媒体传播矩阵。

（三）新时代甘肃省县级媒体的主要功能

随着县级媒体融合发展不断深入，其承担和被赋予的功能也由之前的信息传播功能转向提供服务、文化传承于一体的社会治理整合功能。县级媒体在新媒体的冲击下，开始转变发展方式，创新节目形式，深度挖掘本地特色，发挥"润滑剂"的作用，助力基层社会治理。

第一，县级媒体的服务群众功能继续凸显，县级媒体为本地群众提供新闻和信息服务、政务服务、公共服务、市场服务等不同类型的社会服务形式。这一时期，县级媒体从传统主要提供新闻、信息转变到信息与服务并重的方向。借助新媒体平台，县级融媒体中心为县域内群众提供政务服务，使得人民群众能够参与到政策的制定中，能够对政策的落实进行及时的反馈；同时，县级媒体还通过整合资源，提供一些业务便利、水电暖交通缴费、缴纳医保、本地医院挂号等便民服务；此外，一些县级媒体还通过激活数据，拓宽经营渠道，依托电子商务推广本地特色农产品及旅游景点，帮助乡镇、县企业对接"大市场"，让本地特色走出去。在甘肃，县级媒体通过为群众提供新闻、政务、公共、商务等方面的一站式服务，为群众生活提供了便利，同时也通过培养群众的使用习惯，增强了平台黏性，提升了县级媒体的传播力和影响力。例如：秦安的《秦安新闻》改版，节目质量提升，栏目设置多样化，实现电视与手机客户端同步播出，在县域内获得热烈反响。山丹县融媒体中心将直播纳入运营，在县级融媒体中心的直播间开启青年年货节线上公益直播活动，大力宣传推荐山丹馍馍、现摘草莓、"唯玫香"系列产品等农特产品，获得不错的反响。

第二，县级媒体的信息传播功能得以放大。这一时期，县级媒体通过探索融合发展之路，不断丰富传播手段，创新节目形式，成为县域内群众获取信息的主要途径。互联网时代，信息呈现短、平、快、活、灵的形式，传统主流媒体"一统天下"的时代已然过去，包括县级媒体在内的其他社会化媒体在信息传播系统中夹缝求生，寻获出路。尤其对县级媒体而言，随着媒体融合的深入，各种媒介业态渗透、精品力作迭出，出现了一大批高品质、热传播的焦点产品。在甘肃，高台县融媒体中心依靠节目创优引起关注，多件作品的阅读量达到"10万+"，其精心策划拍摄的纪录片《静静的湿地》获得第九届敦煌文艺奖和首届中国广播电视大奖，纪录片《老王头和白天鹅》《生命故事》《黑河鸟鸣》等在各类评优活动中获得好成绩。平凉市崆峒区融媒体中心结合地域特色创作各类微海报、H5、VLOG等新媒体产品300多个；创作《城市守夜人》《回家》《"疫"时有话对你说》等微视频共计240部，其中《油茶配麻花》荣获由新华社新闻信息中心、新华社音视频部与百度APP、百家号争流工作室、好看视频联合出品的策划产品《小康中国·千城早餐》第二季的优秀奖。永昌县融媒体中心自导自演的短视频系列作品《永昌方言微短剧：张大妈老来享"新"福》，点击量超过400万人次，打造成了"张大妈"系列短视频品牌。

第三，县级媒体的文化传播功能继续强化。这一时期的县级媒体比以往更加关注本地文化特色，他们积极发挥在地优势，深度挖掘地方特色文化资源，创办特色栏目，传承优秀传统文化。秦安县融媒体中心立足当地实际，创办本土特色栏目《大秦腔》，已成为一档全省优秀的电视戏曲栏目；临洮县融媒体中心拍摄临洮本地特色农产品系列短视频（包括农作物种植、收获到深加工等），助力农产品走向全国；庆城县级融媒体中心创办了本土方言类原创网络短视频栏目《老齐说事》栏目；天祝融媒体中心深入牧场草原，录制华锐民歌等国家级非物质文化遗产类节目，将民族特色与地方特色相结合，制作播出《安多风情》《走进华锐》《安多民歌大赛》等节目。

第四，县级媒体的社会治理功能得以加强。这一时期，县级媒体发挥在地优势，转变传播话语，创新传播方式，积极承担并发挥县级媒体参与基层社会治理的功能。在甘肃，部分县级融媒体中心打造监督类节目，拓宽基层监督的内涵和外延。比如，临洮县融媒体中心开办《电视问政》节目，采取现场问、现场答的方式，对一些关系县域民生的整改落实情况进行跟踪报道。武山县级融媒体中心开办"专项整治面对面"专栏，并在《武山新闻》中开设"曝光台"，曝光社会乱象，宣传先进典型。2017年，庆城县融媒体中心播出系列报道——《黑诊所里的哭泣声》，引起全省关注。这些案例都是县级媒体在新时代参与基层社会治理的一些有益尝试，尽管还是初生的现象，但非常值得呵护和鼓励。总之，这一时期，县级媒体不仅积极参与基层社会治理，同时也为基层群众提供参与基层社会治理的有效、有序、便捷渠道，实现群众、政府之间的连接。此外，县级媒体还积极发挥了调节和教化作用，通过提供公共法律服务和法制宣传，积极关注和及时处理基层社会突发事件和危机事件，防范和化解基层社会风险，维护基层社会稳定。

（四）新时代甘肃县级媒体功能凸显的主要原因

显然，这一时期县级媒体社会功能的调整与其背后的政治、经济、文化、技术有关。

从政治环境来看，党的十八大提出了国家治理的新方向。党的十八届三中全会首次提出了"国家治理体系和治理能力现代化"的命题，将中国国家治理推向了一个新的发展点。其中，中央和地方的关系也随之有了新的变化。有学者以脱贫攻坚为例，指出中国出现一种新型中央与地方关系："央－县"治理，即中央政府从传统的"中央－省"的委托代理模式，转变为在原有省级政府负总责的基础上叠加中央对县级政府的直接互动与点穴式治理①。这种"央－县"治理模式为新时代中国基层社会治理的新模式。在此背景下，县域治理备受关注。作为县域内唯一官方主流媒体的县级媒体也越发受到重视。这一时期，县级媒体逐渐向服务群众、助力基层社会治理功能转变。

从经济方面来看，党的十八大以来，我国经济稳中向好，人民生活改善，为县

---

① 吕捷：《"央—县"治理：脱贫攻坚中的一种新型中央与地方关系》，《行政管理改革》，2020年第12期，第57—63页。

级媒体发展提供了条件基础。尤其是在我国推进新型城镇化建设、实施乡村振兴战略、打赢脱贫攻坚战等重大战略实现的过程中，县域无疑是一个十分重要的单元。县域经济加快发展为一系列重大决策部署的落实提供了有力支撑，同时也为县级媒体的发展奠定了坚实的基础。

从文化方面来看，党的十八大以来，我国文化软实力不断提升，文化服务体系不断完善，文化公共资源的重心不断下移，逐渐向基层倾斜。文化部（今文化和旅游部）等联合印发《关于推进县级文化馆图书馆总分馆制建设的指导意见》，要求因地制宜推进县级文化馆、图书馆总分馆制建设，健全基层公共文化设施网络，将优质文化服务延伸到基层。县级媒体作为基层主流媒体，其文化传播功能凸显。

从技术方面来看，互联网的发展为县级媒体的发展带来了新的出路，县级媒体借技术红利，结合各地实际，不断探索适合各地发展的创新模式。同时，县级媒体还借助新媒体技术，创新传播手段和节目形式，探索"网、端、微、屏"于一体的全媒体传播体系，以期更好引导和服务群众。

# 第二章　多元一体：县媒融合的改革经验

县级媒体是我国数量最多、遍布最广的基层主流媒体，是连接中央、省、市与基层群众的"最后一公里"，然而，其在县域传播生态中经常缺位，陷入"结构性过剩，但实质性短缺"的境地。[①]

改革开放以来，我国县级媒体有过多次调整。1983年"四级办电视"制度的确立使县级媒体迅速发展，但随之而来量增质减、重复建设的问题逐渐凸显，1999年国家陆续出台网台分离、取消县级电视台自办频道等措施；2003年国家大力整顿县级报纸泛滥、基层不堪重负问题。长期以来，"治散治滥"成为县级媒体治理的重点，但"一放就滥、一管就困"的问题却一直贯穿其中。[②]

近年来，县域用户成为移动互联网最大的增量群体[③]，移动互联网的下沉改变了基层传播生态，通过"去中心化"方式削弱了国家在基层传播结构中的主导地位，继而危及主流声音的传递和共同意识的形成[④]，由此导致基层"主音弱，杂音多"[⑤]，上情下达和下情上传均难高效，基层社会治理体系受到一定威胁。

---

[①] 朱春阳：《县级融媒体中心建设的任务、核心问题与未来方向》，《传媒评论》，2018年第10期，第9—12页。

[②] 陈国权：《中国县级融媒体中心改革发展报告》，《现代传播（中国传媒大学学报）》，2019年第4期，第15—23页。

[③] 李彪：《县级融媒体中心建设：发展模式、关键环节与路径选择》，《编辑之友》，2019年第3期，第44—49页。

[④] 邹军、荆高宏：《社会治理视域中的县级融媒体中心：意义、路径及进路》，《传媒观察》，2019年第10期，第30—36页。

[⑤] 张晓雪：《县级主流舆论场建构路径探析——基于县级融媒体中心建设的思考》，《中国出版》，2020年第1期，第11—16页。

新一轮县级媒体改革直接关系基层社会治理创新。2018年8月21日，习近平总书记在全国宣传思想工作会议上提出，要扎实抓好县级融媒体中心建设，更好引导群众、服务群众。此后一系列政策出台。2019年1—4月，中宣部和国家广电总局出台五份文件，规范了县级融媒体中心的业务类型、总体架构、功能要求、配套基础设施等，首次提出以"省级技术平台"为依托的建设思路。2020年9月26日，中共中央办公厅、国务院办公厅印发《关于加快推进媒体深度融合发展的意见》，提出资源集约、结构合理、差异发展、协同高效的原则，完善中央媒体、省级媒体、市级媒体和县级融媒体中心四级融合发展布局，推动传统媒体和新兴媒体在体制机制、政策措施、流程管理、人才技术等方面加快融合步伐。

然而，各地资源禀赋有别，政策支持各异，县级媒体改革与发展的路径也不相同。以甘肃省为例，截至2021年年底，甘肃县级媒体融合发展大致经历了三个重要的阶段：一是在县域自主探索期，形成了以庆城、陇南、玉门等地为代表的多元化媒体融合发展模式；二是在全省整体建设期，建立了以"新甘肃云"为依托的省级融媒体指挥平台引领全省县级媒体发展布局；三是在省地深入融合期，一方面"全省一张网"的一体化改革不断深入，另一方面多种力量参与、多元主体共建的县级媒体融合发展格局正在形成。

本章即是对这个过程的经验梳理，以希为其他地区县级媒体融合发展提供借鉴参考。

## 一、政策驱动前的自主探索

从网台分离、报业整顿开始，县级媒体融合改革就已提上日程。在甘肃，各地县级媒体在全省统一改革前就开始自我探索，他们根据所在县市特点，因地制宜、谋篇布局。其中，以庆城、陇南、玉门为代表，创造了借船出海、治理赋能、平台再造的不同模式，为县级媒体融合发展积累了宝贵经验。

（一）庆城：借船出海助力媒体融合

庆城位于甘肃东部，2020年才正式退出国家贫困县序列。由于资金、技术有限，庆城通过主动入驻大平台、自主打造小平台的方式创建传媒矩阵，加强内容生产创新，扩大传播影响力，并倒逼县级媒体自身运行机制改革。走出一条借梯上楼、借船出海、抱团发展的媒体融合之路。

1. 多平台融合发展

（1）嵌入大平台

一是入驻省级广电平台。2015年，庆城在甘肃广播电视总台手机客户端率先开通"庆城在线"账号，成为入驻省级广电平台的第一家县级媒体。据统计，截至2018年，庆城23万多手机用户中，有近20万手机用户安装了省广播电视总台手机客户端，"庆城在线"对省广播电视总台手机客户端形成了"反哺"。二是入驻其他新媒体平台。2016年，庆城正式入驻今日头条；2017年入驻新华社"现场云"；2018年与新浪、腾讯、快手、抖音等40多家移动互联网平台达成协议，使新闻直播和发布的点击量提升了10多倍。随着不断入驻各类媒体平台，庆城触达了尽可能多的用户，扩大了自身的影响力。

（2）打造自有平台

2017年，庆城在全省率先推出"庆城TV"客户端。同年9月，庆城广播电视台在全国市县台推优活动中获得"20强市县电视台"称号。客户端建成后，与中央、省、市三级媒体客户端建立战略合作关系，同时推动县级"两微一端"和五个社会化媒体客户端的融合，建立内容分发协作审核工作机制，实现多层级平台的纵向融合和横向整合，将平台化发展策略贯彻到底。

2. 改造运行机制

（1）实行大部制运作

平台化发展自然推动内部改革。2017年，庆城广播电视台重构内部组织架构，撤销了新闻部、专题部、播音部等部室，成立了全媒体行政管理中心、全媒体新闻策划采编中心、全媒体新闻信息刊播中心等6大部门，下辖13个小部门，实行大部制运作模式。全媒体内容生产机制的建立，打破了电视台过去条块分割、沟通不畅、素材资源难以调动的问题，使内容生产质量和数量显著提升，各平台粉丝量迅速增加。

（2）激活人才队伍

为激活人才，庆城采取一系列措施：一是出台《量化绩效考核实施办法》。设立奖惩制度，为每个岗位设立定性与定量相结合的考核指标，以此拉开员工收入档次，激活员工积极性。二是采取"送出去，请进来"方案，让员工出去学习研讨，请专家进来培训指导，以此提升员工全媒体传播能力。此外，庆城还持续招聘大学生，为全媒体运营注入新鲜血液。

3. 创新内容生产

内容生产一直是庆城的核心竞争力，尤其自办节目广受好评。2000—2017年，庆城广播电视台荣获"中国广播影视大奖"21件次，荣获"甘肃新闻奖""甘肃广播电视奖"189件次，获奖数连续17年位列全省县级媒体前两名。针对各平台风格差异和传播需要，庆城广播电视台每天召开编前会，对选题、采访等流程进行全面规划，同时还根据绩效指标，重奖优秀稿件，全面调动员工创作积极性。此外，电视台还与政法委、扶贫办、农村工作部、环保局、卫计局等部门联合创办栏目，取得很好传播效果。

（二）陇南：治理赋能加快媒体融合

陇南位于甘肃最南端，是脱贫攻坚主战场，2013年所辖9个县区全是贫困县，其中5个是深度贫困县。2013年，陇南成县一领导在微博上推销核桃大获成功，成为全市发展电子商务的重大"媒介事件"。自那时始，陇南将农村电商作为支柱产业，后者迭代发展反过来促进县级媒体的改革升级，并成功走出一条治理赋能、纵向融合的新路子。

1. 产业升级助力技术融合

（1）推动互联网硬件建设

陇南在电商起步前各项互联网基础设施非常薄弱，许多村庄（甚至乡镇）不通宽带、光纤，基层互联网渗透率很低。然而，随着在线促销的成功尝试，促使陇南大力推动互联网硬件建设。市政府积极投入资金，加快网络化、信息化改造。随着互联网走进千家万户，逐渐形成全民触网、联网的繁荣景象。

（2）加快新媒体矩阵发展

随着电商团队、微媒助力、典型引领"三轮驱动"模式的推动，陇南各类新媒体迅速发展，形成规模空前的"微媒矩阵"——2690个实名认证政务微博、949个政务微信、385个政务网站以及无数个人微博微信账号。随着与淘宝、京东、拼多多等平台合作，陇南电商粉丝覆盖全国，形成巨大合力。近年来，陇南积极入驻短视频平台，扶持本地带货主播，举办电商节、电商全明星电子竞技大赛、抖音短视频大赛等活动，努力探索新媒体跨界融合新模式。

2.数据服务推动纵向融合

（1）打通政务大数据，提升服务能力

陇南出台《陇南大数据、数字城市发展规划》，按照"互联网+数据服务"框架，建成大数据云计算中心、大数据政务中心、大数据运营体验中心、大数据共享交换平台、乡村大数据平台，为媒体融合、政务集成、服务优化搭建在线平台。平台助力《陇南日报》率先推进媒体融合改革，依托微信公众号"陇南发布"聚合"陇南大数据政务管理"，集合135个单位的985项数据指标，实现网上政务一站式办理，以此倒逼各部门开展信息化建设，极大提高了政府决策和群众办事的效率。

（2）联通乡村大数据，建设线上乡村

以"媒体融合+大数据"为思路，在"陇南发布"上开发"陇南乡村大数据系统"，集纳市、县、乡镇、农村等各级门户近3500个。借助该系统，村民可以使用线上乡村的邻里动态、村红白事、话题讨论、公告栏、农技交流、村务公开、找村医、网上办事等功能，从而使"分散在不同空间的人群通过虚拟在场实现重新聚合"[①]。系统还开设"村聊"板块，增强村民互动功能，让外地村民在线了解乡村资讯、感受故乡变化、参与村务讨论，从而加强组织纽带，促进共同治理。

这些做法进一步强化了市县媒体联动，达到纵向深度融合效果。

（三）玉门：平台再造升级媒体融合

玉门是甘肃西北部的一个县级市，规模不大，常住人口不到17万人。2016年，玉门将广播电台、电视台、新闻中心整合成立玉门广播电视台，同时立足智慧城市建设，提出"新闻+政务+应用服务"模式，探索出一条以自建平台为主的媒体融合之路。

1.搭建底层设施

硬件差、技术差、群众触网率低是玉门媒体融合改革前面临的最大困境。为

---

[①] 牛耀红：《社区再造：微信群与乡村秩序建构——基于公共传播分析框架》，《新闻大学》，2018年第5期，第84—93页。

此，玉门以基础设施建设为抓手，构建城市媒体发展生态，培育用户。2016年，依托"智慧玉门"建设，建成覆盖全城公共场所的免费Wi-Fi，并推出"爱玉门"客户端，当年用户量达到了17000人。2018年，1043个广播音柱组成的无线广播播发网建成并覆盖城乡村组。这些设施为后续媒体融合发展奠定了基础。2018年，玉门"两微一端"粉丝量接近5万，几乎达到全市常住人口的30%。

2. 增强新闻服务

2018年，玉门启动县级融媒体平台建设，以"新闻+政务+应用服务"为思路，打造"一中心四系统"。包括"祁连云"数据中心、融媒体生产系统、融媒体报道指挥系统、融合媒资管理系统和全景演播室系统。以"爱玉门"为依托，与微信、微博、今日头条、央视新闻、视听甘肃等平台开展合作，打通传播渠道接口。同时，重构策、采、编、发流程，充分激发员工积极性；开设《百姓说事》《随手拍》等特色互动栏目，将广大用户变为"全民记者"，有效发挥舆论监督功能。

3. 承接政务服务

2017年，"爱玉门"开设行政审批服务平台，提供申报审批、预约办理、注册办证等功能事项共327个，涉及32个部门。2018年融媒体平台建成后，"祁连云"数据中心也与政务服务进行绑定，成为政府数据存储的管理服务平台。通过承接政务服务，玉门实现了域内政务资源的有效整合，推动政府部门的信息化，为政府和群众之间架起了一座桥梁。

4. 集纳应用服务

一是连接公共服务。2018年，玉门推出"活力网格"融媒体平台。1800多名网格员通过"爱玉门"反馈巡查信息，后台则通过平台下发相关指令，及时解决问题。同时群众也通过"爱玉门"表达诉求、反映问题。"爱玉门"作为政府和基层群众的中介，推动了沟通交流，创新了社会治理方式，有效化解了基层矛盾。二是延伸增值服务。仍以"爱玉门"为依托，融合商超服务、同城交易、求职招聘、餐饮娱乐等多项生活服务功能。同时内嵌互动贴吧，用户可以发帖互动，平台陆续开展玉门宣传口号、市花、市树等的投票活动。

总之，在甘肃全省推进县级媒体融合之前，各县市就开始了在地化的自主探索。上述庆城、陇南、玉门三地均因地制宜，一地一策，开展了诸多尝试，为甘肃乃至全国县级媒体融合改革积累了宝贵的经验。

## 二、政策驱动后的整体推进

（一）"全省一张网"的提出

自2018年8月习近平总书记提出"抓好县级融媒体中心建设"以来，县级媒体融合经历了一个政策性的驱动过程。

2019年1月15日，中共中央宣传部和国家广播电视总局发布《县级融媒体中心建设规范》指出，县级融媒体中心应优先利用省级技术平台资源，结合实际情况进行部署，已建设的系统应逐步对接到省级技术平台。同日国家广播电视总局发布的《县级融媒体中心省级技术平台规范要求》明确指出：省级技术平台负责支撑宣传管理部门对省域内县级融媒体中心的统一宣传管理和内容监管、支撑县级融媒体中心的通联协作和内容交换业务，实现省域内县级融媒体中心的联合报道和新闻内容交换。

不过，甘肃省级技术平台建设早于上述规定。2018年12月1日，甘肃省委省政府制定了《甘肃省加强县级融媒体中心建设工作方案》，确定由甘肃省委宣传部牵头，甘肃日报报业集团旗下的新媒体集团（集团于2018年10月28日成立，"新甘肃"客户端同步上线）负责全省统一技术平台的研发，甘肃省广电网络公司积极参与，合力建设省级技术平台，为县级融媒体中心提供内容传输、技术更新和运营维护等服务。新平台被正式命名为"新甘肃云"。在具体建设中，甘肃新媒体集团与人民日报媒体技术股份有限公司、北京北大方正电子有限公司和华为技术有限公司合作，分步骤、分阶段建设，以"平台统一、技术统一、数据统一、资源共享"为目标，推动用户、技术、资源、数据、平台等的联通，打造"全省一张网"。

（二）一体化媒体融合格局的形成

"新甘肃云"一期工程于2019年3月29日上线，具有新媒体生产、传播效果分析、大数据服务、舆情监测等功能。同年7月19日，第一批被列入国家重点建设任务的25个试点县级融媒体中心正式入驻省级平台。2019年年底，全省共86个县（区）融媒体中心全部完成入驻。至此，"全省一张网"的融媒体建设格局初步形成。

如图 2-1 所示，"新甘肃云"省级平台是一个垂直性、一体化的融媒体技术平台。

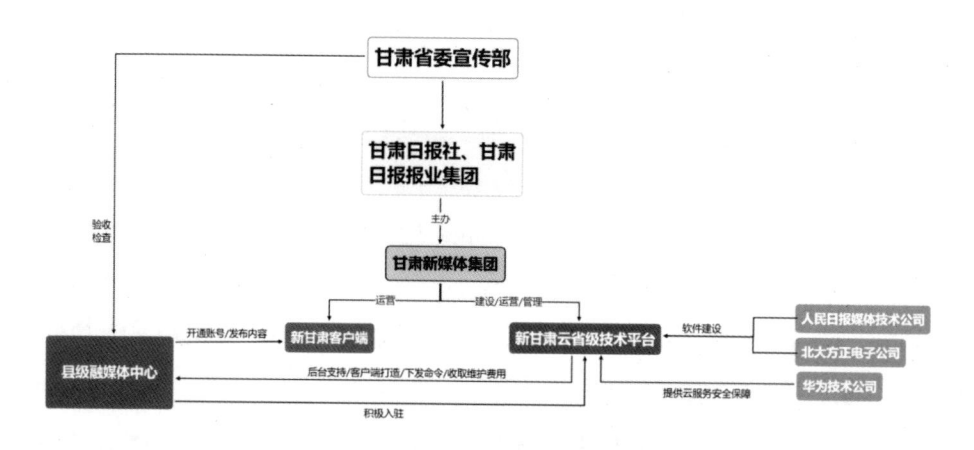

图 2-1 "新甘肃云"省级技术平台管理结构图

首先，在技术支撑方面，各县级融媒体中心所需的技术、维护、指导、培训均由"新甘肃云"提供一站式服务。平台建成以来，已通过政策解读、技术指导等方式陆续为县级融媒体中心工作人员开展过多场培训，进而加强与"新甘肃云"的协同。

其次，在后台管理方面，"新甘肃云"授权管理部门对各县上传内容做到"重要信息一键发布、有关要求一键传达、违规内容一键删除"，这就使省级平台跨越行政层级，直接对县级融媒体中心发布的内容进行管理。

第三，在日常运行方面，各县级融媒体中心采集制作的原创新闻通过"新甘肃"客户端进行发布，并且传到平台的云端稿库，这些稿件再由甘肃日报报业集团旗下的报纸、两微一端等进行选用，也可以发布到第三方平台。于是，省级平台发挥出"总编室"功能，而各县级融媒体中心就变成了"记者站"，持续为平台提供新鲜信息。

第四，在突发事件或重大主题宣传方面，"新甘肃云"发挥全媒体指挥中心作用，直接从后台将宣传要求一键下发到各个县级融媒体中心。平台建成后，曾联合多家县级融媒体中心开展多个大型专题宣传报道活动，如"苹果红了！"多县区联动直播、"抗击疫情甘肃在行动"协同报道活动等。

第五，省级平台建立严格的竞争考核机制，将各账号发稿情况、传播指数等进行统计排名，纳入到各县级融媒体中心年度考核，促使各地积极保持账号更新。

总之，一体化省级平台使全省县级融媒体中心建设的费用大幅降低，效费比很高，而且在短时间内实现了资源整合，有力改变了以往县级媒体发展的"小、散、乱"状况，帮助那些没有技术、没有运维能力的县级媒体快速打造县级媒体客户端，并在管理和业务上获得省级平台给予的支持，极大发挥全省"一张网、一盘棋"的建设效果。

(三)一体化媒体融合带来的新问题

不过，一体化媒体融合也带来了新的问题。其中，隐性重复建设就是一个非常现实的问题。以玉门为例，2018年就自建了县级融媒体中心平台，但是，为了与省级平台对接，又不得不采购省级平台服务。与此同时，也有一些县级媒体在省级平台建成后依然"埋头"自建平台，忽略"协同"和"统一"的关系，陷入了建设误区。另一些县级媒体则在融入省级平台的过程中，下架了原先自建的平台，甚至"连服务器中的数据都没有保存下来"。显然，和自由探索不同，一体化建设带来的自主性缺失会阻碍县级融媒体中心的发展。就目前来看，省级平台提供给各县的融媒体客户端主要是内容生产和信息发布功能，而在政务、服务、商务等方面的功能开发方面仍有不足，这就限制了县级媒体原有的开放性和灵活性。个别县级融媒体中心主任甚至表示，这种机制和现状让他们"很难大胆自主创新"。

### 三、深度融合期的多元参与

当前，甘肃县级融媒体中心建设工作基本完成，并进入深度融合发展期。这一阶段，多主体协同参与成为一大特点。如图2-2所示，上述省级媒体平台仍是推动并指导县级融媒体发展的主导力量，但是，其他中央和省市级媒体、媒体技术服务商和外部合作资源同样也是重要的参与力量。

(一)省级媒体的主导参与

如前所述，"新甘肃云"是甘肃县级媒体融合的省级技术平台，是全省县级媒体融合的主导力量。该平台由甘肃新媒体集团研发搭建，甘肃省广电网络公司积极参与。在实际建设中，甘肃新媒体集团还直接承接了省委宣传部"甘肃发布"政务新媒体及"甘肃新闻发布厅"频道的建设工作；而甘肃省广电网络公司则更多承担"新甘肃云"的技术支撑工作，同时也承接一些县级融媒体中心的建设工作。

在省级媒体中，甘肃广播电视总台也是一支重要力量。甘肃广播电视总台很早就开通了总台客户端，并借助在县级电视台的广泛影响力，不断推进"省带县"媒体融合。目前，甘肃广电总台客户端已有全省 14 个市级行政区划的 57 个地方媒体账号入驻。此外，甘肃广电总台还积极邀请政府机构、行业主流新媒体及有影响力的自媒体入驻新媒体集成播控平台，同时牵头组建甘肃广电融媒体新闻联盟，聚合全省 14 个市级行政区划的 86 个县级广电媒体以及各行业的广电宣传机构，共同打造"联播甘肃"全媒体传播矩阵。2018 年 1 月，总台建设融合新闻生产及协同调度系统"全流程媒体融合飞天云平台"，以全媒体业务为着力点，通过数字化、网络化、云化和智能化技术，重构采编流程，并且借助 APP 实现网络资源共享，可以和甘肃 86 个县级新闻机构开展协同策划。

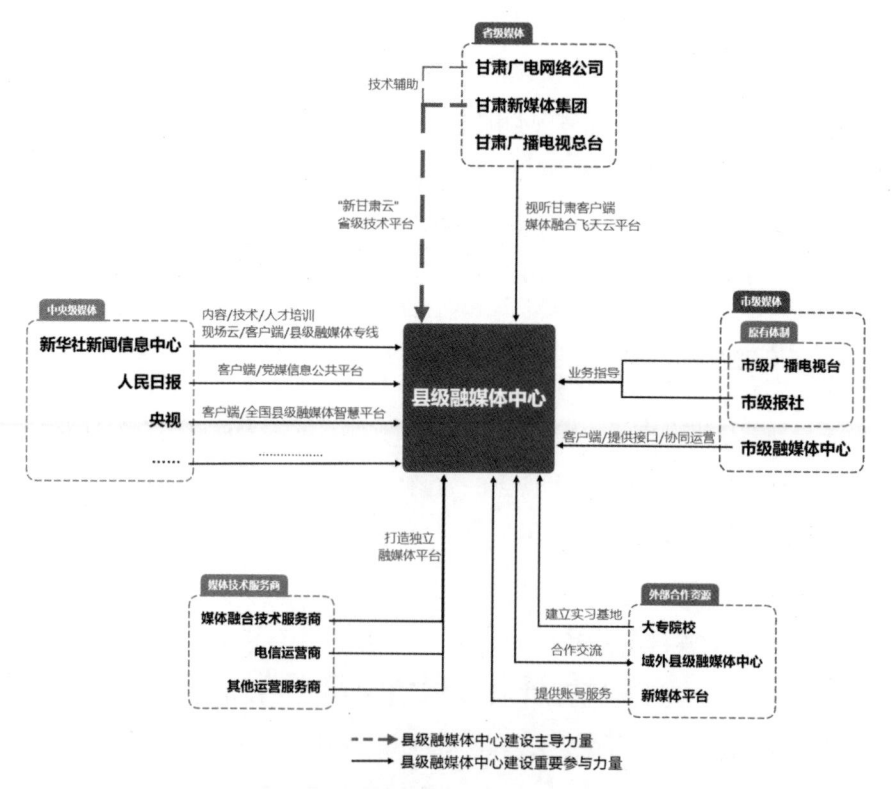

图 2-2　甘肃县级融媒体中心建设的主要参与主体

## （二）中央媒体的下沉参与

以人民日报、中央广播电视总台、新华社为代表的央媒也是推动县级媒体改革的重要力量。人民日报"全国党媒信息公共平台"，以"百端千室一后台"为特点，打造共享技术后台，推动媒体行业融合；中央广播电视总台"全国县级融媒体智慧平台"，专门为县级融媒体中心建设进行全方位赋能；学习强国也上线"县级融媒"频道，致力打造县域资讯与文化平台，鼓励县级融媒体中心广泛入驻。这些中央媒体的主动下沉，为县级媒体融合提供重要的技术、业务、内容和平台支撑。

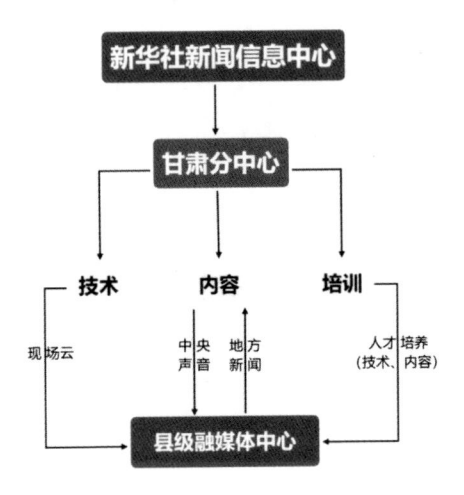

图 2-3 新华社新闻信息中心推动县级融媒体中心建设的服务模式

在甘肃，新华社新闻信息中心助推县级融媒体中心建设工作较有特色。他们在具体工作中摆脱了一般的平台建设模式，而是积极深入基层一线，为各县级融媒体中心提供技术、内容、培训等全方位的服务。如图 2-3 所示，该中心的服务工作主要有三个方面：

一是技术层面，依托新华社现场云直播技术平台、新华社全媒新闻服务平台、Magic 短视频智能生产平台等实现技术赋能，提升地方媒体在智能生产、快速采集、多渠道分发等各方面的能力。

二是内容层面，实现双向维度的信息传播和优质内容的资源整合。一方面，新华社专门开通县级融媒体中心专线和短视频专线，解决县级融媒体中心优质内容匮乏的问题，将中央政策新闻及时、准确、有效地传达到县级融媒体中心助力县级融媒体中心转型升级。另一方面，县级融媒体中心采集的地方新闻通过新华社客户端订阅号上传到新华社平台或反馈到新华社新闻信息中心择优选用。新华社新闻信息中心还专门针对县级融媒体中心，策划"千城早餐""千城胜景""第一书记"等优质新闻产品征集活动，形成现象级传播，扩大了县级融媒体中心的传播力和影响力。

三是培训层面，整合新华社与其他优势资源，对县级媒体工作人员进行实战型技术和业务培训，传授新媒体理念、多媒体技术、新闻策划及传播创新等。

（三）市级媒体的参与

随着一些地市级媒体主动发力，加之国家明确提出"四级融合"理念，后者也成为助力县级媒体融合的重要力量。

在甘肃，上文提及的陇南就是典型代表。2019年12月，陇南市融媒体中心成立。该中心由陇南广播电视台和陇南日报社共同运营（二者原有体制保持不变），陇南大数据管理局提供技术支撑，陇南委网信办提供新媒体管理和网络舆情监测。通过整合全市宣传资源，中心打造了融媒体生产平台、媒资共享交换平台、前端发布平台和融媒体指挥管理系统。中心和线上新时代文明实践中心、陇南乡村大数据打通，提供"宣传+政务+服务"业务。中心还上线"陇南融媒"微信小程序，集合下辖1区8县的资讯，提供微法院、微警务、赶集、找工作等功能，方便用户使用。市级媒体融合的下沉，将触角伸到了县级融媒体中心乃至乡村一级，不仅连接了更多的服务，更与广大人民群众建立了有效的连接。

"市带县"的纵向融合模式在甘肃非常普遍。在兰州，2018年10月，兰州广播电视台融媒体指挥调度中心建成。该中心依托云计算、大数据等技术，为区县级融媒体中心提供服务，推动市级媒体与区县融媒体中心资源互通、平台共享；2020年6月，兰州日报社融媒体中心挂牌运行，为全市区县融媒体中心提供"全方位、多角度、立体化"的新闻宣传服务。在庆阳市，重点打造《陇东报》所属的"掌中庆阳"客户端，指导陇东报社与域内县级融媒体中心共建、共享、共融、共赢，以"一县区、一首页"方式，启动市县媒体融合，构建市、县区分级自主可控的新型主流媒体平台。在武威，其将武威日报社、武威广播电视台新闻资源整合在一起，成立武威传媒集团，通过全媒体策采编播平台建设，实现与中央、省级新闻媒体和县区融媒体中心技术对接。此外，甘肃的酒泉、天水、白银等地也都建成了市级融媒体中心，并且都通过"纵向融合"，为辖区县级融媒体中心开设接口，推动域内各县级融媒体中心的资源整合。

（四）自主平台的探索

在一体化建设背景下，不少县级融媒体中心放弃了自主建设平台计划，甚至关闭了运营较为成熟的平台。但是，在调查中，仍有不少县级融媒体中心负责人表示，希望继续打造自有平台。在他们看来，自主平台是"自己的阵地"，也是本地新闻宣传和媒体经营的"自留地"，能够调动广大县级媒体的积极性。一位县级融媒体中心负责人表示，他们在自主探索的道路上深耕很久，甚至与服务商合作，建设了内测版的融媒体平台，开发出资讯头条、乡镇社区、部门快讯等板块，同时还连接了商城、直播、活动等服务板块，综合集纳了网站、客户端、小程序等功能，平台完成度很高，但与现行政策冲突，只能限于内测使用。

（五）外部合作资源的介入

与外部资源合作是县级媒体融合改革的策略之一。和上述庆城"借船出海"一样，不少县级媒体在各类新媒体平台上注册账号，并收获大量粉丝，在对外宣传的同时，也倒逼内容制作不断提升。当然，由于不同平台算法、机制、传播模式有别，也有个别县级媒体难以同时同步适应，有的甚至出现"僵尸号"的情况。

此外，发挥自身优势，开展商业合作、跨地域合作、学界合作，也是不少县级媒体的创新做法。比如：靖远县融媒体中心成立公司，探索商业运营，一年收入高达上千万元；合作市融媒体中心与天津滨海新区融媒体中心签署协议，开展对口帮扶合作；庄浪县融媒体中心与部分高校合作，成立数字媒体服务学习基地、创新创业与实践基地，建立"产学融合 创新赋能"的校地合作关系……这些做法，都是外部资源介入县级媒体融合改革的有益尝试。

总之，尽管一体化格局仍是推动甘肃县级媒体融合建设的主导力量，但是随着省地双向磨合以及各大主流媒体和社会化媒体平台的主动下沉与介入，"多元一体"的县级媒体融合发展之路正在形成。

## 四、县级融媒体的改革思考

综上所述，县级媒体融合不可能是"独奏"，更应是"合唱"。"多元一体"和谐发展是其应该要走的路。通过对甘肃的观察，我们认为县级媒体融合应注意以下几个方面。

首先，建强、建优省级平台。对县级媒体融合建设而言，省级平台依然是最重要的主导性平台，是"全省一张网""全省一盘棋"的金牌平台。尤其对欠发达省区而言，省级平台是一项"兜底"工程，也是当前各地加强县级媒体融合建设的主导模式。

其次，做大、做活县域资源。对具体县级融媒体中心而言，若无本区域趣缘、业缘、文化缘作为黏合剂，很难实现聚人气、凝人心的效果[1]。应积极调动县级媒体的自主性，不断深挖本地的内容资源、用户资源、市场资源，努力探索"千县千面"的特色化创新之路。

第三，内培、外引多元主体。对县级媒体而言，应在一体化发展的同时，努力探索"你中有我，我中有你"，进而变成"你就是我，我就是你"，从而构建融为一体、合而为一的全媒体传播格局。在具体策略上，应积极内培、外引多元主体，让多元主体为我所用，建设包容性、协作性的传受融合平台[2]，共同打造媒体融合"大舞台"。

第四，共建、共享融合生态。媒体融合实际上是资源和能力的聚合[3]，其目标是形成资源集约、结构合理、差异发展、协同高效的全媒体传播体系。聚合是手段，协同是目标，体系的打造离不开多元主体的合作。应通过平台化的发展战略实现纵向媒体层级和横向媒体资源的无缝对接，大小平台相互嵌套，"在共生中寻求发展"，实现资源、技术、渠道、利益的相互融合，共建共享融合生态。

第五，抓精、抓细对话沟通。对县级媒体融合而言，"引导群众、服务群众"

---

[1] 刘晓程：《多措并举 切实抓好县融媒中心建设》，《甘肃日报》，2020-1-22，第5版。
[2] 蔡泉水、刘建光：《新媒体对我国主流意识形态传播的挑战与回应》，《南昌大学学报（人文社会科学版）》，2015年第6期，第47—51页。
[3] 胡正荣：《打造2.0版的县级融媒体中心》，《新闻界》，2020年第1期，第25—29页。

是其根本目标。一方面整合政务、新闻、服务等基础功能，充分传播好基层声音，让群众听得到、听得懂、听得进；另一方面要通过双向沟通，使中央与地方对接、内宣与外宣联动、政府与民众互动、组织和群体联动，努力将其打造成为信息互通、政策畅通、民心相通、社会融通的全媒体对话枢纽。

第六，培育、做实基层善治。党的十九大报告明确提出，要推动社会治理重心向基层下移，打造共建共治共享的社会治理格局。对基层而言，融合背景下的县域传播生态再造同样有赖于真正的基层善治。唯有改善基层社会治理体系，提升基层社会治理能力，才能更好凸显并释放县级媒体参与基层社会治理的功能与成效。

总之，县级媒体融合"多元一体"发展既是技术与政策驱动的必然结果，更是县域媒体内生发展与基层传播生态自发孕育的必然过程。随着"多元一体"融合模式的不断推进，基层社会治理的融合框架也将更加清晰，其传播与社会治理生态必将变得更加成熟。

# 第三章　关系再造：媒体平台的融合创新

对西部欠发达地区而言，受自身经济实力和媒体能力的限制，很难同步开展多元形式相结合的县级媒体融合改革举措，而"省带县"模式的集约性、系统性、集成性，使其更容易成为县级媒体融合改革之初地方政府选择的主导模式。

对"省带县"模式而言，省级平台是全省县级媒体融合改革最重要的主导性平台。一般而言，省级平台需要从技术支撑维度和内容生产维度两个方面展开系统设计。省级平台的顶层设计是否科学、内外协同是否合理，是能否决定全省县级媒体融合改革成效的关键所在。

随着省级平台建设的推进，省级媒体自然从传统的单一型媒体向平台型媒体转变。省级平台自身及其所支撑的新媒体也由此建立并形成了全新的内部媒体关系架构，并不断全面拓展媒体内外关系，进而形成一个全新的、包含广泛的全媒体生产、传播、服务有机交织的关系生态。

基于此，我们选择从关系视角讨论县级媒体融合改革中的省级平台，并以此洞察县级媒体融合改革遇到的平台转型问题。根据研究的便利性和针对性，本章以甘肃省县级融媒体中心省级平台为观察个案[1]，描述县级媒体融合改革背景下的省级平台建设经验，深入探讨省级平台媒体"关系生态"的集成及其融合创新发展情况，并从关系视角进一步思考县级媒体融合改革应该坚持的基本方向。

---

[1] 课题组于2021年7月—9月派学生以"实习生"身份对甘肃新媒体集团展开参与式观察，重点了解"新甘肃云"省级技术平台的管理机制、人才队伍、技术创新、市场开发等方面情况。调研期间，学生对甘肃新媒体集团的部分工作人员进行了访谈。此外，课题组还于2019年至2021年对甘肃省20多个县级融媒体中心展开了调研，本章写作涉及相关人员的一些见解。

## 一、媒体融合改革实践

"新甘肃云"是由甘肃省委牵头，甘肃新媒体集团负责搭建的县级融媒体中心省级技术平台。其负责单位甘肃新媒体集团是由甘肃省委宣传部、甘肃日报社主管，甘肃日报报业集团主办，是甘肃日报社、甘肃日报报业集团媒体深度融合的改革产物。因此，研究"新甘肃云"为支撑的媒体融合改革与实践，必须将其放置在甘肃日报媒体融合改革的实践进程之中展开。《甘肃日报》创刊于1949年，是甘肃省唯一一家覆盖全省的综合性省级党报。为寻求改革，甘肃日报社先后成立甘肃日报报业集团和甘肃新媒体集团，聚合省内新媒体平台，推进媒体深度融合。回顾甘肃日报社媒体融合改革的实践历史，有几个代表性的新媒体机构值得关注。

### （一）每日甘肃网[①]

每日甘肃网（www.gansudaily.com.cn）由甘肃日报社主办，成立于1999年，是国务院新闻办公室批准的甘肃省第一家新闻网站，也是当前甘肃省规模最大、最具影响力的新闻门户网站，日均点击量900万人次，是甘肃省重要的网上舆论阵地，也是全省各级领导和社会各界高度重视、关注的主流媒体。现为甘肃新媒体集团旗下主要媒体品牌。

1999年，为适应互联网的快速发展，由甘肃日报社主办的每日甘肃网建成上线。然而，建成之初的每日甘肃网不过是报纸新闻的电子化产品，系甘肃日报开展报网融合的第一步。经过近20多年的发展，每日甘肃网已从最初的图文新闻发布，逐步走向运用论坛、手机报、网络视频等新兴技术，通过新闻报道、专题宣传、活动策划等方式不断丰富传播形式、拓展传播渠道、优化传播效果，越来越受到社会各界的青睐和重视。尤其进入移动传播时代，每日甘肃网积极对接第三方平台，先后开设官方微博、微信公众号、头条号、百家号等移动新媒体传播通道，通过多种方式传播甘肃好声音、讲述甘肃好故事、树立甘肃好形象，为全省经济社会发展营造了良好舆论氛围。

近年来，每日甘肃网不断创新发展理念，积极拓展媒体服务项目，率先开通了

---

① 参见 http://topic.gansudaily.com.cn/system/2021/01/04/030247306.shtml.

舆情监控与政务媒体托管项目，与正在开展的版权维护项目组成了未来发展三大核心业务。目前，每日甘肃网为上百家政府部门和企事业单位提供舆情监控服务；为"学习强国甘肃学习平台""甘肃机关党建网""甘肃发布""甘肃文明网""兰州新区网"等数十家政务网站、政务新媒体提供一体化综合服务。

（二）甘肃新媒体集团

甘肃新媒体集团成立于2018年。自成立以来，甘肃新媒体集团着力打造甘肃第一新闻党报的"新甘肃"客户端，整合各类新媒体平台，推进媒体深度融合改革；着力建设"新甘肃云"省级技术平台，为全省县级融媒体中心建设提供有力支撑。甘肃新媒体集团在媒体改革的进程中推动"互联网+""融媒体+""智慧化+""人才队伍+"等方面的建设，助力甘肃省主流媒体的平台化转型。

目前，甘肃新媒体集团旗下有甘肃每日传媒网络科技有限责任公司、甘肃九色鹿融媒体技术有限责任公司、甘肃掌上传媒网络科技有限公司三个子公司和新甘肃客户端分公司、融传媒运营分公司两个分公司。其中，"新甘肃"客户端就是由甘肃新媒体集团新甘肃客户端分公司重点打造的移动端新媒体产品；九色鹿公司以"新甘肃云"省级技术平台建设与省、市、县各级融媒体中心的建设运维为核心业务，专注于媒体融合和新媒体技术建设。

截至2021年12月，甘肃新媒体集团已走过了三年建设历程，构建起全媒体传播格局，新媒体矩阵涵盖了客户端、网站、微博、微信公众号、第三方平台以及手机报等发布终端。客户端包括"新甘肃"和"掌上兰州"，前者以"甘肃第一新闻党端"为定位（相当于过去的党报角色），后者聚焦兰州本地的头条新闻热门资讯、社会话题、公众服务（相当于过去的都市报角色）。网站以"每日甘肃网"为主，此外还有法治甘肃网、大陇网、甘肃经济网、甘肃农民网等。微信公众号和微博账号主要有新甘肃客户端、甘肃发布、甘肃日报、每日甘肃网、兰州晨报等。入驻的第三方平台基本覆盖了国内的商业平台，包括抖音、快手、今日头条、网易号等。手机报主要是指"甘肃手机报"，也是甘肃省唯一面向全国发行的移动端手机报。此外，省级技术平台"新甘肃云"由甘肃新媒体集团负责搭建，通过其技术资源优势带动全省县级融媒体中心的建设。

目前，甘肃新媒体集团以平台共用、技术共享、经费节约为建设原则，以"一云（新甘肃云）两平台（县级融媒体中心省级平台和新时代文明实践中心省级平台）、一端（市县级客户端）两中心（市县级融媒体中心和县级新时代文明实践中心）"为建设方式，推动甘肃省主流媒体深度融合。

（三）"新甘肃"客户端

"新甘肃"客户端是甘肃新媒体集团重点打造的新闻客户端，统筹全省党政机关政务新媒体以及社会团体、高等院校、主流媒体的官方发布新媒体资源，为用户提供了一个"全面看甘肃"的新媒体平台。

2021年10月28日，甘肃新媒体集团成立三周年之际，"新甘肃"客户端4.0正式上线。新版本完成了视觉革新、智能推送、功能完善、服务升级。该版本底部导航区设置新闻、呦呦视频、新甘肃云、融媒工场、服务五大板块，各板块下设有多个功能区，集新闻报道、视听产品、省市县三级融媒、音视频制作和多平台浮标展示于一体。

服务升级是"新甘肃"客户端4.0的一大亮点。"新甘肃"客户端一站式聚合政务服务、民生服务、特色服务，在终端体验上增加可自定义编辑的"常用服务"功能。具体服务内容涵盖疫情防控、政务服务、生活缴费、便民服务、交通出行、线上教育六大模块，涉及人们日常生活、学习、网络问政各个方面。用户只需点击图标即可查看详情或跳转至微信小程序，就能非常便捷、高效地体验具体的服务项目。

（四）"新甘肃云"省级技术平台

2018年12月1日，甘肃省委决定由甘肃新媒体集团负责建设甘肃省省级技术平台，并指导全省各地县级融媒体中心建设。"新甘肃云"省级技术平台由此诞生。2019年3月29日，"新甘肃云"一期项目建成，截至2021年年底，全省86个县（区）已经全部入驻省级技术平台"新甘肃云"。

"新甘肃云"的建设共分三期：一期工程历时三个月，主要建设基础的新闻生产与分发平台。二期工程2019年年底启动，主要通过对一期项目功能拓展、平台能力提升、区县客户端升级、市级平台建设、机构整合、智能集聚、数据集聚等方式，加快5G、人工智能、区块链等新技术发展，有效完善全省各级融媒体中心建设布局，打造媒体深度融合赋能中心。三期工程2020年下半年启动，主要集中在数据中台建设以及开发人工智能技术，将其应用于甘肃党媒的新媒体业务中。

"新甘肃云"从一期上线运行到全省县（区）融媒体中心完成入驻，建成了"全省一朵云"——"新甘肃云"融媒云平台的建设日渐成熟；织就了"全省一张网"——省级技术平台与县级融媒体中心已全部对接；谋划了"全省一盘棋"——一体化建设与发展基本成型。

## 二、技术优势与平台探索

### （一）"新甘肃云"的技术优势

**1. 统一建设，做好顶层设计**

"新甘肃云"是集新闻、政务、民生、服务于一体的融媒体云平台。其"统一建设"体现在四个方面：一是技术平台一体化，"新甘肃云"是统一县级媒体融合的技术平台，云端聚合平台、技术、数据、服务、用户等各类资源；二是管理调度一体化，"新甘肃云"对租户进行授权管理，点对点的管理简化了过程环节，同时又能集中掌控各路资源；三是宣传分发一体化，"新甘肃云"后台指令一键下达，内容一键转发，可以联合不同级别的媒体共同发声，引导舆论；四是提供服务一体化，"新甘肃云"提供业务培训、联合宣传、舆情研判、经验分享等服务，这些服务与县级融媒体中心建设无缝对接，全面助力县级媒体融合的健康发展。

**2. 三级联动，推动内部融合**

三级联动是"省带县"模式的一大特点。它是以省级媒体的资源、平台带动县级融媒体中心建设的一种建设方案，使全省各地的县级媒体能够抓住机遇、借梯上楼。目前"新甘肃云"已实现省、市、县三级媒体全覆盖，在技术上为三级联动提供基础保障。在甘肃，"省带县"三级联动建设模式的持续发展，已成为我国西部欠发达地区县级融媒体中心建设的一个经济集约型特色方案。"新甘肃云"建设采取集约化、"省带县"的建设方式，一体化部署、整体化建设，投入成本远低于单个县建设，建设的规模效应显著降低了建设成本，避免重复建设造成浪费。[①]"新甘肃云"云端服务为各区县融媒体中心提供了统一的内容、技术和培训服务，有效提

---

① 魏永红、张璟、黄亚宁：《"新甘肃云"：新技术支撑下的"全省一张网"》，《传媒》，2020年第21期，第19—21页。

高了融媒体中心建设速度,提高了各区县建设的效率。各区县向"新甘肃云"入驻时,其自身的媒体资源也向省级平台集中汇聚,同时"新甘肃云"能统一指挥调度,开展全过程管理和作业,这样一个创造协同价值的良性媒体生态网络逐步形成。

3.系统运行,发挥宣传合力

系统运行是"新甘肃云"的又一技术优势。为确保新闻宣发效率和质量,"新甘肃云"自建"云端稿库"系统,具有综合传播分发渠道,扩大县级融媒体中心宣传力量。这样的资源库便于权威信息的分发,同时县级融媒体中心的原创稿件可以同步到云端,丰富了内容资源。"云端稿库"中的优秀稿件可以通过集团下属的"每日甘肃网""新甘肃"客户端、微博、微信以及入驻的第三方平台再次发布,增强了县域媒体的传播力和影响力。此外,"新甘肃云"整合全省县级融媒体中心,直接由省委宣传部主管,在云平台上,重要信息和相关要求可以一键发布,违规信息也可以一键处理,保证发布的内容导向正确,县级媒体作为基层宣传阵地能够传递出正确的声音。[1]作为全省的指挥中心,能够协同各个县级融媒体一同策划、采集、编辑、分发,新闻宣传的效率大大提升。同时,后台通过云端的大数据抓取,实时汇总各区县稿件的传播情况,这也为实时监控传播动态提供了技术支撑。

(二)"新甘肃云"的平台探索

1.作为技术先导的平台

平台型媒体,顾名思义,就是一种新型的媒体平台。平台型媒体除了具备互联网的开放、互动特点以外,其更主要的特点就是能够对外进行广泛的连接——包括与用户的连接、与其他机构组织的连接、与各类社会资源的连接。当前,平台型媒体发展的关键在于对价值链的建构[2],后者主要体现在平台型媒体能够聚合起各类内容、渠道和服务。

以"新甘肃云"省级技术平台为依托的甘肃省县级媒体融合改革方案是典型的

---

[1] 王光庆、昝琦、张斌强:《党媒深度融合发展的"甘肃答卷"》,《中国报业》,2020年第21期,第18—20页。
[2] 喻国明、焦建、张鑫、弋利佳、梁霄:《从传媒"渠道失灵"的破局到"平台型媒体"的建构——兼论传统媒体转型的路径与关键》,《北方传媒研究》,2017年第4期,第4—13页。

"平台型媒体"建设思路。以"新甘肃"客户端为例，截至2021年12月，"新甘肃"客户端下载量达500多万，已有400余家单位和机构顺利入驻。依托于"新甘肃云"省级技术平台，"新甘肃"客户端运营维护甘肃日报报业集团、甘肃新媒体集团旗下及第三方共26个新媒体平台，和头条号、抖音号、快手号等一批新媒体账号，目前已形成了一个总关注数达822万，覆盖人数近7000万的新媒体矩阵。"新甘肃"客户端运维的甘肃省人民政府新闻办公室官方新媒体账号"甘肃发布"粉丝已达340万，为省政府新闻办新闻发布会提供的网络视频直播超过110场，直播观看逾1400万人次。此外，改版后的"新甘肃"客户端4.0版本通过优化新闻信息流风格和各种排版格式的呈现，使版面更加多样化，权威新闻资讯更加直观。融媒体产品栏目突出优质原创内容，同时还创新接入智能化审核、上传直播素材等功能。新版本还有视频投屏功能，可以在视频中展示各类优质内容，并通过多种方式进行推送，满足用户需求。同时采用算法推荐，通过大数据为不同用户提供多样化资讯推荐服务。下一步，"新甘肃"客户端4.0版本还将开设一个新的"积分商城"，这是一种可以激发用户活跃度的积分兑换运营模式。

总之，"新甘肃云"省级技术平台实现了资源的汇聚、后台数据实时抓取与可视化、新闻宣传统一指挥调度，内容生产和传播分发的应用体系也已经基本形成。"新甘肃云"省级技术平台纵向贯通、横向联通，形成了一张覆盖甘肃省的媒体资源网络，搭建了一个技术连接平台。

2. 作为内容聚合的平台

建构平台型媒体实质上就是媒体的"平台化"，即建设聚焦于资源整合的新型媒体平台。对于媒体而言，支撑其生存与发展的依旧是内容，平台型媒体不止是做内容的生产者，还要做好内容服务，做到"内容+"。[①] 对省级技术平台"新甘肃云"而言，"内容+"的探索是其一直以来的核心工作。

"新甘肃云"通过聚合和连接的功能，囊括了新闻资讯、党政机关信息、生活类服务信息。在这样一个新媒体平台上，用户能获取到全省最优质的信息和高效服

---

① 黎斌：《媒体融合新思维：从"内容为王"到"'内容+'为王"》，《中国广播电视学刊》，2017年第1期，第27—30页。

务。例如，在新冠肺炎疫情防控期间，甘肃省人民政府新闻办公室选择"新甘肃"客户端作为线上直播和发布平台开展新闻发布会，解答群众关切，传播优质内容。（客户端是"看看直播"平台的一个重要端口，"看看直播"也是甘肃融媒体省级技术平台"新甘肃云"自有直播平台，是"新甘肃云"二期工程的重要组成部分）。

作为一个资源整合型的平台型媒体，其内容生产既包含媒体组织机构制作提供专业性新闻内容，也包含海量内容的聚合能力。为此，"新甘肃云"建设"云端稿库"很好地实现了内容资源的整合目的。在"云端稿库"中，它能够将抓取到的内容资源进行聚合、分类和存储，同时也有利于对"新甘肃"客户端以及各个县级融媒体中心生产海量内容进行调度、共享和分发。对于"云端稿库"聚合到的专业生产内容，一方面与入驻省级技术平台的86家县级融媒体中心进行对接，通过"云上编辑部"——"融媒云平台"可将原创内容进行共享和宣发，通过对内容的一键推送，达到多端直达的效果，提升内容的传播力；另一方面"云端稿库"与"新甘肃"客户端和《甘肃日报》对接，以开设特定的栏目、版面传播县级融媒体重点的优质内容。

为推动资源整合，甘肃新媒体集团还成立"新甘肃云"工作中心，主要负责14个市州的原创新闻专题策划和宣发工作。"新甘肃云"工作中心主要由4个工作小组组成，各小组负责3—4个市州的稿件分发。甘肃新媒体集团工作人员W2在接受访谈时表示："'新甘肃云'工作中心编辑人员从云端稿库中选择优质稿件并再次编辑，分发至'新甘肃'客户端、每日甘肃网、'掌上兰州'客户端等子平台呈现，部分报道还会推送到第三方平台和全国媒体联动报道专题；包括省级党报《甘肃日报》的'县融媒体集萃'版每周也会对优秀稿件进行集中选登。"受访对象W1解释道："（'新甘肃云'）放大了县域媒体的声音，把县融媒生产的优质内容放到更'前台'的位置，凸显县域特色与优势。"

总之，依托"新甘肃云"省级技术平台，甘肃新媒体集团深耕优质内容，以内容创新为核心，不断推出"爆款"新闻产品，创作新闻海报、图解、长图、手绘、H5、短视频等融媒体产品。据统计，2020年甘肃新媒体集团各平台刊发疫情防控常态化报道和复工复产报道9000余篇（条），融媒体产品1300余件，点击量突破10亿人次。

## 3. 作为服务渠道的平台

平台型媒体一方面通过打造多种形式的服务获取用户的注意力，同时也以用户为中心，满足用户多元化需求，形成与用户的正向互动和良性循环，不断迭代升级。其中，一项重要的建设任务就是打造服务平台，其背后的深层次逻辑是以服务打造媒体的连接功能。[①]

以"新甘肃云"省级技术平台为依托，推进"新闻+党建+政务+服务"的融合模式，是甘肃新媒体集团的一个创举。以"新甘肃"客户端为例，其正在全力打造"新闻+党建+政务+服务"的聚合性新闻信息服务平台，聚合甘肃移动新媒体信息同步推出的"甘肃号"，接入机关、社会组织、高校等移动新媒体入驻"甘肃号"，目前已有400余家单位和机构入驻。"新甘肃"和"甘肃号"已成为省委省政府重要的线上发布平台和社会公众获取信息的主渠道。

除此以外，甘肃新媒体集团依托"新甘肃云"还提供以下服务：

一是提供新闻服务，满足用户信息需求。越是在新媒体时代，广大用户对及时、真实、客观、准确、权威信息的需求越强烈。因此，新媒体同样需要重视新闻内容的生产。甘肃新媒体集团以"新甘肃云"省级技术平台为核心打造新媒体传播矩阵，横向拓展新闻内容分发到多种渠道，并且以多种样态呈现新闻内容和各类信息，提供精准的新闻服务；另一方面，以"新甘肃云"省级技术平台为中心，纵向连接各县级融媒体中心客户端，增加新闻信息传送渠道，加强了与基层用户的连接。纵横交错，不仅形成了互联互通的传播网络，更扎牢了联动协作的新闻生产体系。

二是创建政务服务，满足政府基本诉求。政务服务是平台型媒体快速汇聚用户的有效途径。传统主流媒体与党政相关部门之间有着密切的关系，政务资源是传统主流媒体的天然优势。随着电子政务的发展，各级政府越发需要第三方社会力量加持电子政务建设。为此，甘肃新媒体集团专门建设"甘肃政务新媒体服务平台"，全力打造基于网站技术开发与政务媒体高效运维的综合服务平台，是全省唯一具有

---

[①] 宋建武、陈璐颖：《浙报集团媒体融合的探索之路》，《传媒》，2017年第10期，第11页。

权威性、专业化特色的新型政务媒体运营服务提供商。目前，甘肃新媒体集团负责该政务服务平台的网站建设、网站入驻、网站托管、微信公众号代运营、舆情监测工作。这些政务服务功能的开发，极大地满足了各级政府部门的工作需要。

三是拓展公共服务，方便群众公共需求。包括民生服务在内的公共服务是广大群众最为关注的话题。媒体在平台上建构生活场景、公共服务入口、社会信息枢纽，这将会给用户生活带来极大便利。通过整合各种类型的公共服务，将"新闻+服务"的模式与广大用户的实际生活场景相结合，用户只需通过一个"网络窗口"，便能享受便利的服务，简化的办事流程，提高了办事效率，用户黏性也会随之增加。近年来，甘肃新媒体集团通过搭建各种类型的公共服务平台，与用户的关系变得更为紧密。如表3-1所示，通过自有平台拓展的各类服务包括政务服务、疫情防控、便民服务等六大类，具体服务项目达40项，涵盖了群众生活的方方面面。服务资源的聚合，其本质在于连接用户，服务的多样性、便捷性有助于增强平台用户的黏性。

表3-1 "新甘肃"客户端服务类别、项目一览

| 服务类别 | 具体项目 | | | | 数量 |
| --- | --- | --- | --- | --- | --- |
| 疫情防控 | 健康新甘肃 | 通信行程卡 | 风险区域地图 | 小兰帮办 | 4 |
| 政务服务 | 国务院客户端 | 甘快办 | 12333 | 游甘肃 | 5 |
| | 甘肃宣传 | | | | |
| 生活缴费 | 生活缴费 | 甘肃医保 | 燃气缴费 | 社保缴费 | 4 |
| 便民服务 | 天气预报 | 网络招聘 | 现场招聘 | 常用电话 | 6 |
| | PM2.5查询 | 扶贫电商 | | | |
| 交通出行 | 铁路12306 | 兰州城乡公交 | 实时路况 | 计划施工 | 12 |
| | 视频播报 | 图说路况 | 路况概览 | 市州路况 | |
| | ETC网点 | 收费站 | 高速救援 | 服务区 | |
| 线上教育 | 课程学习 | 防疫教育 | 品德教育 | 生命安全 | 9 |
| | 家庭教育 | 心理健康 | 影视教育 | 经典阅读 | |
| | 研学教育 | | | | |

总之，依托"新甘肃云"的甘肃新媒体集团所打造的新型媒体平台正在从"聚合型"平台向"枢纽型"平台转型，其基本实现了流程融合、内容融合、产品融合、渠道融合，从而真正达到"融合+"。在技术上实现了资源的汇聚整合与高效率的新闻生产，在内容上实现了多渠道的信息高效分发，在服务上实现了各类服务的接入与集约化管理。

### 三、再造媒体关系

互联网的发展和媒体融合的本质是传播关系的变革。[①] 媒体融合不仅仅是媒介技术的升级迭代，从本质上讲，媒体融合意味着社会关系的结构性变革。[②] 对媒体自身而言，这种"关系的结构性变革"既体现在媒体内部新闻生产环节形成的内部关系调整，也体现在媒体与其外部利益攸关者之间的关系深层变化。这里我们将继续以"新甘肃云"为例，观察其在"关系"维度上发生的深刻变化。

（一）关系变革：从"媒体中心"到"关系网络"

新媒体时代，传播环境从相对封闭转向开放透明，随之而来的是传播主体多元、传播渠道多样、传播内容多种、传播形式多变、传播效果多层。传统媒体也在这种深度融合语境中逐渐嵌入已有的社群关系[③]，不断完成自身关系生态的系统再造。

"新甘肃云"（和"新甘肃"）建成之初，首先面临从传统媒体"受众"身份到新媒体"用户"角色的定位转换。为吸纳更多用户（包括机构用户与个人用户）入驻"新甘肃云"和"新甘肃"，相关部门可谓想尽一切办法。诸如，在传统媒体内部，集团以"任务"形式要求从业人员通过个人关系吸纳用户入驻客户端，为新生的客户端沉淀原始用户流量。此外，省委宣传部也下发《关于做好"新甘肃"客户端推

---

① 李明海、董小玉：《相融相生与关系重构：论媒体融合的进路与近路》，《现代传播（中国传媒大学学报）》，2017年第1期，第15—18页。

② 姚曦、李娜：《网络社会形态下传播关系的重构——对媒介融合本质的认识》，《西南交通大学学报（社会科学版）》，2018年第5期，第20—27页、33页。

③ 喻国明、焦建、张鑫、弋利佳、梁霄：《从传媒"渠道失灵"的破局到"平台型媒体"的建构——兼论传统媒体转型的路径与关键》，《北方传媒研究》，2017年第4期，第4—13页。

广下载和"甘肃发布"各平台关注工作的通知》,要求各部门广泛动员本地本单位党员干部下载、注册、使用"新甘肃"客户端并关注"甘肃发布"各平台账号。这些做法及时扩大了"新甘肃"的社会影响力,在建设之初沉淀了最基础、最原始的用户资源。可以说,与传统党报相比,"新甘肃"从一开始就在关系生态上发生了深刻的变化——不再是"媒介中心",直接进入了全新的"关系网络"。

新入驻的机构用户和个人用户逐渐改变了"新甘肃云"省级技术平台和"新甘肃"客户端的关系网络。比如,大量县级融媒体中心的入驻,形成了机构性媒体的汇合,他们超出了传统媒体关系中的"上下级关系"和"甲乙方关系",形成了内容聚合、服务聚合、功能聚合为补充的新的关系网络。对各级县级融媒体中心而言,这种新关系也在不断"强化社群构建和社会关系再生"[①],使各种社会力量在融媒体作业的框架下建立新的关系连接。课题组在甘肃当地的调研发现,基层不仅存在依托"县级融媒体中心平台"的各种"互联网+"式的功能连接,而且还有大量因为"融合作业"而形成各种关系连接。比如,甘肃省平凉市庄浪县专门组建了一个微信群。该微信群集纳了全县18个乡镇和多个县直部门的270多个工作人员。各部门工作人员定期上传所在单位的新闻宣传素材。在重大突发事件或重大主题宣传面前,各部门能第一时间同步上传素材,极大方便了融媒体中心采集并制作信息。

从生态学角度看,传播者和受传者是一种协同进化关系。[②]"新甘肃云"架构下的媒体关系网络改变了传统党媒的传播者与受传者关系。从媒体视角看,传统媒体(尤其是党媒)是以我为主的"中心化"线性生态,而新媒体则是以我为节点的"平台化"网络生态,关系网络中的媒体机构不仅是一个节点,而且媒体自身也是一个小型的关系网络。从用户视角看,传统媒体是被动的受众,而新媒体则是主动的用户。用户和媒体一道,是信息的创造者、加工者、消费者、分享者、利益者、传播者、服务者,他们的需求是最具个性化的,并与媒体一起构建全新的网络传播生态。

---

① 李彪:《县级融媒体中心建设:发展模式、关键环节与路径选择》,《编辑之友》,2019年第3期,第44—49页。

② 丁汉青:《重构大众传播中传播者与受传者之间的关系——"传""受"关系的生态学观点》,《现代传播(中国传媒大学学报)》,2003年第5期,第27—30页。

## (二)重塑生产：打造凝聚型的内部关系网络

传播学者塔奇曼在《做新闻》中谈到："新闻必然是新闻工作者通过机构程序并遵循机构规范而生产的产品。所谓机构规范必然包括按照常规从事新闻报道活动的各个机构之间的协商。"[1] 传统媒体机构是科层化的社会组织。在科层制的架构之下，新闻组织是由内部领导者和下级员工组成的两级管理体系。其沟通方式是自上而下、单向传递的。媒体融合改变了传统的科层关系，补充了全新的扁平化管理模式，极大提高了信息传播和资源配置的效率。组织结构扁平化是一种紧凑的、横向的组织结构，强调系统灵活性、简化管理层次、扩大管理范围以及裁减冗员来分权。[2] 以"新甘肃云"为支撑的甘肃新媒体集团，组织结构扁平化主要体现在以下几个方面：

首先，在媒体融合的技术配置和空间整合方面，甘肃新媒体集团成立了全媒体指挥中心，实现全媒体业务的整体统一安排。在组织架构和业务流程上，媒体平台通过信息、人才、业务、制作技术的有机融合，形成可视化、集中化、响应化和高度共享的媒体融合生产体系，为媒体融媒产品内容生产提供了体制机制保障和高效运作平台，有力促进了传统媒体与新兴媒体深度融合，初步实现了数据共享、集中指挥、各方协调、信息互通、统一发布的一体化功能。

其次，集团聚焦融媒体云平台建设，强化媒体融合理念，设计全新的媒体融合机制，构建完整的融媒体系，畅通"新甘肃云"全流程，突破省、市、县三级媒体发展瓶颈，形成媒体融合发展新局面。媒体融合是一个系统工程，不仅包括媒体平台的构建和运行，还包括内容的生产、服务的创新。内容生产是媒体的立身之本，媒体的融合发展依然离不开对内容的重视。推进媒体融合，要超越新媒体平台和信息生产中心概念的简单概念，实现技术、内容、业务的融合，实现移动化、智能化、数据化、集约化、平台化的融合云平台。

最后，"新甘肃云"采取分级运营的租户模式。省级平台负责汇聚资源、统一

---

[1] [美]盖伊·塔奇曼：《做新闻》，麻争旗 等译，华夏出版社2008年版，第32页。
[2] 张惠建：《媒体融合背景下的组织扁平化探索——基于广东广电工作室的改革实践》，《新闻战线》，2018年第1期，第47—51页。

调配。省内各县（区）融媒体中心入驻"新甘肃云"，但同时仍是各自建设的责任主体。各县（区）融媒体中心以独立租户模式置于平台之上，业务数据彼此分离，独立管理。对整个集团而言，多租户模式能够提升管理效率，共性资源可以共享，自主建设又能遵从各自特性，实现统一调度和自主管理并存。

扁平化管理完成媒体生产上的"重塑"：如前所述，"新甘肃云"进一步整合优化了新媒体集团的媒体组织结构，按照全媒体业务和产品导向，建立适应开放共享的组织架构。例如"新甘肃云"授权管理，对所辖站点内容集中管控；在特殊节点上，"新甘肃云"迅速转化为省级信息枢纽和指挥协调中心，联合各区县融媒体中心统一策划、联合发布[①]；此外，通过打造"云端稿库"和"融媒云平台"，"新甘肃"和各区县融媒体中心的原创稿件自动上传至云端稿库，统一编辑管理，真正实现一次采集、多媒介、多平台播出的功能。据课题组调查，截至2021年8月，云端稿库累计发稿量超过150万条，在平台上工作的总用户数超过6000人。目前，依托"新甘肃云"，集团建立"策、采、编、评、发"全过程集中指挥、高效协调、采编调度、信息沟通的内部生产机制，实现了省市县数据的集中处理，以及掌上发稿、直播、编辑、政务、服务互联互通等远程协作功能，真正实现"双向互动、共享发声、联合作战"的宣传工作模式，极大提升了主流媒体的传播力、引导力、影响力、公信力。

（三）再造关系：外部连接型关系网络的生成

媒体融合是对传统传播秩序的重建，传统媒体不再是传播渠道的垄断者。与媒体建立起密切连接的是"用户"。如前所述，互联网让"受众"转变成为"用户"。"用户"具有主观能动性，并且积极参与信息的生产与传播。在互联网的加持之下，用户需求更加个性化，媒体也开始追求更加精细化的信息传播方式，以期最大化地吸引用户的注意力。可以说，新媒体时代，媒体拥抱"互联网+"的基础就是用户思维[②]，其本质在于处理好媒体和用户的关系。

---

[①] 魏永红、张璟、黄亚宁：《"新甘肃云"：新技术支撑下的"全省一张网"》，《传媒》，2020年第21期，第19—21页。

[②] 温世君：《拥抱"互联网+"的基础是用户思维——受众角色的重构与媒体转型》，《电视技术》，2015年第16期，第129—133页。

首先,"新甘肃云"和"新甘肃"提升了用户的自主性。在最新版本的"新甘肃"客户端中突出"新甘肃云"板块,方便特色内容的打造和引流;在"呦呦视频"子栏目"小视频"里,以视频流的方式呈现用户上传的内容,强调 UGC 的融媒体产品生产,有效提升用户参与感和品牌影响力;此外,还通过大数据的算法推荐,根据用户画像,为用户提供符合其个性化阅读需求的资讯信息。为了满足广大用户的需要,"新甘肃"还积极打造生动、亲切、可读性强的新媒体创新产品,如 H5《穿越在丝绸之路》、创意快闪《100 秒 @100 年》、"甘肃博物馆文物表情包"等,这些产品以可视化的交互方式形成良好用户体验,受到广大用户的欢迎。通过这些变化,"新甘肃"的用户变成了真正的"消费者,参与者和生产者",新型主流媒体"双向互动的沟通能力"[1]得以提升。

其次,"新甘肃云"创造一种新型的"关系经济"[2]。互联网时代的媒体关系是一个碰撞、连接、耦合、涵化的过程。在这种情境下,媒体的生产方式发生了巨大改变:由传统的"内容+终端"向"内容+网络"转变;由传统的单一平台向多平台延伸;从传统的被动接受向主动创造转化。"新甘肃云"通过新闻、政务和服务的聚合,实现媒体与政府、媒体与用户(尤其是机构用户)的连接。海量的原创新闻内容汇聚云端,供省、市、县三级媒体使用,在全省各级媒体之间架起了联通的桥梁。此外,通过内容的传播、服务场景的建构联系各方,形成强大的传播影响力。在这个过程中,"新甘肃云"和各个利益攸关方既是合同文本上的"甲乙方关系",更是长期融合之后的"关系经济体"。作为"乙方","新甘肃云"必须提供基本的技术支持、业务支持、培训支持;作为共同打造的"关系经济体","新甘肃云"积极拓展与各级政府部门、各县级融媒体中心、各利益攸关方的连接、融合,依靠互联互通的关系再造,增加了人们对平台和产品的信任度。关系产品可以提高用户沉浸度,更好地连接用户;也能提升媒体的品牌价值,为媒体带来更多的流量。

---

[1] 朱春阳:《全媒体视野下新型主流媒体传播效果评价的创新路径》,《新闻界》,2019年第 12 期,第 11—16 页。

[2] 谭天:《新媒体经济是一种关系经济》,《现代传播(中国传媒大学学报)》,2017 年第 6 期,第 121—125 页。

## 四、媒体赋能与关系优化

平台型媒体聚合了大量的内容与服务，并且随着聚合带来的"赋能"不断延伸原先的媒体关系。一方面通过内部自我赋能，不断完善内部结构；一方面通过融入社会治理系统形成新的外部赋能，不断延伸外部媒体关系。

### （一）业务赋能与关系优化

全媒体时代对记者编辑的专业性要求更高，对媒体内部而言，自我总结和互相学习不失为一种提升记者编辑媒介素养的好办法。据课题组调研观察，"新甘肃"编辑部会定期收集发表在新甘肃客户端上的个人作品集，召集记者编辑互相点评，共同分析传播情况，就如何改进以提升传播力集思广益。全媒体时代新闻编辑方式与手段已经从文字、图片、声音逐渐转变为多功能视觉、听觉以及各种立体化影像传播，对媒体人才提出了更高的要求。和传统媒体一样，围绕采编队伍的业务内涵建设，是优化媒体内部关系的关键所在。近年来，一大批传统媒体的社交媒体产品飞速发展并且成为全国性的品牌，无疑都和媒体自身内部的"放权"和人事关系的优化有关。在"新甘肃"，我们也看到这种"放权"和优化的积极效果，即极大释放了媒体人的创新激情。不过，课题组在调研中也听到另一种声音，即对传统"总编室"的怀念。"新甘肃"工作人员L就谈到："'新甘肃'客户端的扁平化管理有很多优点，但'美中不足'的是'总编室'功能的缺失。一些大型报道和重要题材由于缺乏'总编室'的集中调度，导致产品形态过于简单，不利于新闻叙事的统筹，降低新闻宣传的实际效果。"对媒体而言，围绕这类业务问题的讨论一旦形成决策，就会随时会改变内部的生产流程和业务关系。

### （二）社交赋能与关系优化

在传统媒体向新型媒体转型的过程中，社交化的信息传播是媒体内容和服务向外扩散的传播链条的重要一环。今天，社群成为媒体融合的关键变量。[1]因此，主流媒体早已开始创新话语表达，以实现与社交平台的互融互通。移动互联网时代传播关系的重要表现是维护与用户的关系，社群的建设是传统媒体内容产品发展的

---

[1] 麦尚文、张钧涵：《"系统性融合"：新型主流媒体的社群驱动与传播生态建构》，《现代传播（中国传媒大学学报）》，2021年第6期，第25—32页。

重点。甚至从某种意义上说，用户社交关系比内容产品的制作和融媒体产品的创作更为重要。对传统媒体而言，在网络空间中寻求"志同道合"者，不断优化自身的"关系圈层"，是获得关系资源的有效途径[1]。更具体地说，圈层能够激活内容产品，在每一次的点赞、评论、转发等互动行为中，有效增强了用户与内容生产主体之间的连接关系，逐渐形成在某种媒体使用习惯下的稳定的社群关系。这样的社群、圈层、关系随着时间的流逝而慢慢向外扩展边界，向内凝聚力增强，从而实现关系资源的积累，这对平台型媒体的建构将是巨大的财富。课题组在前期调研中也发现，"新甘肃云"和"新甘肃"非常注重圈层传播，除了在技术端一键分享至微博、微信、QQ等社交平台，可视化作品一键生成个性化海报，H5等融媒体产品一键生成小图海报进行转发分享以外，内部工作人员还通过各种更主动的社会化传播手段增强社交媒体的广泛连接，诸如重要新闻内容的人际转发、重大新闻策划的预热、重点新闻产品的评介等。他们通过主动介入和引导，将优质内容产品嵌入微信朋友圈、微信视频号等社交网络中，借助这些社交网络，制造"刷屏效应"，建立新的连接。

（三）智库赋能与关系优化

智库与媒体之间不是松散、外在的单向度关系，不是偶发性、短时性、浅表化的合作，而是长期性、可持续、深度化的融合与依存。[2] 近年来，媒体"智库化"成为一个趋势，其外部原因有很多，但与媒体信息渠道更加开放、媒体从业人员政策敏感度更高、媒体自身有很强的资源凝聚能力等有关。与此同时，媒体智库化必然带来媒体功能和业务关系的调整。以甘肃新媒体集团为例，和很多媒体智库服务一样，舆情研究是其重要的一项功能。为了做好相关服务，集团专门成立"甘肃舆情数据研究中心"，提供集检测、研究、数据、服务为一体的舆情服务，旗下产品包括智力服务、舆情引导、舆情培训、舆情产品、舆情报告等等。在服务过程中，该中心还通过"政府引导，行业自律"，并通过对原创新闻的监测与评价，提升原创

---

[1] 喻国明：《新型主流媒体：不做平台型媒体做什么？——关于媒体融合实践中一个顶级问题的探讨》，《编辑之友》，2021年第5期，第5—11页。

[2] 王斯敏：《智库化转型：主流媒体突围发展新路径——以光明日报智库建设为例》，《新闻战线》，2018年第3期，第27—30页。

新闻的传播效果。[①] 媒体"智库化"的一个显性表现就是非常注重与各类机构的关系，为了打造并凸显这种关系，媒体甚至把关系维系作为重要生产内容加以强化。在课题组调研期间，就有多次机构来访被媒体主动报道。如表3-2所示，2021年7—8月，就有10多次机构调研交流的信息被媒体报道。

表3-2 甘肃新媒体集团2021年7—8月来访调研交流报道合集

| 机构分类 | 交流时间 | 具体机构 | 标题 |
| --- | --- | --- | --- |
| 政府机构 | 2021.7.8 | 张掖市委 | 省市县三级联动，为媒体融合发展注入新活力 |
| | 2021.8.17 | 甘肃省农家书屋建设管理办公室 | 从"百草园"到"新甘肃"，借鉴交流共提升！ |
| | 2021.8.18 | 平凉市委 | 与老朋友携手，共讲平凉好故事 |
| | 2021.8.24 | 甘肃省民族事务委员会 | 聚合新媒体力量，让民族团结进步之花处处盛开 |
| | 2021.8.31 | 甘肃省科技厅 | 看！"科技+"助力新媒体发展 |
| 同行媒体 | 2021.7.15 | 济南日报报业集团 | 济南来客 探寻媒体融合新思路 |
| | 2021.8.13 | 甘肃省广播电视局 | "这才是年轻人喜欢的！" |
| 企业及其他社会组织 | 2021.7.7 | 金川集团 | 有新意 有心意！老朋友走出媒体融合新路子 |
| | 2021.7.20 | 兰州交通大学 | 校媒合作，新媒体探寻新路径 |
| | 2021.7.23 | 同济大学 | "创意+专业，融出精彩！"一份来自同济大学的点赞 |
| | 2021.8.20 | 甘肃红十字会 | 为爱而来，新媒体为慈善助力 |

（四）生态圈：媒体融合赋能与关系生态再造

媒体生态圈强调媒体内外部环境的各个要素互相关联，同时达到一种相对平衡的状态，互动、和谐、平衡、共生是其中的关键词。主流媒体要想突破"生存危机""关系断裂"等现实困境，必须要走"生态化"之路。[②] 从关系视角来看，媒体

---

[①]《在构建全媒体传播格局中体现党媒担当——写在甘肃新媒体集团成立三周年之际》，参见 http://gansu.gansudaily.com.cn/system/2021/10/28/030435383.shtml。

[②] 卜彦芳、董紫薇：《智媒时代主流媒体如何构建自己的生态圈》，《中国广播》，2019年第1期，第10—16页。

融合发展的底层逻辑就在于建构一个生态圈，保持媒体与内外环境的良性互动，以适应信息传播技术的高速发展所带来的全新传播环境。以课题组调研的"新甘肃云"为例，在省级技术平台的助推下，甘肃省各级媒体的融合发展都在向纵深迈进。课题组在前期调研基础上勾画出如图3-1所示的甘肃新媒体集团媒体关系生态圈模式图。

从整体结构上看，该生态圈依托"新甘肃云"省级技术平台，由内容、

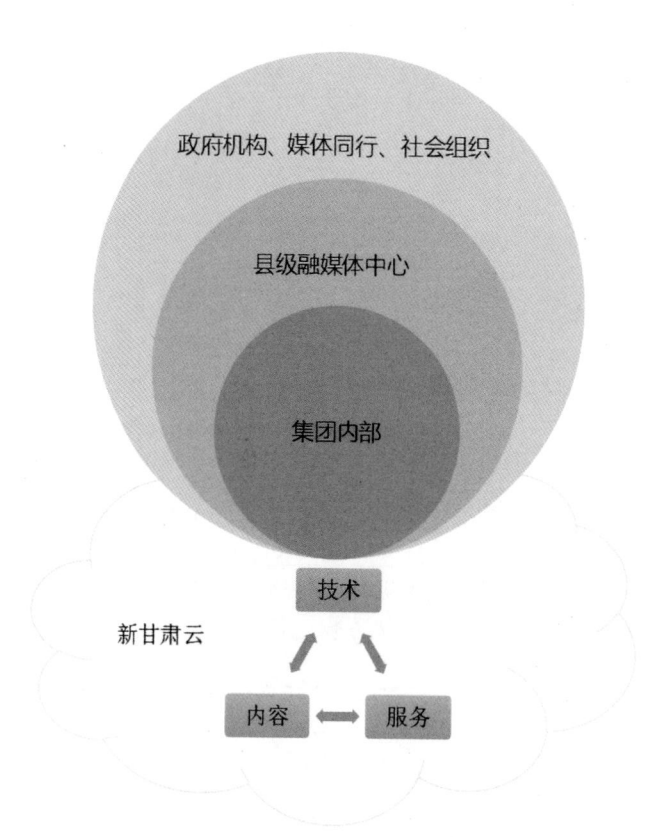

图 3-1  甘肃新媒体集团打造关系生态圈模式图

技术和服务三大支撑体系为主体推动关系生态圈良性运转。生态圈分为内、中、外三层。这三层并不是互相割裂、彼此分离的，而是"你中有我、我中有你"的互相流动的状态。它们彼此互动、相互联系，从而嵌入更大的社会关系网络，成为媒体关系生态社会化的重要组成部分。

最内层是甘肃新媒体集团内部的关系网络。集团化运作本身无疑就凸显出一定的"生态"意识，其作用就在于为各类关系在媒体生态中提供聚合平台。对集团而言，内部关系网络要向内聚合，媒体通过集团组织结构的重组、策采编发流程的再造、媒体人才的转型，实现关系网向内凝聚。最内层也是关系生态圈的核心层，所承载的是媒体在传播生态中所聚合起来的所有关系资源，类似于媒体在社会关系网络中的"中央仓库"。核心层既是媒体原始关系的积累平台，也是其他关系圈能够维系和拓展的基础，其他关系层围绕核心层展开运作，同时也对核心层的系统运作

产生影响。

中间层以省级技术平台与县级融媒体中心的联结为要点，该层是维系省级媒体和县域媒体良性运营的中坚力量。通过省级技术平台，建立起云端稿库，打通技术壁垒，向上为省级新媒体平台提供内容生产、数据整合、资源汇聚的服务，向下通过技术和培训保障县级融媒体中心的建设和运营，通过垂直化的连接加强了各级媒体之间的关系强度。同时各县级媒体入驻"新甘肃云"，在横向上，通过新闻宣传的联动形式，各个县域媒体的关系也更加紧密，夯实了基层舆论宣传阵地的基础。纵横联合，在中间层的运作中，与核心层进行资源的有效结合，将甘肃省主流媒体的影响力进一步扩大。

最外层是甘肃省级媒体向外延伸关系触角的形象表达，并且在媒体的系统运行过程中，该层还在不断地向外扩散。外层代表着媒体与社会各类机构、组织营造友好的对话、交流氛围，利用媒体平台的宣传功能进行关系资源的经营，为媒体打通关键性的数据资源，并为内层的持续发展提供必要的资源，不断为其"供能"。

总的来看，在省级技术平台"新甘肃云"内容、技术、服务的支撑下，甘肃新媒体集团建立起了一套具有自身特色的生态系统，该系统以关系为纽带，建构出一个以服务和内容为关键的媒体生态圈，这样的生态圈不仅筑牢了媒体自身的关系生态也延长了媒体功能的产品链和价值链，从而建构出具有更大包容性和系统性的传播生态网络。

## 五、媒体关系生态再造的思考

媒体融合不仅带来传播内容和传播方式的变化，同样带来传播环境的深刻变革。这种变革的一个重要表现就是"关系生态"的再造。传统大众传播时代的媒体与受众的关系已然破灭，新的平台媒体、关系媒体、社交媒体呼之欲出。对县级媒体融合事业而言，仅仅看到技术、内容、服务的融合是不够的，还应看到由技术—内容—服务延伸出来的"关系融合"，这是媒体融合更实际、更核心的关键问题，也是当前县级融媒体中心建设中最稀缺的经验，需要更深入地研究。

## （一）关系生态再造有待提升的两个方面

### 1. 媒体矩阵日渐完备，但联动效果有待提高

目前，在县级媒体融合改革的大背景下，甘肃新媒体集团已建成集"新甘肃云"省级技术平台、"新甘肃"客户端，以及各种网站、微博、公众号、手机报等为一体的新媒体矩阵。甘肃省各县（区）融媒体中心也已基本建成了各自的新媒体矩阵，包括"两微一端"、入驻第三方平台等等。整体来看，一个覆盖全省的"融媒体生态圈"基本建设完成。这为媒体舆论引导、新闻宣传搭建了基础设施，同时也为各级政府和广大群众的对话提供了平台。然而，作为一个正在建设的"融媒体生态圈"，其应有的连接功能、互动效果和品牌效应都还需要继续打造和逐步提升。以"@甘肃发布"为例，尽管其已经覆盖近300万人群，具有较强的地域传播力，但品牌渗透力还需要进一步挖掘。同样，在"新甘肃云"的云端系统中，尽管各类新媒体基本能够实现"各级联动，协同作战"，但这样的联动并未形成真正的常态化。尤其在重大突发事件和重要主题宣传面前，不仅需要省级技术平台的积极"向下"，更需要县域媒体的主动"向上"，这样才有助于联动效果的提高。此外，破除省级平台自身的"内卷"态势，加大与其他平台的深度连接与同频共振，还有很长的路要走。

### 2. 服务功能日益全面，但用户参与仍需激活

服务功能的延伸，是媒体关系生态再造的关键因素。然而，服务功能的实现不能止步于功能项目的开发，最终应该落实在广大用户的积极参与之中。以"新甘肃"客户端为例，其目前集纳了"疫情防控""政务服务""生活缴费""便民服务""交通出行""线上教育"六大类，从功能分类来看基本覆盖了广大用户的日常生活所需。但从实际互动的效果来看，对话基层、引导群众参与互动的工作还有不少可以提升的空间。对课题组调研的广大县级融媒体中心而言，县级媒体融合服务功能的开发目前还主要停留在技术开发维度，缺乏广大用户的参与和真正的实际应用。这里有两个原因：一是一些服务功能在传统微信小程序和支付宝那里形成了使用惯习，以致"用户"难以转移阵地；二是因为部分县级融媒体中心上线的服务功能的实用性和互动性较低，难以满足用户的实际需要。

## (二)媒体关系生态再造的改革建议

### 1. 立足平台建设，连接多元主体

新媒体平台不仅是硬件的技术平台，也不仅是内容的整合平台，而是关系深度融合的平台。因此，在平台建设的基础上，强化管理融合、机构融合、制度融合、系统融合等多维度的融合，显得至关重要。具体而言，新型主流媒体应努力做好"媒体+"，统筹新闻、政务、服务、商务，在实践中做到各类媒体功能的凝聚和统一，以此连接多元社会力量，建设成为真正的"关系平台"。

### 2. 打通技术壁垒，促进关系融合

技术与关系不是割裂、剥离的，而是相融相生、互相助力的。在媒体融合改革过程中，技术为媒体关系的赋能与延伸赋予了新动能。首先，应持续提升技术水平，通过信息的汇聚、整合、共享，使得各级媒体的信息传播生态能更好地进行新闻宣传和舆论引导；其次，通过技术连接政府机构、社会组织、人民群众等社会治理主体参与到内容的生产、传播过程当中来，以此强化基层社会治理的针对性和准确性；最后，打通数据壁垒，特别是县级媒体的政务服务数据、便民服务数据等应该进行有效整合，提升基层媒体参与社会治理的效率。

### 3. 加大服务扩散，强化治理参与

"引导群众、服务群众"，是县级融媒体中心建设的基本宗旨。实现服务功能与社会治理的深度融合，是优化媒体关系生态的关键所在。各级融媒体应立足本土服务，积极与本地的组织机构建立连接，向外延伸平台的关系触角，不仅要为用户提供普适化的服务，更要为用户打造一站式的、独具特色的、本土化的服务，以增强平台竞争力，抢占用户资源。同时，还要扩展宣传推广的渠道，通过定期、不定期举办线上线下各类活动，加强与高校、企业、社会组织以及其他社交平台的合作，吸引更多群众参与其中，提高平台在特定领域的知名度和社会影响力。此外，应积极嵌入基层社会治理的框架，通过数据联通和资源共享，让各级融媒体中心成为基层综合服务的平台、基层社会治理的枢纽。

# 第四章　用户视角：公众认知与功能拓展

县级融媒体中心建设是一项十分重要的国家战略，这项战略的实施绝不仅仅是自上而下的单向的政府工程，需要全社会的广泛支持和参与。对县级媒体自身而言，脱离了广泛的用户参与，就不是真正的大众媒体，也不是成功的媒体融合改革。

因此，我们需要从用户视角考察县级媒体及其融合改革实践现况，了解广大公众对县级媒体的认知情况、参与情况以及对县级媒体融合改革实践的认识与评价情况。唯有如此，我们才能更深入地研究县级媒体融合改革的群众基础、用户环境，并为后续改革实践找到应有的方向。

本章，我们以在线问卷调查形式，获得879份大众调查问卷，以此了解公众对县级媒体及其融合改革的基本认知。统计分析发现，广大群众对县级融媒体中心了解不深，较多被调查者表示县级融媒体建设存在互动反馈不足、平台服务范围有限、内容生产缺乏"本土化"意识、同质化建设等问题。

因此，县级融媒体中心建设有必要从创新用户运维、探索本土发展、参与基层治理、强化品牌建设等方面全面提升媒体内涵。

## 一、县级媒体的用户问题

用户是县级媒体发展的关键，也是新闻传播研究中的一个重点。

在传播学研究中，用户研究可以追溯至大众传播时代对受众问题的讨论。1932年，拉斯韦尔在传播的五要素中提出了受众这一概念，并将传播研究依据5W模式分成了控制分析、媒介分析、内容分析、效果分析和受众分析五个板块。受众分析与其他板块有着不可分割的联系，系传播研究中一个落脚点。

早在20世纪20年代,"魔弹论"盛行一时。该理论认为媒介信息如同子弹一样具有强大的威慑力,它能够直接击中受众的"心脏",对受众的观念、态度和行为形成深刻的影响。这是一种消极的受众观,它认为群众是被动的、原子式的,大众传播可以随意向受众"灌输"各类信息与观点。随着大众媒介不断迭代更新,"魔弹论"逐渐被抛弃,其后"有限效果论""使用与满足"等理论相继出现,反映出大众媒介在其发展过程中对于受众主体意识的重视逐渐提高。这种主体意识体现在:在媒介互动过程中,受众由被动文本意义的接受者,变为了兼具主动与被动,即接收者、解码者和生产者,他们会根据自身的知识储备与自身需求去自觉地理解与生产文本内容。

麦奎尔(Denis McQuail)在《受众分析》中将传播学的受众研究分为了三类:结构性、社会文化性、行为性。所谓结构性受众研究主要揭示传媒与受众的关系,通过量化分析受众规模、媒介接触、流动情况、到达率等来达到目的。所谓社会文化性受众研究主要观察社会文化、受众与文学三者之间的联系,认为受众对于媒介的反应受到社会文化的影响,并反过来影响着社会文化,强调受众具有主动性和自我选择性。所谓行为性受众研究主要通过受众评价媒介影响力,从而预测受众行为,采用受众对媒介选择、意见、态度和使用等来达到目的。

我国受众研究可以追溯至20世纪80年代。早在1982年,中国社会科学院新闻与传播研究所就开展"北京地区读者、听众、观众调查",开启受众抽样研究的先河,确立了受众作为研究对象的观念。[1] 进入20世纪90年代,传播学中的受众问题受到关注,有学者提出"受众本位"观念,受到广泛认可。[2] 此后,受众调查逐渐成为传媒业必备的一种商业形式,包括盖洛普、尼尔森等商业受众调查机构进入中国,央视索福瑞等调查机构飞入寻常百姓家,成为电视受众研究的一种必备的专业方法。

刘海龙曾对我国20世纪90年代的受众研究做过总结,归纳起来有三种主要

---

[1] 隋岩:《受众观的历史演变与跨学科研究》,《新闻与传播研究》,2015年第8期,第51—67页。
[2] 陈崇山:《中国受众研究之回顾(中)》,《当代传播》,2001年第2期,第11—15页。

的研究取向：一是以党报群众路线为出发点的受众研究；二是以社会主义民主政治观念为出发点的受众研究；三是为媒体市场化服务的受众研究。[①]这三种取向对应了受众研究涉及的学术性、政治性与商业性问题，并一直延续至今。

进入互联网时代，传统单向被动的受众概念逐渐隐去身份，随之而来的是主动参与、双向沟通的"用户"概念。"用户"不仅是媒体传播的对象，更是媒体平台的使用者，是传播生态的建构者。彭兰在《新媒体用户研究：节点化、媒介化、赛博格化的人》一书中总结了新媒体用户的三个关键特征：一是用户不是个体化、原子化的散射存在而是节点式的网络连接状态；二是用户不是被动的受播对象，而是积极的建设力量，是媒介生产的有机组成部分；三是用户对媒体不再是"人体器官的工具性延伸"，而是在媒体技术的深度塑造下演化成为"半人半机器"的存在。

随着县级媒体尤其是县级融媒体中心建设的兴起，受众（或曰用户）视角的研究也越发普遍起来。高春燕从用户思维出发，认为在互联网时代，县级融媒体必须树立用户思维。[②]方小荣在分析当下县级融媒体中心的发展困境后，就其内容生产提出建议——重视用户，与基层群众开展合作，将用户原创内容转变为职业生产内容。[③]王烨、冉天枢也在研究中指出，县级媒体融合的关键是要建立起用户连接，在不断变化的媒体生态中探索出一条适合自身的可持续发展之路。[④]王春霞也认为县级媒体必须要牢牢树立用户思维，将传统的受众变为积极主动的用户，转变为共同生产信息的合伙人。[⑤]

整理既有研究可以看出，相关研究对县级媒体的用户问题主要形成如下三个方

---

[①] 刘海龙：《从受众研究看"传播学本土化"话语》，《国际新闻界》，2008年第7期，第5—10页。
[②] 高春艳：《用户思维视域下的县级融媒体中心发展探讨》，《西部学刊》，2019年第2期，第89—92页。
[③] 方晓荣：《从用户原创内容到职业生产内容——县级融媒体内容生产的新思维模式》，《西部广播电视》，2021年第21期，第202—204页。
[④] 王烨、冉天枢：《融合背景下传统媒体的用户思维变革》，《传媒》，2020年第16期，第66—68页。
[⑤] 王春霞：《融媒时代县级媒体如何提升服务效力》，《新闻论坛》，2022年第1期，第95—96页。

面的发现：

一是用户思维缺乏服务意识较弱

目前，不少县级融媒体的建设思维还固化在传统媒体时代的信息传播功能实现层面，互联网思维缺乏，服务意识不强。在新媒体时代，缺乏用户思维是传统媒体的致命弱点。对县级媒体而言，倘若不能清晰地意识到这一点，抓不住基层用户的"心"，也很有可能进入一种恶性循环的怪圈。反之，对一些商业媒体或互联网平台而言，随着资本和技术的同步下沉，他们反而更能秉持用户思维，提供优质服务，吸引了大量用户的注意力。因此，县级融媒体中心的建设决不能陷入传统的固化思维，应思用户之所思、想用户之所想，树立真正的用户思维，增强面向基层用户的服务意识才是县级融媒体发展的关键所在。

二是服务设置与用户需求不匹配

当前县级融媒体建设中存在服务与需求不匹配，甚至相矛盾的现象。首先从新闻服务功能来看，县级融媒体中心存在内容同质化，照搬照抄其他平台的原生内容，"拿来主义"倾向较为明显，其提供的新闻服务忽视了受众需求，未因地制宜地结合本地资源与内容进行信息传播。其次从政务服务功能来看，较多县级融媒体的政务功能开发尚未进入实质层面，未对本地用户需求进行调研，更谈不上依托本地用户的实际需求进行政务服务功能的开发，大多只是承担了简单的政务宣传信息发布功能。第三从便民服务功能来看，由于县级媒体整体上还无法完成真正的服务功能开发，大多时候只是一种功能集成，是"中转站"，难以实现原始的引流和有效的导流。这些都是县级融媒体后续建设中需要进一步解决的难题。

三是用户黏度及忠诚度普遍较低

如前所述，用户是媒体发展的核心。对县级媒体而言，一切"为了群众、服务群众"是一项基本的要求。因此，县级媒体必须服务用户，才能立足用户，进而发挥与主流媒体一样的传播力、引导力、影响力、公信力。然而，县级媒体在整个全媒体传播体系格局中还处于"最后一公里"的末端位置。甚至在广大基层群众中，由于大量社会化媒体平台和主流媒体的直接下沉，县级媒体的影响力几乎微乎其微。不少县级融媒体中心分散入驻在微信、抖音、微博、微视频平台等第三方平台，加之自身开发的客户端有名无实、流于形式等原因，导致县级融媒体平台自身缺乏真正的下沉用户，用户黏性较低。

综上所述，用户研究对县级融媒体中心建设与发展具有重要的研究价值和现实针对性。本章由此入手，通过问卷调查的方式，进一步检验上述研究提出的一系列问题，同时也试图回答如下更为具体的问题：广大群众是否真正了解如此之多的县级融媒体平台？他们是否正常使用这些县级媒体平台？他们的使用目的是什么？对这些平台提供的服务满意程度如何？对当地县级融媒体中心建设有何意见或建议？等等。我们希望通过对这些具体问题的调查和了解，为县级媒体融合改革的创新探索提供建设性的参考。

## 二、用户调查的研究设计

基于当前县级融媒体中心建设现状，本研究根据上述研究需要设计详细的调查问卷（参见全书附录2），重点调查基层群众对县级融媒体中心的认知、使用及评价状况。

### （一）问卷设计

本研究的调查问卷设计从2021年10月中旬到12月底。历时2个多月，经过20多遍的打磨与修改，从最初的46道题确定为最终的31道题。在最终版问卷的31道题中，单项选择题共12道，多项选择题12道，量表题7道。

### （二）样本范围与数据收集

此次调查问卷采取线上电子问卷的形式发放问卷，由用户根据个人情况在线填写问卷，发放时间从2021年12月底至2022年2月中旬结束，问卷涵盖范围较广。

本次调查共回收879份数据。在在线问卷调查设计中，研究者设置了一个IP地址仅允许填写一次的限制性要求，以此保证样本的真实性和可靠性。受研究团队所属地域的影响，来自甘肃的县级媒体用户占总样本的46%，其余省区用户占54%。调查所收集的数据样本地理范围分布如图4-1所示。

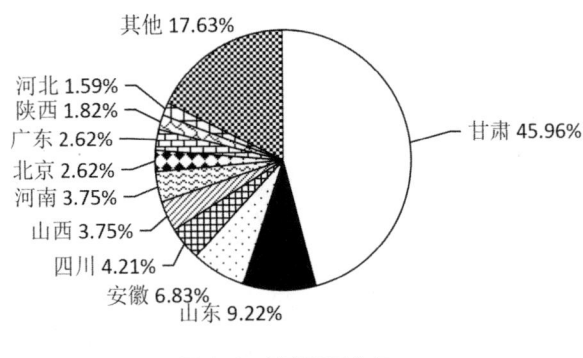

图 4-1 地理范围分布

本研究的调查对象面向所有县级媒体用户展开，因而具有一定的分散性。加之调查研究遇到新冠疫情的影响，问卷的发放以电子问卷形式进行，具体通过问卷星展开调查。数据回收后，使用 SPSS 数据分析软件对所得数据进行输入和分析，最终得出结果。

（三）信度与效度检验

1. 信度检验

信度代表着问卷量表的一致性或者稳定性，其较为常用的检验信度方法为克隆巴赫系数（Cronbach α 信度系数），公式为 $α=(k/(k-1))×(1-(\sum S_i^2)/S_x^2)$。在此检验方法中，α 系数的值位于 0—1 这一区域，要想让问卷调查的量表题项信度合理，那么该问卷的 α 系数不得低于 0.800，信度越大，其测量标准误差中的误差就会越小。从表中可以看出，本文问卷量表题项共计 35 个，α 系数为 0.996，α 系数较大，说明本文问卷信度较佳。

表 4-1 可靠性统计

| 克隆巴赫 Alpha | 项数 |
| --- | --- |
| 0.996 | 35 |

2. 效度分析

效度即有效性，指从问卷中能得到衡量内容的有效程度。完成对整体问卷分析后，通过对题项因素分析体现其建构效度。分析数据显示，KMO 值为 0.980，sig 小于 0.05，该量表符合因素分析要求。

表 4-2　KMO 和巴特利特检验

| KMO 取样适切性量数 | | 0.980 |
|---|---|---|
| 巴特利特球形度检验 | 近似卡方 | 107338.907 |
| | 自由度 | 595 |
| | 显著性 | 0.000 |

（四）基本数据情况

1. 调查对象性别与年龄分布

在收集的 879 份样本数据中，男性样本共计 416 人，占 47.33%；女性 463 人，占 52.67%。男女性别比例基本均衡。在年龄上，18—25 岁 484 人，占 54.94%；26—35 岁 244 人，占 27.76%；36—45 岁 68 人，占 7.74%；46—55 岁 63 人，占 7.17%；56—65 岁 12 人，占 1.37%。总体来看，调查对象在年龄分布较为年轻化，主要以 18—35 岁的青年用户居多。

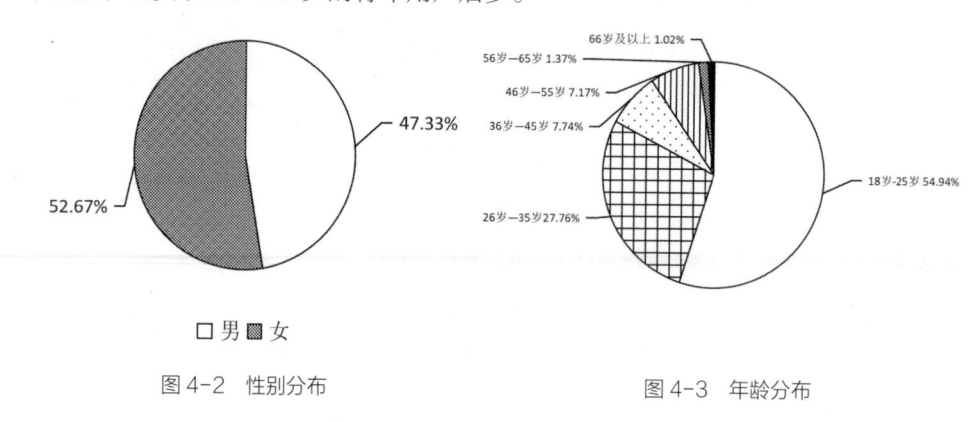

图 4-2　性别分布

图 4-3　年龄分布

2. 调查对象受教育程度与职业分布

当前数据样本中受教育程度相对集中，其中研究生及以上学历的人为数 286 人，占样本总人数的 32.54%；大学本科 417 人，占样本总人数的 47.43%；大学专科有 81 人，占样本总人数的 9.22%；高中／中专／技校有 64 人，占比样本总人数的 7.28%；初中及以下，占比较低，仅占样本总人数的 3.53%，共 31 人。

从职业分布来看，学生有 396 人，占样本总人数的 45.05%；专业技术人员（如教师、记者、医生、律师等）101 人，占样本总人数的 11.49%；企业工作人员有 99 人，占样本总人数的 11.26%；自由职业者有 84 人，占样本总人数的 9.56%；党政机关工作人员有 74 人，占样本总人数的 8.42%；无业人员共 36 人，占样本总人数的 4.10%；商业、服务业人员（如销售人员、商店职员、服务员等）有 29 人，占样本总人数的 3.30%；农林牧渔水利业生产人员（如农民、牧民、渔民等）有 26 人，占样本总人数的 2.96%；生产、运输设备操作及有关人员（如工人、司机、修理工等）9 人，占样本总人数的 1.02%；军人 3 人，占样本总人数的 0.34%，其他类包括"升学中"等有 22 人，占样本总人数的 2.50%。

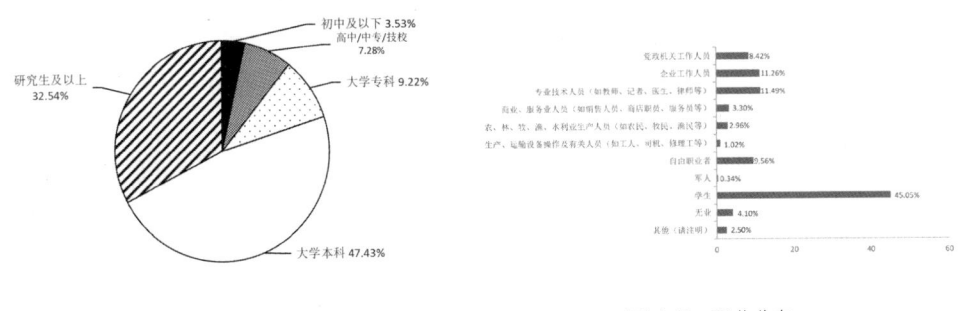

图 4-4 受教育程度分布

图 4-5 职业分布

### 3. 调查对象当前居住地分布

从调查对象的居住地样本数据分析来看，居住地在农村的样本共计 267 份，所占百分比为 30.4%；居住地为城镇的共计 610 份，所占百分比为 69.4%；剩余 2 名对象的居住地为城乡接合部。

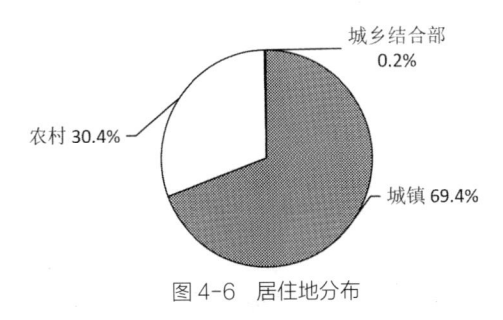

图 4-6 居住地分布

## 三、用户对县级媒体的认知、使用与评价

### （一）县级融媒体的认知情况

#### 1. 对县级融媒体中心的知晓情况

在879份数据样本中，有468份样本，即53.24%的用户知晓当地建有县级融媒体中心。有411人，也就是46.76%人表示并不知晓当地建有县级融媒体中心。从这一数据中我们可以看出，对于县级融媒体中心这一新型媒体机构，基层群众的机构知晓情况并不乐观。

表4-3 对县级融媒体中心的知晓情况

|  | 频率 | 百分比 | 有效百分比 | 累计百分比 |
| --- | --- | --- | --- | --- |
| 知道 | 468 | 53.2 | 53.2 | 53.2 |
| 不知道 | 411 | 46.8 | 46.8 | 100.0 |
| 总计 | 879 | 100.0 | 100.0 |  |

#### 2. 对县级融媒体形式的认知情况

通过对样本数据的分析，调查对象对不同形式的县级融媒体有着不同程度的认知，占比最高的微信公众号为80.23%，说明微信的使用使得人人拥有媒介接近权；其次为电视台，占比73.26%，可以看出电视在当前仍然拥有巨大的传播力；客户端的知晓占比为56.98%，广播电台占比55.04%，第三方商业平台（如抖音、快手、头条号、企鹅号等）占比54.65%，第三方党媒平台（如学习强国以及各类省级

- 电视台 73.26%
- 广播电台 55.04%
- 客户端 56.98%
- 网站 40.7%
- 微博 44.57%
- 微信公众号 80.23%
- 手机报 19.38%
- 电子屏 17.44%
- 第三方商业平台（如抖音、快手、头条号、企鹅号等） 54.65%
- 第三方党媒平台（如学习强国以及各类省级官方融媒体平台等） 45.35%

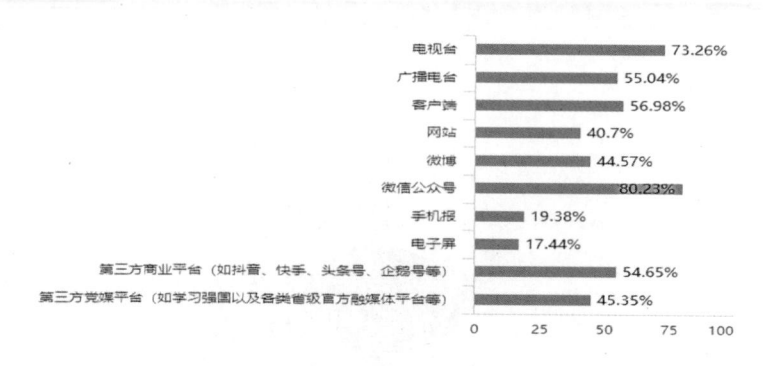

图4-7 用户对县级融媒体形式的知晓情况

官方融媒体平台）占比为45.35%，微博占比44.57%，网站占比40.70%。占比最低的为手机报和电子屏，分别是19.38%、17.44%，从数据样本可以看出，用户对于传统媒体与新兴媒体中发展较为强劲的媒体知晓程度更高，对于手机报与电子屏的知晓程度相对较低。

3. 对县级融媒体中心机构身份的认知情况

县级融媒体中心是一个政府部门还是一个新闻单位，抑或是文化公司、技术平台、服务机构？为了解当前用户对县级融媒体中心机构身份的认知情况，问卷单独设置一题对其进行调查。从下表数据样本中可以清晰地看出群众对于县级融媒体身份的认知状况。"政府部门"和"新闻单位"是广大用户对县级融媒体中心最主要的身份认知，且其占比相同，均为82.56%；44.96%的人认为其身份是服务机构，40.7%的人认为其身份为文化公司，28.68%的人将其看作技术平台，1.94%的人表示自己不太了解县级融媒体中心的身份。

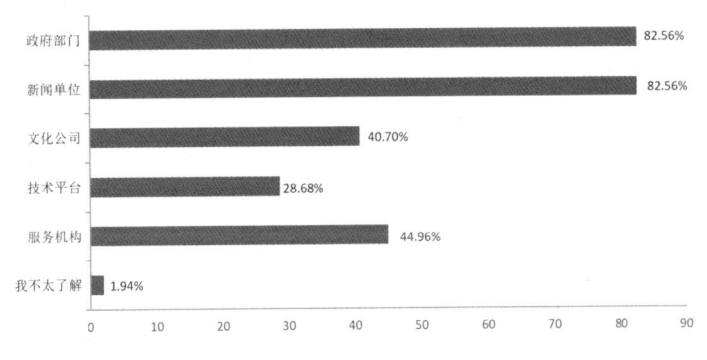

|  |  |
| --- | --- |
| 政府部门 | 82.56% |
| 新闻单位 | 82.56% |
| 文化公司 | 40.70% |
| 技术平台 | 28.68% |
| 服务机构 | 44.96% |
| 我不太了解 | 1.94% |

图4-8 用户县级融媒体中心机构身份的认知情况

4. 对县级融媒体中心功能的认知情况

用户对县级融媒体中心功能的认知情况如下图4-9所示，从中可以看出，"提供新闻资讯"占比最高，为89.53%；"提供便民服务"与"提供政务服务"占比分别为82.17%、79.84%；"进行舆论引导"占比56.59%；"参与基层治理"占比47.67%；"开展商业活动""开展技术服务""外界参观考察"分别占比为36.82%、32.17%、31.78%。同时也有4.26%的人表示"说不清楚"；0.78%的人选择了"其他"，并在样本数据中具体注明里记录为："践行群众路线""强化新时代党群关系""基本全是宣传报道县级领导的动态"。

```
提供新闻资讯         89.53%
提供政务服务         79.84%
提供便民服务         82.17%
开展商业活动         36.82%
开展技术服务         32.17%
进行舆论引导         56.59%
外界参观考察         31.78%
参与基层治理         47.67%
说不清楚            4.26%
其他（请注明）：     0.78%
```

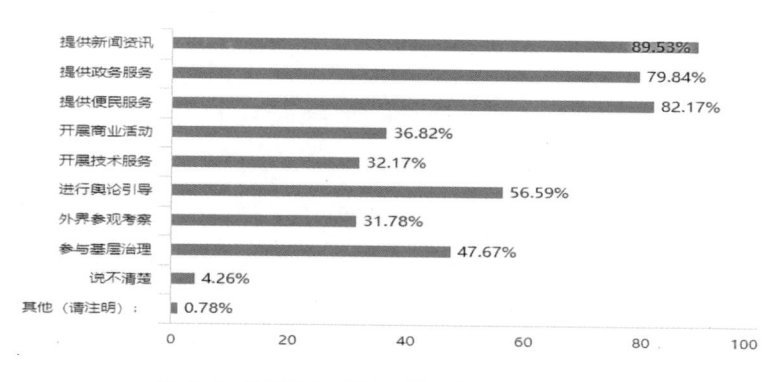

图 4-9　基层群众对县级融媒体中心功能认知情况

## （二）县级融媒体的使用情况

在调研用户对县级融媒体的使用情况时，研究者从总体的使用状况与具体各主要功能的使用情况两个大的方面进行问题设置及调查。问卷设计主要从用户是否使用过县级融媒体，他们使用县级融媒体的原因和未曾使用的原因，他们正在使用的县级融媒体平台类型与使用频次如何，以及用户对县级融媒体当前最主要的三大功能——新闻服务、政务服务、便民服务的使用情况如何等方面展开调查。

### 1. 总体使用情况

（1）是否使用过县级融媒体

在879份样本中，55.13%的调查对象表示使用过县级融媒体，而44.87%的调查对象则表示从未使用过县级融媒体。从这个数据可以看出，县级融媒体的用户开掘空间还很大，这应成为未来县级融媒体建设中着力加强的重要一环。

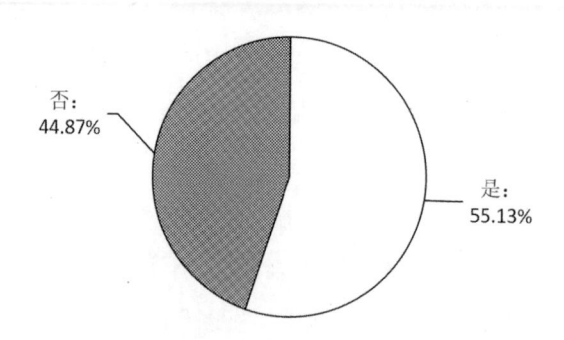

图 4-10　调查对象是否使用过县级融媒体

（2）使用原因

如图 4-11 所示，用户使用县级融媒体的原因排在前三位的分别是："浏览新闻，获取最新资讯""生活服务更便捷""政务服务更便捷"，占比分别为 75.58%、63.18%、50.39%，说明新闻服务、便民服务、政务服务这三大功能能够被用户切实感知到。此外，"官方宣传或周围人推荐"占比 36.82%；"参与讨论，表达观点""无聊打发时间"所占比例为 12.02%、10.85%；"其他"占比 3.10%，注明情况主要为"工作需要"。

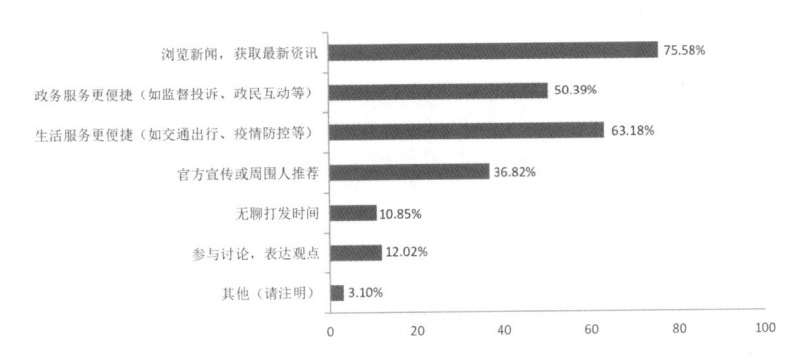

图 4-11　基层群众使用县级融媒体的主要原因

（3）未使用的原因

如图 4-12 所示，调查对象未使用县级融媒体的原因首先是"和我的生活相关性不大"，占比高达 52.86%；其次是"和其他平台发布的内容都差不多，感觉没必要"，占比 33.81%；"缺乏有效的互动形式、体验感差"，占比 22.38%；"不会使用"，占比 20.95%；"没听说过"占比 16.67%；"不信任，缺乏权威性"，占比 7.62%。

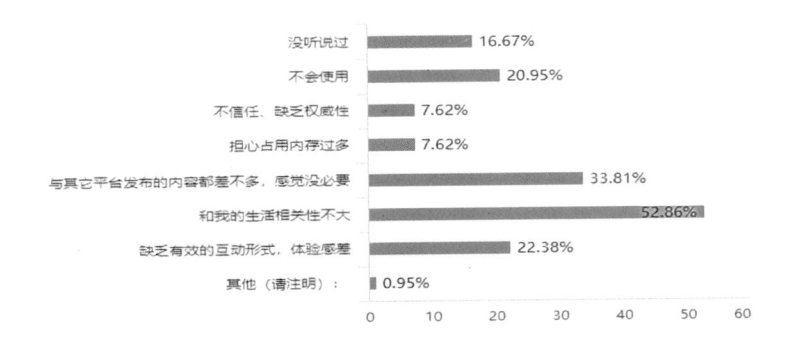

图 4-12　基层群众未使用县级融媒体的主要原因

## （4）使用类型

如图4-13所示，用户使用县级融媒体的产品类型排序是：微信公众号占比最高，为76.74%；电视台第二，占比50.39%；客户端第三，占比44.57%；第三方商业平台（如抖音、快手、头条号、企鹅号等）占比40.70%；微博占比36.05%；广播电台占比32.95%；网站占比30.23%；第三方党媒平台（学习强国以及各类省级官方融媒体平台）占比24.81%；电子屏占比6.98%；手机报占比10.08%。从中不难看出，不同类型的县级融媒体形态在用户那里的使用情况是有差异的，值得深入研究思考。

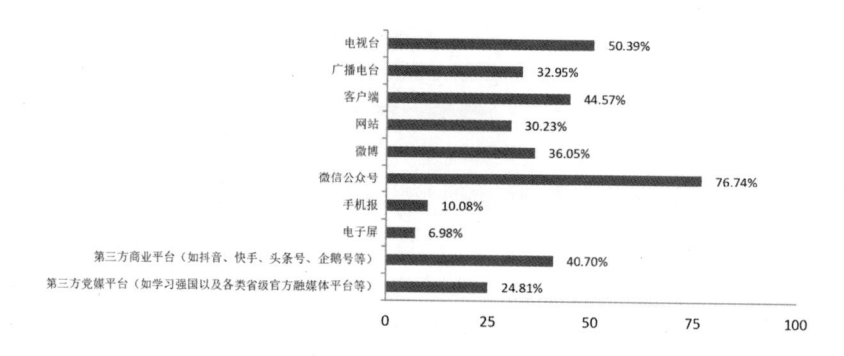

图4-13　基层群众对于县级融媒体的使用类型

## （5）使用频次

县级融媒体中心具有各种类型的媒体平台，用户对于不同的平台其使用频次也是不同的，本研究对此也进行了调查。如下图从4-14到4-23所示，使用频次用数字1—10加以考察，1为最低，10为最高。

电视的使用频次呈分化趋势。如图4-14所示，使用频次为"1"的占比19.77%；使用频次为"10"的占比13.57%；使用频次为"8"的占比12.40%；使用频次为"7"的占比9.30%；使用频次为"3"的占比8.91%；使用频次为"2""4""5"的均占比8.53%；使用频次为"9"的占比6.59%；使用频次为"6"的占比3.88%。如果把"1—5"视为使用频次相对较低，"6—10"视为使用频次相对较高。那么，使用频次在"5及以下"的占比54.27%；使用频次在"6及以上"的占比45.73%。使用频次相对较低占比更高。

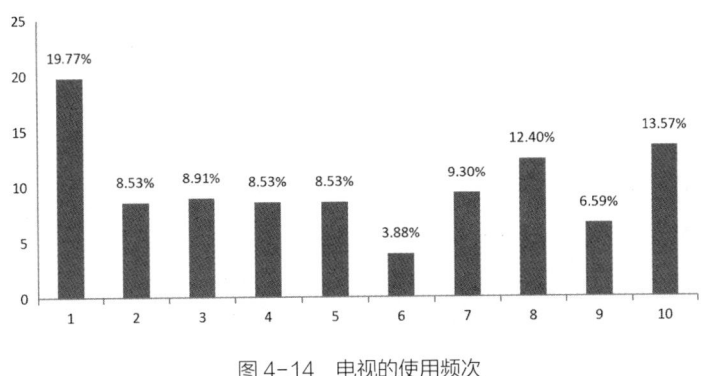

图 4-14　电视的使用频次

广播的使用频次除"1"以外也比较分散。如图 4-15 所示，使用频次为"1"的占比最高，为 25.58%；使用频次为"10"的占比 11.63%；使用频次为"8"的占比 10.47%；使用频次为"2"和"3"均占比 8.91%；使用频次为"5"的占比 8.53%；使用频次为"7"的占比 8.14%；使用频次为"4"的占比 6.98%；使用频次为"9"的占比 5.81%；使用频次为"6"的占比 5.04%。如果把"1—5"视为使用频次相对较低，"6—10"视为使用频次相对较高。那么，使用频次在"5 及以下"的占比 58.91%；使用频次在"6 及以上"的占比 41.09%。使用频次相对较低的明显占多数。

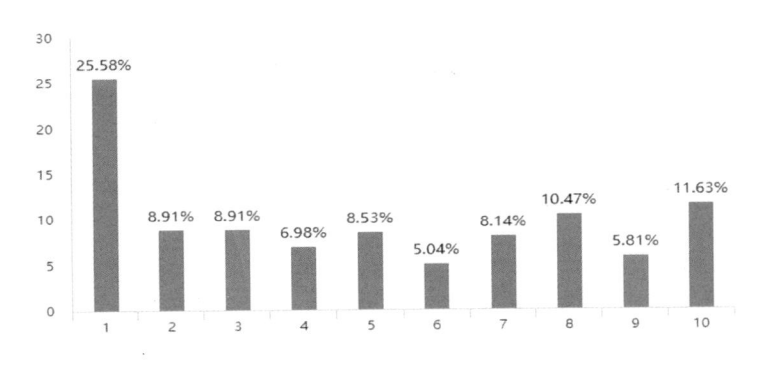

图 4-15　广播的使用频次

客户端的使用频次呈现"两头大"的情况。如图 4-16 所示，选择频次为"1"和"10"的占比最高，均为 17.44%；选择频次为"8""5""9"的占比均超过 10%，分别为 11.24%、10.85%、10.47%；其他频次数均低于 10%。如果把"1—5"视为使用频次相对较低，"6—10"视为使用频次相对较高。那么，使用频次在"5 及以下"的占比 43.02%；使用频次在"6 及以上"的占比 56.98%。使用频次相对较高的占比更高。

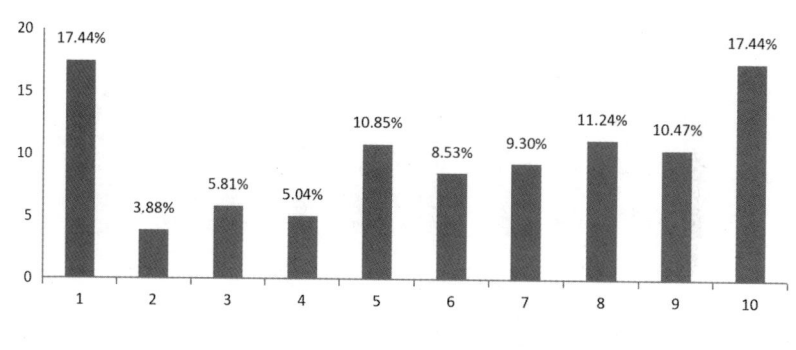

图 4-16　客户端使用频次

微信公众号的使用频次呈现明显的"一面倒"情况。如图 4-17 所示，选择频次为"10"的占比最高，为 32.94%；其次选择频次为"9"，占比为 22.09%；第三选择频次为"8"，占比 16.28%；再后面分别是选择频次为"6""7""3""5""1""4""2"，分别为 7.75%、6.59%、4.26%、3.88%、3.10%、2.33%、0.78%。如果把"1—5"视为使用频次相对较低，"6—10"视为使用频次相对较高。那么，使用频次在"5 及以下"的占比 14.35%；使用频次在"6 及以上"的占比 85.65%。使用频次相对较高的占比位居绝对多数。

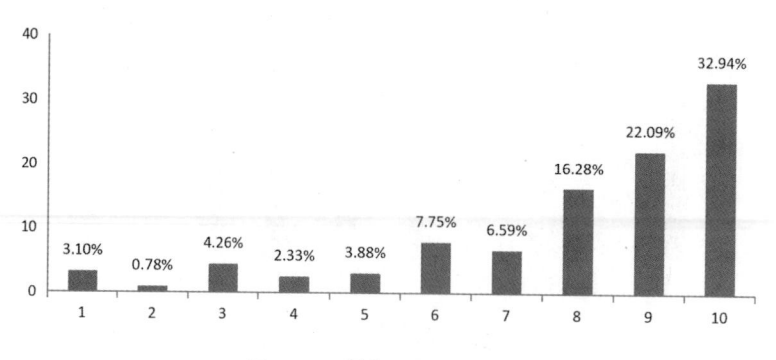

图 4-17　微信公众号使用频次

微博的使用频次呈现分化状态。如图 4-18 所示，选择频次为"1"的占比最高，为 20.54%；其次选择频次为"10"，占比为 17.44%；选择频次为"3—9"的比例相对平均，分别为 6.98%、6.98%、7.36%、8.91%、7.75%、9.69%、10.85%；选择频次为"2"的占比最低，仅有 3.49%。如果把"1—5"视为使用频次相对较低，

"6—10"视为使用频次相对较高。那么，使用频次在"5及以下"的占比45.35%；使用频次在"6及以上"的占比54.65%。使用频次相对较高的占比更高。

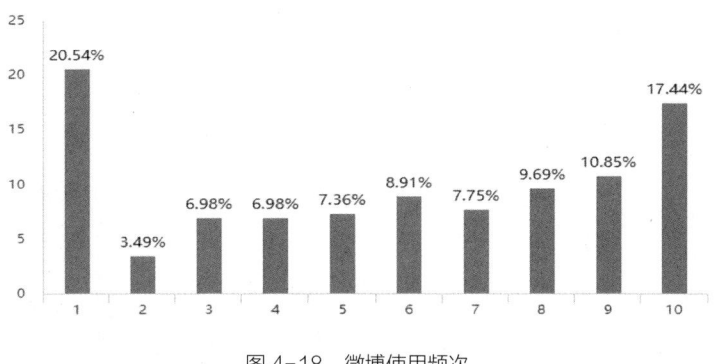

图 4-18　微博使用频次

网站的使用频次呈现分化状态。如图 4-19 所示，选择频次为"1"的占比最高，为 23.26%；其余选择频次占比相对多元，选择频次从"2"到"10"分别为 5.43%、8.14%、6.20%、8.14%、9.30%、5.43%、12.79%、8.91%、12.40%。如果把"1—5"视为使用频次相对较低，"6—10"视为使用频次相对较高。那么，使用频次在"5及以下"的占比51.17%；使用频次在"6及以上"的占比48.83%。两类选择的占比数基本持平。

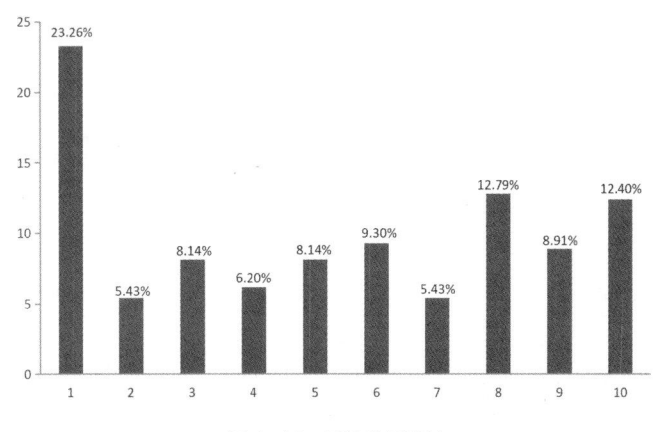

图 4-19　网站使用频次

第三方商业媒体平台使用频次也呈现较为明显的"一边倒"情形。如图 4-20 所示，选择频次为"10"的占比最高，为 20.93%；其次为"8""7""9"，占比分别为 13.95%、12.02%、11.63%；其余选择频次占比相对多元，选择频次从"1"到

"6"分别为8.91%、3.49%、5.81%、6.59%、8.91%、7.75%。如果把"1—5"视为使用频次相对较低,"6—10"视为使用频次相对较高。那么,使用频次在"5及以下"的占比33.72%;使用频次在"6及以上"的占比66.28%。使用频次相对较高的占比明显更高。

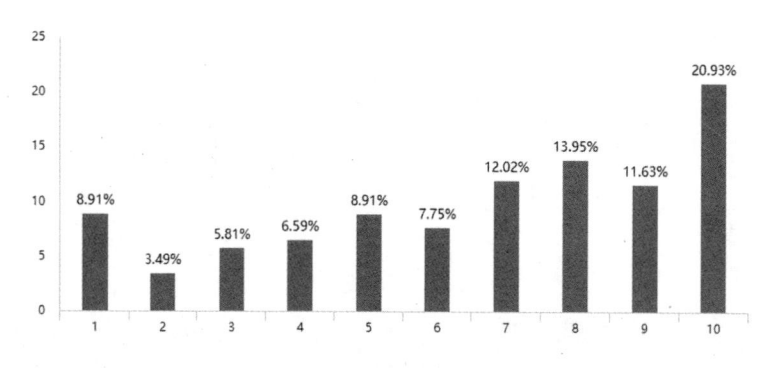

图4-20　第三方商业媒体平台使用频次

第三方党媒平台的使用频次相对多元。如图4-21所示,选择频次为"10"的占比最高,为18.22%。其余选择频次的占比各有不同,选择频次从"1"到"9"分别为12.02%、6.20%、7.36%、5.81%、8.14%、10.85%、8.53%、13.95%、8.91%。

如果把"1—5"视为使用频次相对较低,"6—10"视为使用频次相对较高。那么,使用频次在"5及以下"的占比39.54%;使用频次在"6及以上"的占比60.46%。使用频次相对较高的占比更高。

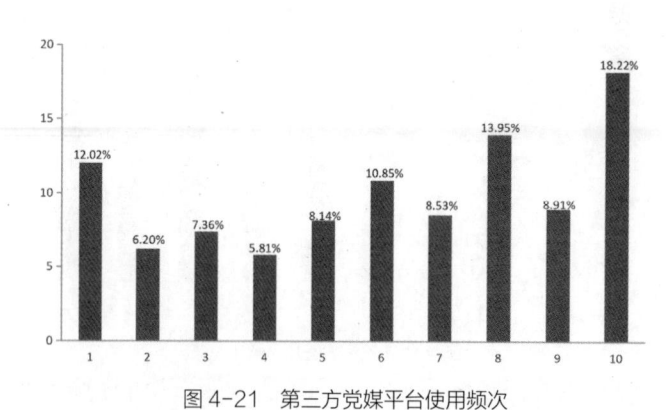

图4-21　第三方党媒平台使用频次

2. 对新闻服务的使用情况

(1)对新闻信息的浏览状况

在"您在县级融媒体上主要浏览哪些类型的新闻信息"一题中,问卷选项所涉及的各个类型的新闻信息浏览都有不同占比的选择。如图4-22所示,广大用户在浏览新闻信息时对各个领域都有关注,涉及面较宽泛。从调查数据看,大多数人倾向于了解"社会民生新闻"和"时政新闻",二者的占比分别为83.72%和83.33%。其次选择"农业农村新闻""经济新闻""文化教育新闻",三类分别占比为50.78%、46.90%、45.35%。最后是"娱乐新闻""旅游电商新闻""体育新闻""军事科技新闻",其占比分别为27.91%、26.36%、23.64%、20.16%。在"其他"选项中,部分基层群众还增加了自己较为关注的新闻话题,如生态环境、政务服务、疫情防控等。

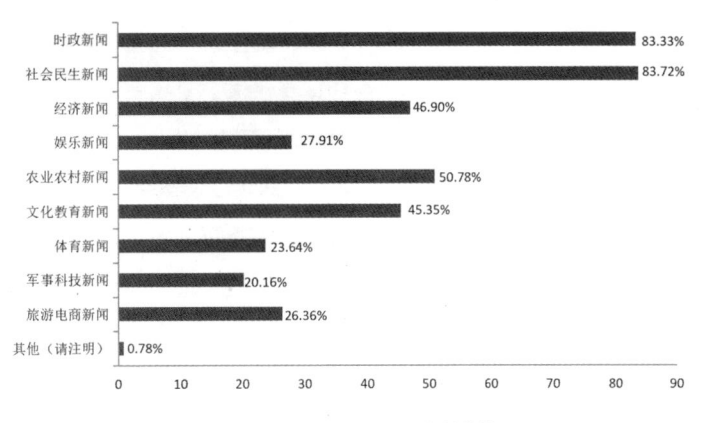

图4-22 对不同新闻类型的浏览情况

(2)对县级融媒体发布的内容转发、评论或点赞情况

在是否转发、评论或点赞过(有其一种情况即为"是")县级融媒体发布的内容问题上,76.74%的数据显示"是",23.26%的数据显示为"否"。

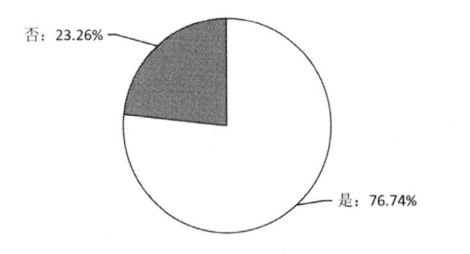

图4-23 县级融媒体发布的内容转发、评论或点赞情况

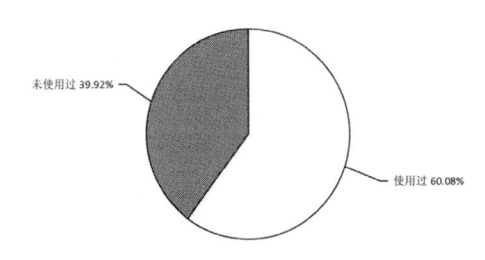

图4-24 是否使用过政务服务

### 3. 对政务服务的使用情况

（1）是否使用过政务服务

如图4-24所示，对于县级融媒体提供的政务服务，有60.08%的调查者表示使用过该项服务，另外39.92%的调查者表示并未使用过此项服务。

（2）对不同类型政务服务的使用情况

如图4-25所示，用户使用"信息公开"的服务占比最高，约为78.06%；其次是办事大厅（个人和企业能够进行政务办理的统一入口）占比为60.00%；建言献策、举报监督、政务服务评价（对政务办理服务的满意度评价）分别为46.45%、49.03%、40.00%。

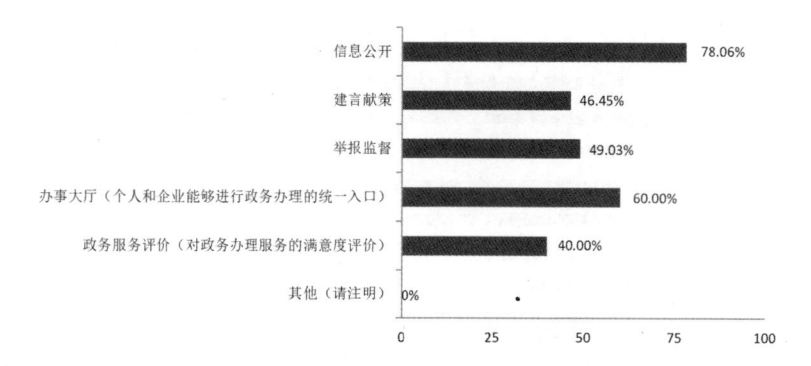

图4-25 基层群众对政务服务类型使用情况

（3）对政务服务的使用频次

如图4-26所示，调查对象选择一个月内使用过的占比为58.71%、三个月内使用过的占比为21.94%、半年内使用过的占比为10.97%，一年内使用过的占比为3.23%，而一年及以上使用过的占比为5.16%。

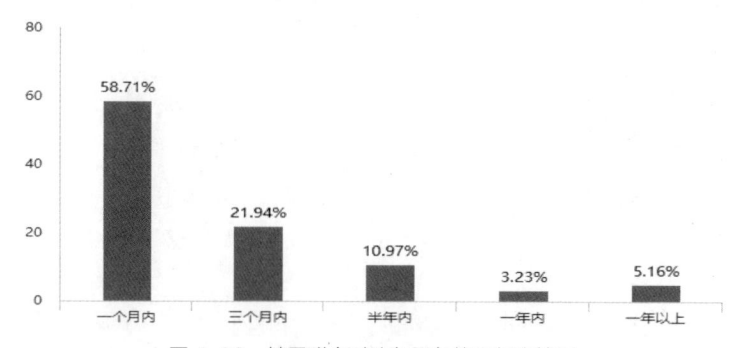

图4-26 基层群众对政务服务使用频次情况

4. 对便民服务的使用情况

（1）是否使用过便民服务

如图4-27所示，64.73%的调查对象使用过便民服务，而35.27%的调查对象表示并未使用过该项服务。

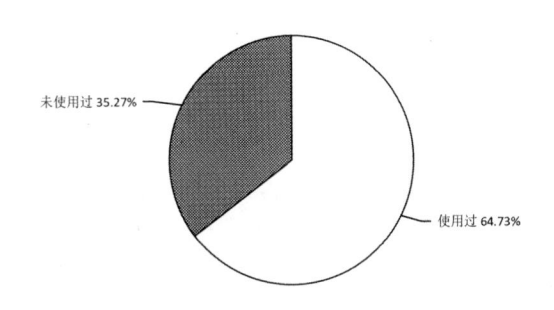

图4-27　是否使用过便民务服务情况

（2）对不同类型便民务服务的使用情况

如图4-28所示，对不同的便民服务类型，调查对象的使用情况有所不同。其中"疫情防控"（如健康码、行程卡、风险区域地图等）使用占比最高，占比为73.05%；其次为"生活缴费"（如水电费、燃气费等），占比为66.47%；再是"交通出行"（如火车票、机票等出行服务项目、路况等），占比为64.07%；再是"在线医疗"（如预约挂号、电子处方、健康档案等），占比为57.49%；此外是同城交易、招聘信息、常用电话等多类资讯，占比为42.51%；"教育服务"（如教育信息、在线教育等），占比为40.72%。

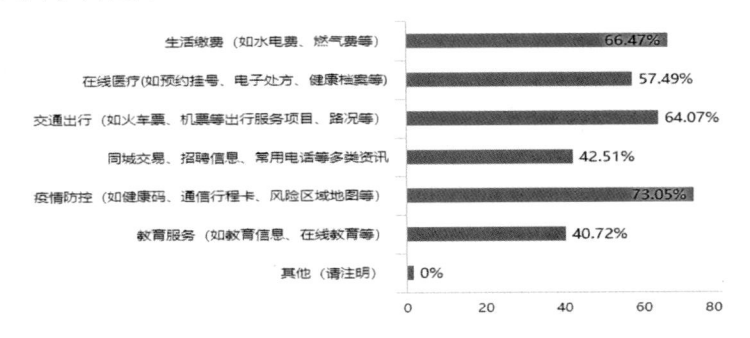

图4-28　对不同类型便民务服务的使用情况

（3）对便民服务使用频次情况

如图4-29所示，一个月内使用过的占比为67.66%，三个月内使用过的占比为18.56%，半年内使用过的占比为5.99%，一年内使用过的占比为2.99%，一年及以上使用过的占比为4.79%。

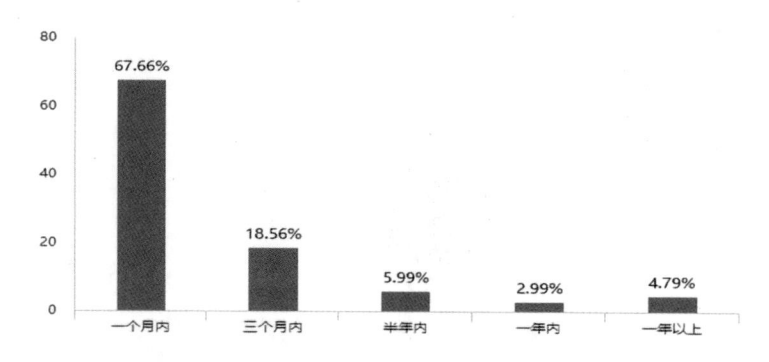

图4-29 对便民服务的使用频次

（三）县级融媒体的功能认同与满意度调查

1. 对县级融媒体中心功能的认同情况

如表4-4所示，调查对象对我们预设的县级融媒体中心功能总体上比较认同。其中，"应该成为民众获取便民服务的平台"最高，平均分为8.50；其次是"应该成为民众获取本地信息的平台"，平均分为8.47；"应该成为民众获取政务服务的平台""应该成为政府和民众的沟通平台""应该成为民众表达意见和需求的平台""应该成为民众参政议政的平台"的平均得分分别为8.41、8.29、8.19、7.87。

表4-4 对县级融媒体中心功能的认同情况

| 题目\选项 | 1 | 2 | 3 | 4 | 5 | 6 | 7 | 8 | 9 | 10 | 平均分 |
|---|---|---|---|---|---|---|---|---|---|---|---|
| 应该成为民众获取本地信息的平台 | 4 | 3 | 2 | 3 | 9 | 7 | 30 | 55 | 31 | 114 | 8.47 |
| 应该成为民众获取便民服务的平台 | 4 | 2 | 1 | 0 | 12 | 15 | 21 | 48 | 49 | 106 | 8.50 |
| 应该成为民众获取政务服务的平台 | 4 | 3 | 2 | 2 | 11 | 14 | 23 | 46 | 51 | 102 | 8.41 |
| 应该成为民众表达意见和需求的平台 | 7 | 1 | 6 | 5 | 13 | 10 | 27 | 50 | 39 | 100 | 8.19 |

| 题目\选项 | 1 | 2 | 3 | 4 | 5 | 6 | 7 | 8 | 9 | 10 | 平均分 |
|---|---|---|---|---|---|---|---|---|---|---|---|
| 应该成为政府和民众的沟通平台 | 6 | 3 | 4 | 1 | 10 | 15 | 27 | 47 | 44 | 101 | 8.29 |
| 应该成为民众参政议政的平台 | 10 | 2 | 3 | 8 | 12 | 23 | 28 | 50 | 39 | 83 | 7.87 |
| 小计 | 35 | 14 | 18 | 19 | 67 | 84 | 156 | 296 | 253 | 606 | 8.29 |

2. 对新闻服务的满意度及建议

（1）对新闻服务的满意度

如表4-5所示，研究者从三个方面测量调查对象对县级融媒体中心新闻服务的满意度。数据显示，调查对象对"新闻性评价"（新闻报道体现重要性、时效性、显著性、接近性、趣味性等新闻要素）的满意度最高，平均分为7.26；调查对象对"专题策划评价"（专题策划即就某一主题展开的报道组合）和"融合创新评价"（如视频、图文、H5等新形式）相同，平均分均为6.93。为了解总体情况，问卷设计了"新闻服务总体评价"，平均分为7.14。

表4-5 对新闻服务的满意度

| 题目\选项 | 1 | 2 | 3 | 4 | 5 | 6 | 7 | 8 | 9 | 10 | 平均分 |
|---|---|---|---|---|---|---|---|---|---|---|---|
| 新闻性评价（新闻报道体现重要性、时效性、显著性、接近性、趣味性等新闻要素） | 4 | 4 | 12 | 6 | 23 | 34 | 41 | 58 | 29 | 47 | 7.26 |
| 专题策划评价（专题策划即就某一主题展开的报道组合） | 3 | 3 | 15 | 14 | 32 | 37 | 46 | 41 | 25 | 42 | 6.93 |
| 融合创新评价（如视频、图文、H5等新形式） | 3 | 3 | 18 | 15 | 33 | 33 | 35 | 45 | 32 | 41 | 6.93 |
| 新闻服务总体评价 | 2 | 1 | 15 | 10 | 33 | 36 | 35 | 49 | 36 | 41 | 7.14 |
| 小计 | 12 | 11 | 60 | 45 | 121 | 140 | 157 | 193 | 122 | 171 | 7.06 |

如表 4-6 所示，研究者设计了"对比其他类型的媒体，现在通过县融媒获取本地信息，您对以下说法的认同度如何？"的调查问题，以希了解调查对象对县级融媒体本土化新闻服务的满意度情况。调查发现，调查对象认为"获取本地信息更快捷了"平均分为 5.71，"关于本地的信息更丰富了"平均分为 5.69，"接收的信息和自己关系更密切了"平均分为 5.59，"接收的信息实用性更强了"（能帮助指导生产生活）平均分为 5.48。

表 4-6　对新闻服务的认同度

| 题目＼选项 | 1 | 2 | 3 | 4 | 5 | 6 | 7 | 8 | 9 | 10 | 平均分 |
|---|---|---|---|---|---|---|---|---|---|---|---|
| 获取本地信息更快捷了 | 4 | 1 | 5 | 8 | 21 | 25 | 31 | 56 | 37 | 70 | 5.71 |
| 关于本地的信息更丰富了 | 2 | 4 | 3 | 12 | 21 | 28 | 33 | 51 | 37 | 67 | 5.69 |
| 接收的信息和自己关系更密切了 | 1 | 6 | 10 | 12 | 24 | 31 | 24 | 57 | 35 | 58 | 5.59 |
| 接收的信息实用性更强了（能帮助指导生产生活） | 6 | 6 | 9 | 15 | 24 | 25 | 31 | 49 | 39 | 54 | 5.48 |
| 小计 | 13 | 17 | 27 | 47 | 90 | 109 | 119 | 213 | 148 | 249 | 5.61 |

（2）对新闻服务的相关建议

如图 4-30 所示，调查对象对县级融媒体中心新闻服务的建议中，占比最高的是"加大本地新闻推送力度"，为 75.97%；其次为"提高原创新闻比例"，占比 68.99%；"提高融媒体新闻比例（如视频、图片、H5 等新形式）""新闻报道应该'接地气'""突出不同平台新闻报道的差异性""增设直播类新闻"等分别占比为 65.50%、58.53%、53.10%、32.95%。

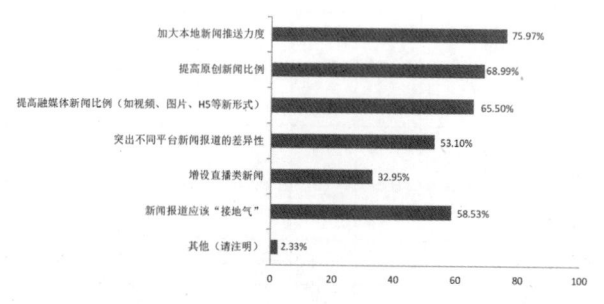

图 4-30　对新闻服务的建议

## 3.对政务服务的满意度及建议

(1)对政务服务的满意度评价

研究者对县级媒体政务服务功能的满意度从以下四个方面进行测量,分别为"服务功能齐全""功能使用便捷""办事流程高效""政务服务总体评价",如表4-7所示,调查对象对这四类情况的满意度评价分值平均分分别为7.59、7.52、7.39、7.54。

表4-7 对政务服务的满意度评价

| 选项<br>题目 | 1 | 2 | 3 | 4 | 5 | 6 | 7 | 8 | 9 | 10 | 平均分 |
|---|---|---|---|---|---|---|---|---|---|---|---|
| 服务功能齐全 | 3 | 4 | 2 | 4 | 9 | 15 | 27 | 33 | 24 | 34 | 7.59 |
| 功能使用便捷 | 3 | 2 | 5 | 9 | 9 | 7 | 26 | 35 | 31 | 28 | 7.52 |
| 办事流程高效 | 4 | 2 | 4 | 5 | 17 | 13 | 21 | 36 | 22 | 31 | 7.39 |
| 政务服务总体评价 | 2 | 2 | 0 | 7 | 13 | 19 | 24 | 37 | 19 | 32 | 7.54 |
| 小计 | 12 | 10 | 11 | 25 | 48 | 54 | 98 | 141 | 96 | 125 | 7.51 |

(2)对政务服务的相关建议

如图4-31所示,调查对象对政务服务的建议中,支持最高的建议是"提供民众参政、议政的渠道",占比为74.19%;其次是"增设异地业务办理",占比为63.87%;第三是"优化第三方链接跳转",占比63.23%;第四是"提高对民众的互动反馈效率",占比61.29%;第五是"增强数据安全与隐私保护",占比56.77%。

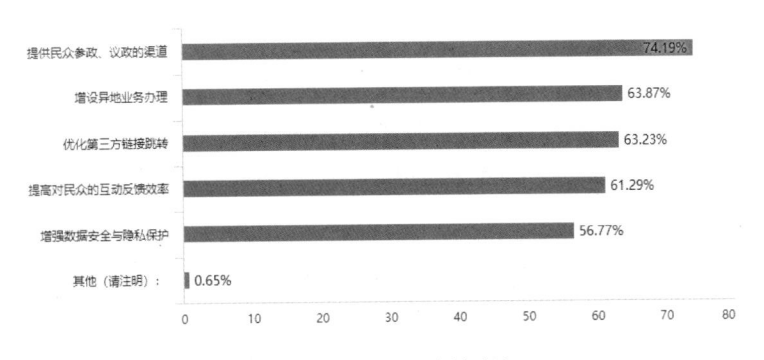

图4-31 对政务服务的建议

### 4. 对便民服务的满意度及建议

(1) 对便民服务的满意度评价

如表 4-8 所示，研究者从四个方面了解调查对象对县级融媒体中心便面服务的满意度情况。其中，"服务功能齐全""功能使用便捷""办事流程高效"的平均分分别为 7.51、7.49、7.34；"便民服务总体评价"的平均得为 7.38。

表 4-8 对便民服务的满意度评价

| 选项<br>题目 | 1 | 2 | 3 | 4 | 5 | 6 | 7 | 8 | 9 | 10 | 平均分 |
|---|---|---|---|---|---|---|---|---|---|---|---|
| 服务功能齐全 | 4 | 2 | 3 | 8 | 12 | 17 | 20 | 40 | 26 | 35 | 7.51 |
| 功能使用便捷 | 2 | 4 | 6 | 7 | 12 | 16 | 20 | 39 | 24 | 37 | 7.49 |
| 办事流程高效 | 2 | 3 | 6 | 9 | 14 | 17 | 28 | 29 | 27 | 32 | 7.34 |
| 便民服务总体评价 | 2 | 2 | 6 | 9 | 14 | 15 | 26 | 38 | 24 | 31 | 7.38 |
| 小计 | 10 | 11 | 21 | 33 | 52 | 65 | 94 | 146 | 101 | 135 | 7.43 |

(2) 对便民服务的相关建议

研究者从预设了四个方面的建议向调查对象展开调查，如图 4-32 所示，调查对象最支持的是"优化第三方链接跳转"，为 67.66%；其次是"增强数据安全与隐私保护"，占比为 64.07%；第三是"增设消费购物渠道"，占比为 61.68%；最后是"提供娱乐、游戏等休闲服务"，占比为 53.29%。

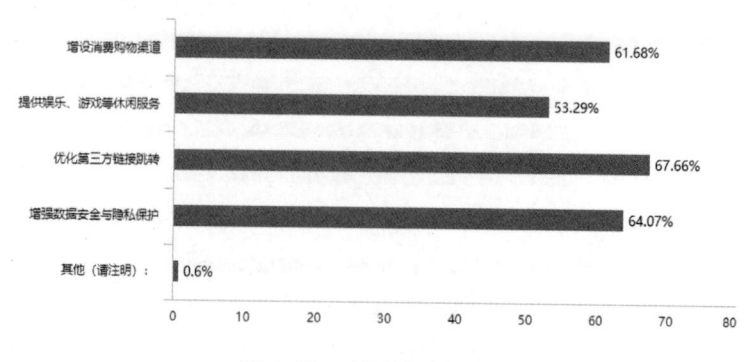

图 4-32 对便民服务的建议

### 5. 对其他使用体验的满意度评价

研究者预设了三个指标展开满意度调查，分别是页面设计（美观度）、使用便捷（方便度）、综合体验（好感度），具体调查结果如表 4-9 所示，页面设计平均得分 6.86，使用便捷平均得分 7.07，综合体验平均得分 7.07。

表 4-9　对其他使用体验的满意度评价

| 题目＼选项 | 1 | 2 | 3 | 4 | 5 | 6 | 7 | 8 | 9 | 10 | 平均分 |
|---|---|---|---|---|---|---|---|---|---|---|---|
| 页面设计（美观度） | 5 | 6 | 9 | 15 | 37 | 32 | 42 | 50 | 26 | 36 | 6.86 |
| 使用便捷（方便度） | 4 | 3 | 10 | 15 | 24 | 32 | 49 | 55 | 30 | 36 | 7.07 |
| 综合体验（好感度） | 4 | 2 | 12 | 19 | 22 | 28 | 49 | 54 | 29 | 39 | 7.07 |
| 小计 | 13 | 11 | 31 | 49 | 83 | 92 | 140 | 159 | 85 | 111 | 7.00 |

## 四、县级融媒体的功能拓展

### （一）基于用户视角的一些讨论

根据上述一些数据，课题组认为，从用户层面看，当前县级融媒体中心建设可能还存在如下一些问题：

#### 1. 认知度有待提升，影响力有待加强

建设县级融媒体中心建设的核心要义在于引导群众、服务群众。然而，根据上述问卷调查数据来看，仍有 46.76% 的受调查者表示不知晓当地建有县级融媒体中心这一事实。同时，在知晓的数据样本中，竟然有 44.87% 的受调查者未使用过县级融媒体平台。这说明县级融媒体中心作为一个"新事物"，还需要面向广大基层群众多做宣传，不仅要让大家知晓这一事物，更应积极接触、使用这一身边的媒介。同时，县级融媒体中心还开展各种形式的推介交流活动，提高自身的影响力，让更多群众参与到相关内容生产或传播策划活动上来。和传统媒体不同，县级融媒体需要开展一定的引流、导流工作，才能吸引用户、凝聚用户、沉淀用户。

#### 2. 集成性平台与多媒体应用同时兼顾

县级融媒体中心建设既需要开展集成性的平台建设，也要根据不同媒体应用平

台开展分类性和个性化的多元建设。从上述调查数据可以看出，受调查者对电视、广播、客户端、网站、微博、微信、手机报、电子屏、第三方商业平台、第三方党媒平台等的使用意愿和使用频次是不同的。这就意味着，县级融媒体中心建设既要根据用户意愿有选择地开发集成平台，努力建设多媒体交互的应用渠道或场景，同时还要结合不同的媒体应用渠道开展分类性和个性化的建设。举例来说，某县级融媒体中心在抖音（或快手）平台和学习强国平台上的内容建设和传播互动显然是不同的，因为这些不同媒体应用平台有其自身的媒介特性和风格差异。这就要求县级媒体工作人员必须结合多媒体应用平台的不同风格，开展多种类、多种层次的内容建设，以有针对性地满足相关用户的需要。

3. 常规应用有待开发，服务聚集有待加强

从上述调查数据看，受调查者对县级融媒体中心的新闻服务、政务服务和便民服务的使用还有不少可以开掘的空间。比如：有23.26%的受调查者表示没有转发、评论或点赞过县级融媒体发布的新闻信息；有39.92%的调查者表示未使用过县级融媒体提供的政务服务功能；有35.27%的调查对象表示未使用过县级融媒体提供的便民服务功能。在使用频次上，受调查者中"近一个月"使用政务服务和便民服务的占比都不足六成。结合课题组线下调查，我们也发现，不少县级融媒体中心的政务服务和便民服务功能开发仅仅是设立了相关"按建"，有些功能甚至形同虚设，存在功能板块设置凌乱、链接跳转慢、404 not found等一系列问题。这些问题如若不解决，就会极大限制县级融媒体的聚合性，从而限制县级融媒体中心"为了群众、服务群众"的功能发挥。

4. 用户连接有待拓展，互动交流有待增强

新媒体时代，人人都是记者、人人都有麦克风、人人都是"没有执照的电视台"。县级媒体融合亟需发挥群众的力量，这是新媒体时代的要求，也是广大用户的心声。如上述调查数据显示，受访者对县级融媒体中心政务服务功能的建议中，"提高对民众的互动反馈效率"占比为61.29%，这说明受调查者非常希望与县级融媒体中心展开互动。事实上，县级媒体与用户的连接涉及融媒体建设的方方面面，除了常规用户注册外，重大新闻的转评、服务功能的互动、活动策划的参与、自媒体内容的生产与传播等，都是县级媒体连接用户、增进交流的重要方式和途径。然

而，研究者实地调研发现，不少县级融媒体中心还保留传统县级电视台式的"单向度传播思维"，强调内容生产，忽视传播互动，缺乏真正的用户意识。以服务功能为例，尽管各类服务接口已在各大融媒体平台推出，但其依然存在操作不便捷、没有明显特色、分类模糊等缺点，导致落地难、用户体验感差、服务效率低等问题。这些都显然不利于用户的连接与沉淀。

5."本土化"有待增强

从用户视角看，县级融媒体是一个地方性媒体还是一个跨区域性媒体？这个问题不难回答。如果某地的县级融媒体做得好、影响大，就有可能超越县域范围成为全国性媒体，其用户的拓展就有可能从县域范围走向世界各地。然而，不管是怎样的一个用户定位，县级媒体的"本土化"都是一个永恒的建设问题。在上述调查中，我们对县级融媒体新闻服务的"本土化"进行了评价性调查，数据显示，调查对象认为"获取本地信息更快捷了"的平均得分为5.71，"关于本地的信息更丰富了"的平均得分为5.69，"接收的信息和自己关系更密切了"的平均得分为5.59，"接收的信息实用性更强了"（能帮助指导生产生活）的平均得分为5.48。和其他评价性数据相比，这个评价得分明显偏低。这说明，县级融媒体中心"本土化"的新闻服务仍有不少改进的空间。实际上，新媒体时代极大地释放了传统地域新闻的传播势能。县级媒体应抓住技术赋能的优势，用更灵活的"本土化"创新，激活县域新闻传播资源，让更多关心县域发展的用户粘连到县级融媒体织就的传播网络中来。

总之，结合上述调查发现的一些问题，我们接下来从用户视角谈谈县级融媒体建设的改进之策。

（二）用户视角下县级融媒体的发展之策

1. 增强品牌意识

品牌是市场经济下的特殊产物，在传媒产业中也被称为"影响力经济"。对媒体而言，品牌意识是用户意识最根本的一种体现，树立品牌意识、打造独有品牌是媒体发展的关键。对县级媒体而言同样如此。当前，县级融媒体中心的品牌化建设刻不容缓，这对提升知名度、扩大影响力至关重要。县级融媒体要有品牌意识，做好品牌定位，加强品牌管理，形成品牌风格。既要导入品牌文化识别系统，更要做实品牌内涵建设，形成品牌特色。近年来，已有一批县级融媒体中心通过内涵建设成就媒体品牌，诸如云南石林彝族自治县融媒体中心、甘肃玉门市融媒体中心、北京密云区融媒体中心、福建尤溪县融媒体中心等，依托本地资源优势进行品牌化建设，取得了较好的成效，值得借鉴。

就品牌建设而言，首先要打造具有个性化的品牌"标识"，比如在国内省级卫视品牌中，湖南卫视曾长期以文娱定位为主，推出确立了自己在国内文娱领域的领导地位；东方卫视曾以"国际、时尚、前沿"作为品牌标识，成为东方都市频道的标杆；浙江卫视曾以"第一梦想频道"作为自己的品牌定位，推出《中国好声音》等青春励志节目……对于大多县级媒体而言，品牌化不可能和省级卫视一样高举高打，但是结合地域特色和优势资源培育品牌栏目、推出品牌产品则是比较务实的一种做法。

总之，县级融媒体应牢记"为了群众、服务群众"的总体要求，增强品牌意识、强化品牌建设，精准谋划，用于创新，不断提高县级媒体自身的传播力、引导力、影响力、公信力。

2.提高用户意识

县级融媒体中心建设不仅要"向上看"，积极对接上级部门和上级媒体的宣传需要，做好信息下沉与传播联动工作；同时还要积极"向下看"，做好县域内外广大群众的连接工作，真正提高用户意识。

如前所述，用户思维是伴随着互联网的兴起而形成的一种思维模式，现已推广至各个领域、各行各业，其核心要义指一切行动以用户为出发点和落脚点，始终坚持从用户角度思考问题，全面而深刻地了解用户特征与需求，以优质服务吸引用户、留住用户，让用户获得体验感、满足感与存在感等。新媒体时代，注意力稀缺成为常态，受众主动性增强，其可选择的内容也空前丰富，唯有得到用户的认可与信赖，媒体才能在激烈的竞争中得以生存发展。

县级融媒体中心建设必须坚持用户导向，更接地气发展，针对基层用户的切实需求进行运维延展。当下趣味性、社区化、强互动的运营模式更加符合基层用户兴趣喜好，也更能增加用户黏性，扩宽用户群体，县级融媒体在发展过程中可以进行参考借鉴。

此外，广大群众对各类服务项目的需求也呈现出普遍化、多元化趋势，如消费购物、交通出行等，县级融媒体也可以借鉴当前大型商业互联网平台在嵌入群众日常工作生活中的相关经验，依靠本地生活场景，因地制宜引入具有本地特色的各类服务资源。不断创新用户运维功能，拓展用户连接渠道，创新用户活动形式，为广大用户提供更为优质的服务。

3. 因地制宜做好"本土化"

县域资源是县级媒体赖以生存的"土壤"，县域及其关联用户是县级媒体关注度最高、黏性最强、忠诚度最高的用户。因此，对广大县级媒体而言，做好"本土化"这篇大文章，向上找渠道，向下找资源，向内求生存，向外谋发展是基本路径。

目前，全国共有2585个县级融媒体中心建成运行。试想，如果2000多个县级融媒体中心"千县一面"，其发展必不能长久。若想长久发展，县级融媒体中心必须坚持"本土化"——哪怕是地理上临近的县域，也应结合"本土化"寻找可能的"差异化"，进而找到适合自己发展的道路。

所谓"本土化"，就是依托本地资源、发展本地用户、传播本地信息、开发本地品牌、连接本地产业、增强本地服务、参与本地治理等在内的一系列基于县域自身的新闻、政务、服务、商务活动的集成。县级媒体必须沉下身子，深入到县域的"毛细血管"中谋求本土化发展。要像曾经的都市媒体发展社区报、深挖社区新闻、民生新闻那样，向县域寻找空间，完成县级媒体的功能升级、关系再造、用户集成、模式创新。

然而，就课题组实地调研情况来看，不少县级融媒体中心"本土化"建设方面还有很大的提升空间。一些县级媒体还在走传统县域新闻宣传的"老路"，一些县级媒体还受困于技术系统的"同质性"，一些县级媒体还因身份受限无法在县域服务上"大展手脚"，一些县级媒体还看不到县域的资源优势推出拳头产品或品牌服务……这些都是县级媒体"本土化"发展亟须解决的问题。

4. 全方位参与基层社会治理

县级融媒体作为媒介深度融合的产物，是全媒体传播体系的重要一环，是国家现代传播体系的"最后一公里"，是关系国家治理体系与治理能力的重要基础设施。

县级融媒体"融"的不仅是平台、内容与渠道，更是对基层群众和广大用户的一次深度连接，其在根本上是基层社会治理体系的一次整合升级。

对基层政府而言，借助县级融媒体建设优化基层政治传播系统、提高基层社会治理能力，是一次重要的良机。利用融媒体的"强宣传"，可以开展更加行之有效的基层政治传播实践；利用融媒体的"强关系"，可以帮助基层复杂社会不同舆论主体展开更充分的传播对话；利用融媒体技术背后的大数据和人工智能优势，可以开拓更具共享与开放观念的智能服务应用……这些都是县级融媒体助力基层社会治理的应有之义。

作为连接政府与民众的在线桥梁，县级融媒体中心还是助推官民对话、增强政民连接的重要媒介，是激活基层社会治理多元主体的重要机制。目前，不少县级融媒体中心都开设有"网络议政"平台，积极听取基层民众意见，解决广大群众困难，加强有关部门与人民群众的有效连接。此外，县级融媒体中心还有助于基层群众民主议事、参政议政，在一定程度上实现了将群众的事务通过属于他们自己的媒介进行讨论、处理与反馈。这种以"人民性"为核心的治理新思路，是国家共治理念在基层社会中的生动体现。县级融媒体社会治理功能的拓展，应坚持以"全心全意为人民服务"为宗旨，在实践中不断总结基层治理经验，提升社会治理活力。

当然，除却对接基层政治管理的"硬治理"，县级融媒体中心还应积极利用自身在新闻宣传、政务服务、便民服务、商务服务等方面的资源优势，助推基层社会的"软治理"。诸如，通过内容建设强化价值引领，凝聚共识；提高舆论调查和舆情分析研判能力，助力有关部门应对重大突发事件；积极参与智慧县域建设，推动县域便民服务专业化、智能化；发挥平台优势，强化用户连接，聚合更多群众关心县域发展、助力县域管理……

总之，县级融媒体是新时代面向基层社会治理建设的重要基础设施，它应扎根基层社会，坚持人民至上，维护群众利益，助力社会治理。这是党和国家对县级融媒体中心"引导群众、服务群众"的基本要求，也是县级媒体自身应该坚守的责任担当所在。

# 第五章 媒介素养：基层人员的对话能力

1933年，英国文学批评家F.R.利维斯（Frank Raymond Leavis）和他的学生丹尼斯·汤普生（Denys Thompson）在《文化与环境：批判意识的培养》一书中首次提出将媒介素养教育引入学校课堂，并最先提出"Media Literacy"（媒介素养）的概念——主要针对正在接受教育的青少年，防止他们受到大众媒介文化的侵袭。

"媒介素养"引入我国后，经历了被认知、快发展、本土化和再创新的发展过程。[1] 随着媒介技术不断发展，媒介素养也被赋予越来越多的内涵，其主体也从原先的受众逐渐扩展至机构、政府乃至国家。从国家层面来看，媒介素养不仅是一个学术概念，更是一种社会行动，甚至是国家意识形态和政治的一部分，它可以作为社会控制的一种方式，也可以用作争取解放的进步性武器。

对话，是人类最原始的交流方式，是人类传播的最高层次和本质特征。在过去几十年中，由于传播技术以及社会环境的限制，我国政府与民众之间的交流多以政府对民众的单向传播为主，政府工作人员的媒介素养主要体现为管理、控制媒体的能力。互联网传播技术改变了这一现状，以往单向支配的宣传和非平等的说服路径已经无法满足政治传播的需要，"对话"色彩变得愈发明显。

对基层社会而言，对话沟通能力是基层政府工作人员作为社会管理者在特有的工作环境、传播环境、个人环境中所形成的重要能力之一。县级融媒体中心建设离不开基层政府工作人员的广泛参与。     养如何，对话能力怎样都会直接影响着县级融媒体中心建设的水平。

---

[1] 张开、丁飞思：《回放与展望：中国媒介素养发展的20年》，《新闻与写作》，2020年第8期，第5—12页。

本章，我们从媒介素养这一问题入手，面向基层政府工作人员展开一定规模的问卷调查，以此了解当下基层政府工作人员的媒介素养现状，分析其媒介素养问题，为县级融媒体中心建设提出建议和参考。

**一、媒介素养调查的研究设计**

当今时代，媒介成为影响个人乃至社会发展的重要因素。对政府工作人员而言，从政府网站到政务微信、政务微博，再到县级融媒体中心建设，政府工作与各种媒介的联系日益紧密。对政府工作人员而言，无论进行什么样的政治传播和社会动员活动，只有在充分了解媒介环境、形成正确的传播理念、掌握传播技能的基础上，才能熟练地使用媒介，有效地进行信息传播。媒介素养，是各级政府工作人员开展全媒体政治传播的一项基本能力。

基层政府工作人员的媒介素养水平，是改进和提升县级融媒体中心建设的关键所在。作为社会管理者，基层政府工作人员与广大公众有着广泛的信息沟通和情感交流。公众在日常生活中所接收到的政务信息基本都是由基层政府及其工作人员进行传播的。基层政府工作人员拥有良好的媒介素养，才能对政策、文件、通知等信息做有效解读并将它们传达给公众，提高政府传播能力，从而促进政府工作的持续开展。媒介素养对政府执政能力、舆论引导能力、政府形象建设等有着深远的影响，对于助力县级融媒体中心建设至关重要。

随着全媒体时代的到来，政府与民众的信息传播早已不是自上而下、控制式的单向传播，而是权利平等前提下对话式的双向沟通。在这个意义上，县级融媒体中心本身具有"对话"意义。目前来看，我国基层政府工作人员还未形成以对话沟通能力为基础的媒介素养，县级融媒体中心建设也极其期待政府工作员提升媒介素养，增进对话能力。

媒介素养的内涵较为宽泛。在不同语境下，由于社会环境、传播环境、媒介技术等外部因素的改变，媒介素养的内涵也会因时而变。张志安和沈国麟就认为媒介素养是一种能力，是人们对各种媒介信息的解读、批判能力以及运用媒介信息为个人生活、社会发展所用的能力。[①]

通常，政府工作人员的媒介素养提升主要依靠集中培训、自主学习两种方式达成。就内部因素而言，他们的受教育水平、工作年限、互联网使用水平等对其媒介素养呈正向关系，即工作人员受教育水平越高、互联网使用越熟练，他们的媒介素养水平相对来说越高。就外部因素来说，他们的职务级别越高、培训次数越多、实践经验越丰富、理论学习越深入，政府工作人员的媒介素养水平就会逐渐提升。但是，在全媒体传播新格局中，媒介素养从内涵到形式，再到具体业务要求都日益复杂，对话传播中的媒介素养是否与以往一样与内外因素呈正向关系值得进一步商榷。基于此，我们通过问卷调查的方式，对基层政府工作人员的一般媒介素养和专业媒介素养展开调查，希望对媒介素养与影响因素的关系、对话传播与媒介素养的关系等问题进行深入的探讨。

（一）调查问卷设计

本次调查问卷设计历时三个月，五易其稿，从最初的35道题确定为最终的29道题（除人口统计学信息调查外，实为23道题，详见附录3）。课题组从基层政府工作人员的媒介认知、媒介接触、媒介使用、媒介批判四个层面进行调查题目设计，具体包括调查对象的基本信息、媒体态度、对"媒介素养"的理解、日常媒介接触情况、日常媒介使用频率、信息获取渠道、对媒介信息的态度等内容。由于调查对象范围上的分散性，问卷发放主要采取纸质和电子两种方式，回收后运用SPSS数据分析软件进行数据录入、分析整理，最终得出结果。

（二）研究对象情况

基层政府工作人员的涉及面广，对象复杂。为使本研究具有一定的针对性和代表性，研究者选取甘肃省为调查对象，共计发放问卷740份，问卷数量较为充足，能够支持本次研究及项目的数据分析。问卷调查从2018年10月初开始至2018年12月中旬结束。在740份调查问卷中，线上问卷327份，涵盖甘肃多个市州；纸质问卷413份，其中张掖45份、平凉105份、兰州129份、临夏93份、省监狱

---

[①] 张志安、沈国麟：《媒介素养：一个亟待重视的全民教育课题》，《新闻记者》，2004年第5期，第11—13页。

系统 41 份。回收有效问卷 713 份，问卷有效回收率为 96.4%。

以下为本次调查对象的人口统计学信息：

1. 性别与年龄分布

如图 5-1 所示，在 713 份有效样本数据中，男性 397 人，占 44.3%；女性 316 人，占 55.7%。男女人数比例基本均衡。如图 5-2 所示，年龄上，18—25 岁的人有 291 人，占 33.8%；26—35 岁的人有 289 人，占 40.5%；36—45 岁的人有 136 人，占 19.1%；46—55 岁的人有 43 人，占 6.0%；55 岁以上的人有 4 人，占 0.6%。总体来看，调查对象在年龄上较为年轻，主要以 18—35 岁的青年群体居多。

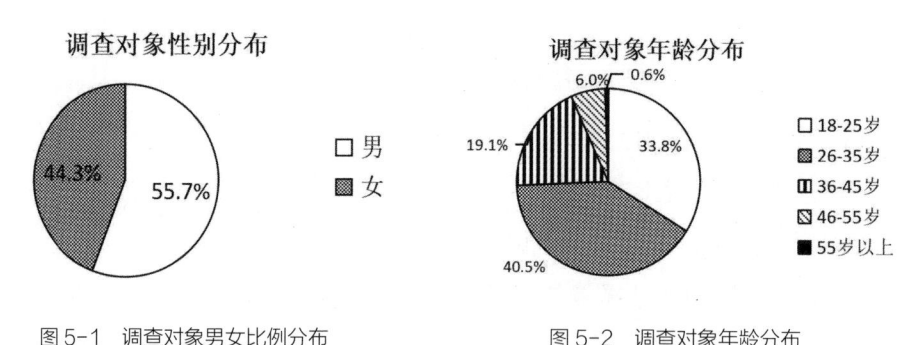

图 5-1　调查对象男女比例分布

图 5-2　调查对象年龄分布

2. 学历与职务级别分布

如图 5-3 所示，本科及以上人数 602 人，占 84.4%；大专 84 人，占 11.8%。只有极少数人受教育程度处于大专以下。如图 5-4 所示，从职务级别来看，科级以下工作人员有 291 人，占 40.8%；副科、正科级工作人员有 279 人，占 39.1%；副处、正处级工作人员有 98 人，占 13.7%；处级以上工作人员有 45 人，占 6.4%。

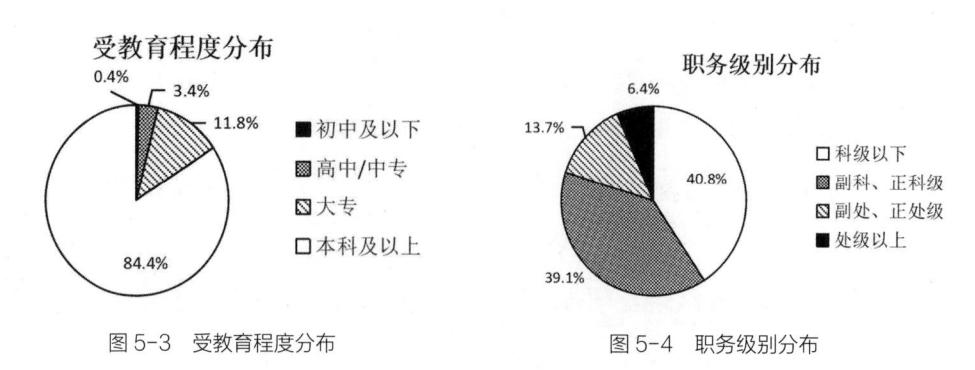

图 5-3　受教育程度分布

图 5-4　职务级别分布

### 3. 工作年限与网龄分布

如图5-5所示，从工作年限上来看，工作2年及以内的人有103人，占14.4%；工作2—5年的人有109人，占15.3%；工作5—10年的人有173人，占24.3%；工作10—20年的人有168人，占23.6%；工作20年及以上的人有160人，占22.4%。各时间段人数较为均衡，没有出现明显的差异化。

如图5-6所示，接触互联网年限方面，2年及以内的有5人，占0.8%；2—5年的有36人，占5%；5—10年的有186人，占26.1%；10—15年的有316人，占44.3%；15年及以上的有170人，占23.8%。从网龄可以看出，九成以上的基层政府工作人员网龄在5年以上，2/3的基层政府工作人员网龄在10年以上。

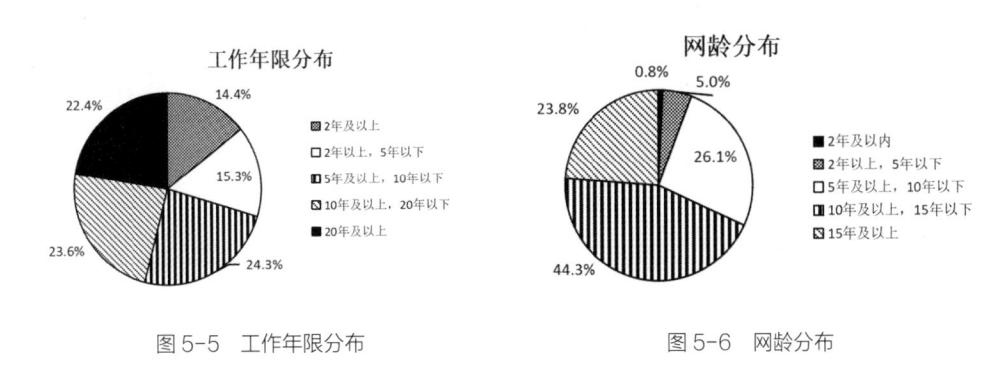

图5-5　工作年限分布　　　　　图5-6　网龄分布

## 二、基层政府工作人员的媒介素养现状

### （一）对媒介素养的总体认知情况

1."理解程度"的频率分析

如表5-1所示，在不对媒介素养进行专业讲解，直接询问基层政府工作人员是否理解媒介素养时，只有9.7%的人表示"完全理解"媒介素养，38.3%的人表示"比较理解"，38.8%的人表示"一般"，10.0%的人表示"不太理解"，还有3.2%的人处于"完全不理解"的阶段。

表 5-1　媒介素养理解情况

|  | 频率 | 百分比 | 有效百分比 | 累计百分比 |
| --- | --- | --- | --- | --- |
| 完全理解 | 69 | 9.7 | 9.7 | 9.7 |
| 比较理解 | 273 | 38.3 | 38.3 | 48.0 |
| 一般 | 277 | 38.8 | 38.8 | 86.8 |
| 比较不理解 | 71 | 10.0 | 10.0 | 96.8 |
| 完全不理解 | 23 | 3.2 | 3.2 | 100.0 |
| 合计 | 713 | 100.0 | 100.0 |  |

如表 5-2 所示，在不给出指导性解读的情况下，基层政府工作人员对媒介素养的理解程度均值为 2.59，他们对媒介素养的理解多以"一般"和"比较理解"为主。

表 5-2　媒介素养理解程度均值

|  | N | 极小值 | 极大值 | 均值 | 标准差 |
| --- | --- | --- | --- | --- | --- |
| 您是否理解媒介素养？ | 713 | 1 | 5 | 2.59 | .911 |

2."理解程度"的差异性分析

(1)性别对媒介素养理解程度的影响

如表 5-3 所示，女性对媒介素养理解程度的均值高于男性。

表 5-3　性别与媒介素养理解程度

|  | 您的性别： | N | 均值 | 标准差 | 均值的标准误 |
| --- | --- | --- | --- | --- | --- |
| 您是否理解媒介素养？ | 男 | 397 | 2.53 | .925 | .046 |
|  | 女 | 316 | 2.66 | .889 | .050 |

(2)年龄对媒介素养理解程度的影响

如表 5-4 所示，所有年龄段的均值都未超过 3，基层政府工作人员总体上对媒介素养的理解程度不高。其中，55 岁以上的均值最大为 3.00；26—35 岁的均值最小为 2.53。

表 5-4　年龄与媒介素养理解程度

| 您是否理解媒介素养？ | N | 均值 | 标准差 | 标准误 | 均值的95%置信区间 ||  极小值 | 极大值 |
|---|---|---|---|---|---|---|---|---|
| | | | | | 下限 | 上限 | | |
| 18岁—25岁 | 241 | 2.65 | .977 | .063 | 2.52 | 2.77 | 1 | 5 |
| 26岁—35岁 | 289 | 2.53 | .842 | .050 | 2.43 | 2.63 | 1 | 5 |
| 36岁—45岁 | 136 | 2.55 | .933 | .080 | 2.39 | 2.71 | 1 | 5 |
| 46岁—55岁 | 43 | 2.72 | .908 | .139 | 2.44 | 3.00 | 1 | 5 |
| 55岁以上 | 4 | 3.00 | .816 | .408 | 1.70 | 4.30 | 2 | 4 |
| 总数 | 713 | 2.59 | .911 | .034 | 2.52 | 2.65 | 1 | 5 |

（3）职务级别对媒介素养理解程度的影响

如表5-5所示，不同职务级别的基层政府工作人员对媒介素养的理解程度均值都未超过3。其中，处级以上的均值最大为2.84；副处、正处级的均值最小为2.49。

表 5-5　职务级别与媒介素养理解程度

| 您是否理解媒介素养？ | N | 均值 | 标准差 | 标准误 | 均值的95%置信区间 ||  极小值 | 极大值 |
|---|---|---|---|---|---|---|---|---|
| | | | | | 下限 | 上限 | | |
| 科级以下 | 291 | 2.62 | .873 | .051 | 2.51 | 2.72 | 1 | 5 |
| 副科、正科级 | 279 | 2.55 | .896 | .054 | 2.45 | 2.66 | 1 | 5 |
| 副处、正处级 | 98 | 2.49 | .966 | .098 | 2.30 | 2.68 | 1 | 5 |
| 处级以上 | 45 | 2.84 | 1.086 | .162 | 2.52 | 3.17 | 1 | 5 |
| 总数 | 713 | 2.59 | .911 | .034 | 2.52 | 2.65 | 1 | 5 |

(4)学历对媒介素养理解程度的影响

如表5-6所示,所有学历的均值都未超过3。其中初中及以下的均值最大为3.0;本科及以上的均值最小为2.54。

表5-6 学历与媒介素养理解程度

| Q7 您是否理解媒介素养? | N | 均值 | 标准差 | 标准误 | 均值的95%置信区间 下限 | 均值的95%置信区间 上限 | 极小值 | 极大值 |
|---|---|---|---|---|---|---|---|---|
| 初中及以下 | 3 | 3.00 | 1.000 | .577 | .52 | 5.48 | 2 | 4 |
| 高中/中专 | 24 | 2.67 | .963 | .197 | 2.26 | 3.07 | 1 | 5 |
| 大专 | 84 | 2.87 | 1.050 | .115 | 2.64 | 3.10 | 1 | 5 |
| 本科及以上 | 602 | 2.54 | .882 | .036 | 2.47 | 2.61 | 1 | 5 |
| 总数 | 713 | 2.59 | .911 | .034 | 2.52 | 2.65 | 1 | 5 |

(5)工作年限对媒介素养理解程度的影响

如表5-7所示,不同工作年限的均值基本都在2.5左右浮动。其中,工作20年以上的基层政府工作人员对媒介素养的理解程度最高,均值为2.75。

表5-7 工作年限与媒介素养理解程度

| 您是否理解媒介素养? | N | 均值 | 标准差 | 标准误 | 均值的95%置信区间 下限 | 均值的95%置信区间 上限 | 极小值 | 极大值 |
|---|---|---|---|---|---|---|---|---|
| 2年及以内 | 103 | 2.53 | .872 | .086 | 2.36 | 2.70 | 1 | 5 |
| 2年以上,5年以下 | 109 | 2.66 | .884 | .085 | 2.49 | 2.83 | 1 | 5 |
| 5年及以上,10年以下 | 173 | 2.55 | .892 | .068 | 2.42 | 2.69 | 1 | 5 |
| 10年及以上,20年以下 | 168 | 2.45 | .867 | .067 | 2.32 | 2.58 | 1 | 5 |
| 20年及以上 | 160 | 2.75 | .997 | .079 | 2.59 | 2.91 | 1 | 5 |
| 总数 | 713 | 2.59 | .911 | .034 | 2.52 | 2.65 | 1 | 5 |

(6)网龄对媒介素养理解程度的影响

如表5-8所示,不同网龄的基层政府工作人员对媒介素养的理解程度基本都在2.5左右浮动,其中网龄在2年及以内的基层政府工作人员对媒介素养的理解程度最高,均值为3.20。

表5-8 网龄与媒介素养理解程度

|  | N | 均值 | 标准差 | 标准误 | 均值的95%置信区间 下限 | 均值的95%置信区间 上限 | 极小值 | 极大值 |
| --- | --- | --- | --- | --- | --- | --- | --- | --- |
| 2年及以内 | 5 | 3.20 | 1.304 | .583 | 1.58 | 4.82 | 2 | 5 |
| 2年以上,5年以下 | 36 | 2.78 | .832 | .139 | 2.50 | 3.06 | 1 | 5 |
| 5年及以上,10年以下 | 186 | 2.76 | .837 | .061 | 2.64 | 2.88 | 1 | 5 |
| 10年及以上,15年以下 | 316 | 2.54 | .937 | .053 | 2.43 | 2.64 | 1 | 5 |
| 15年及以上 | 170 | 2.43 | .909 | .070 | 2.29 | 2.57 | 1 | 5 |
| 总数 | 713 | 2.59 | .911 | .034 | 2.52 | 2.65 | 1 | 5 |

3. 媒介素养具体内涵的评价分析

如表5-9所示,35.3%的人非常同意"接待记者、与媒体打交道的能力",33.5%的人比较同意,23.4%的人表示一般,5.3%的人不太同意,2.5%的人完全不同意。当媒介素养表示"运用新媒体技术的能力"时,40.3%的人非常同意,29.9%的人比较同意,22.5%的人表示一般,5.8%的人不太同意,1.5%的人完全不同意。当媒介素养表示"成熟的新闻业务(采写编评等)能力"时,34.5%的人非常同意,26.5%的人比较同意,26.3%的人表示一般,9.1%的人不太同意,3.6%的人完全不同意。当媒介素养表示"运用媒体提高政府工作效率的能力"时,40.8%的人非常同意,30.2%的人比较同意,21.5%的人表示一般,5.3%的人不太同意,2.2%的人完全不同意。当媒介素养表示"有效管理媒体的能力"时,39.3%的人非常同意,26.8%的人比较同意,23.2%的人表示一般,7.6%的人不太同意,3.1%的人完全不同意。当媒介素养表示"控制、引导舆论的能力"时,41.4%的人非常同意,27.3%的人比较同意,20.6%的人表示一般,8.0%的人不太同意,2.7%的人完全不同意。当媒介素养表示"运用媒体处理、应对危机事件的能力"时，45.3% 的人非常同意，25.5% 的人比较同意，18.5% 的人表示一般，7.6% 的人不太同意，3.1% 的人完全不同意。

表 5-9  媒介素养内涵的评价情况

|  | 非常同意 | 比较同意 | 一般 | 不太同意 | 完全不同意 |
| --- | --- | --- | --- | --- | --- |
| 接待记者、与媒体打交道的能力 | 35.3% | 33.5% | 23.4% | 5.3% | 2.5% |
| 运用新媒体技术的能力 | 40.3% | 29.9% | 22.5% | 5.8% | 1.5% |
| 成熟的新闻业务（采写编评等）能力 | 34.5% | 26.5% | 26.3% | 9.1% | 3.6% |
| 运用媒体提高政府工作效率的能力 | 40.8% | 30.2% | 21.5% | 5.3% | 2.2% |
| 有效管理媒体的能力 | 39.3% | 26.8% | 23.2% | 7.6% | 3.1% |
| 控制、引导舆论的能力 | 41.4% | 27.3% | 20.6% | 8.0% | 2.7% |
| 运用媒体处理、应对危机事件的能力 | 45.3% | 25.5% | 18.5% | 7.6% | 3.1% |

如表 5-10 所示，在给出的媒介素养内涵中，所有选项均值都大于 3，说明基层政府工作人员对所给出的媒介素养内涵总体上都偏向认同。其中，"运用新媒体技术的能力""运用媒体提高政府工作效率的能力""运用媒体处理、应对危机事件的能力"三项的均值都为 4.02，基层政府工作人员对这三项的认同度最高。另外，"接待记者、与媒体打交道的能力""有效管理媒体的能力""控制、引导舆论的能力"三项的均值也比较高，分别为 3.94、3.92、3.97；均值相对较小的是"成熟的新闻业务能力"，为 3.79。

表 5-10  媒介素养内涵描述统计量

|  | N | 极小值 | 极大值 | 均值 | 标准差 |
| --- | --- | --- | --- | --- | --- |
| 接待记者、与媒体打交道的能力 | 713 | 1 | 5 | 3.94 | 1.012 |
| 运用新媒体技术的能力 | 713 | 1 | 5 | 4.02 | .999 |
| 成熟的新闻业务（采写编评等）能力 | 713 | 1 | 5 | 3.79 | 1.122 |
| 运用媒体提高政府工作效率的能力 | 713 | 1 | 5 | 4.02 | 1.019 |

|  | N | 极小值 | 极大值 | 均值 | 标准差 |
|---|---|---|---|---|---|
| 有效管理媒体的能力 | 713 | 1 | 5 | 3.92 | 1.096 |
| 控制、引导舆论的能力 | 713 | 1 | 5 | 3.97 | 1.086 |
| 运用媒体处理、应对危机事件的能力 | 713 | 1 | 5 | 4.02 | 1.105 |

4.媒介素养与执政能力的认识情况

如表5-11所示，在问及"媒介素养是否体现执政能力"时，25.8%的人非常认同，52.0%的人比较认同，16.7%的人表示一般，4.2%的人比较不认同，1.3%的人完全不认同。

表5-11 媒介素养体现执政能力的认同情况（%）

|  | 频率 | 百分比 | 有效百分比 | 累积百分比 |
|---|---|---|---|---|
| 非常认同 | 184 | 25.8 | 25.8 | 25.8 |
| 比较认同 | 371 | 52.0 | 52.0 | 77.8 |
| 一般 | 119 | 16.7 | 16.7 | 94.5 |
| 比较不认同 | 30 | 4.2 | 4.2 | 98.7 |
| 完全不认同 | 9 | 1.3 | 1.3 | 100.0 |
| 合计 | 713 | 100.0 | 100.0 |  |

如表5-12所示，基层政府工作人员对"媒介素养体现执政能力"这句话的认同度不高，均值为2.03。

表5-12 基层政府工作人员对"媒介素养体现执政能力"的认同度

|  | N | 极小值 | 极大值 | 均值 | 标准差 |
|---|---|---|---|---|---|
| 您是否认同"媒介素养体现执政能力"？ | 713 | 1 | 5 | 2.03 | .841 |

（1）职务级别与"媒介素养体现执政能力"差异性分析

如表5-13所示，四个级别的基层政府工作人员对"媒介素养体现执政能力"

观点的认同度均值都在2上下浮动。其中副处、正处级的认同度最低，均值为1.88。

表5-13 职业级别与"媒介素养体现执政能力"的认同度

| 您是否认同"媒介素养体现执政能力"？ | N | 均值 | 标准差 | 标准误 | 均值的95%置信区间 下限 | 均值的95%置信区间 上限 | 极小值 | 极大值 |
| --- | --- | --- | --- | --- | --- | --- | --- | --- |
| 科级以下 | 291 | 2.07 | .815 | .048 | 1.97 | 2.16 | 1 | 5 |
| 副科、正科级 | 279 | 2.01 | .848 | .051 | 1.91 | 2.11 | 1 | 5 |
| 副处、正处级 | 98 | 1.88 | .790 | .080 | 1.72 | 2.04 | 1 | 4 |
| 处级以上 | 45 | 2.27 | 1.009 | .150 | 1.96 | 2.57 | 1 | 5 |
| 总数 | 713 | 2.03 | .841 | .031 | 1.97 | 2.09 | 1 | 5 |

（2）学历与"媒介素养体现执政能力"差异性分析

如表5-14所示，不同学历的基层政府工作人员对"媒介素养体现执政能力"观点的认同度均值都在2上下浮动。其中，初中及以下的基层政府工作人员认同度最高，均值为2.67。

表5-14 学历与"媒介素养体现执政能力"的认同度

| 您是否认同"媒介素养体现执政能力"？ | N | 均值 | 标准差 | 标准误 | 均值的95%置信区间 下限 | 均值的95%置信区间 上限 | 极小值 | 极大值 |
| --- | --- | --- | --- | --- | --- | --- | --- | --- |
| 初中及以下 | 3 | 2.67 | .577 | .333 | 1.23 | 4.10 | 2 | 3 |
| 高中/中专 | 24 | 2.17 | .816 | .167 | 1.82 | 2.51 | 1 | 4 |
| 大专 | 84 | 2.26 | .995 | .109 | 2.05 | 2.48 | 1 | 5 |
| 本科及以上 | 602 | 1.99 | .814 | .033 | 1.92 | 2.06 | 1 | 5 |
| 总数 | 713 | 2.03 | .841 | .031 | 1.97 | 2.09 | 1 | 5 |

(3)工作年限与"媒介素养体现执政能力"差异性分析

如表5-15所示,不同工作年限的基层政府工作人员对"媒介素养体现执政能力"观点的认同度均值都在2上下浮动。其中10年及以上,20年以下基层政府工作人员对该观点的认同度最低,均值为1.87。

表5-15 工作年限与"媒介素养体现执政能力"的认同度

| 您是否认同"媒介素养体现执政能力"? | N | 均值 | 标准差 | 标准误 | 均值的95%置信区间 下限 | 均值的95%置信区间 上限 | 极小值 | 极大值 |
|---|---|---|---|---|---|---|---|---|
| 2年及以内 | 103 | 2.08 | .801 | .079 | 1.92 | 2.23 | 1 | 4 |
| 2年以上,5年以下 | 109 | 2.06 | .820 | .079 | 1.91 | 2.22 | 1 | 5 |
| 5年及以上,10年以下 | 173 | 2.06 | .854 | .065 | 1.93 | 2.19 | 1 | 5 |
| 10年及以上,20年以下 | 168 | 1.87 | .778 | .060 | 1.75 | 1.99 | 1 | 5 |
| 20年及以上 | 160 | 2.12 | .914 | .072 | 1.98 | 2.26 | 1 | 5 |
| 总数 | 713 | 2.03 | .841 | .031 | 1.97 | 2.09 | 1 | 5 |

(4)网龄与"媒介素养体现执政能力"差异性分析

如表5-16所示,不同网龄的基层政府工作人员对"媒介素养体现执政能力"观点的认同度均值都在2上下浮动。其中,网龄2年及以内的基层政府工作人员对该观点的认同度最低,均值为1.60。

表5-16 网龄与"媒介素养体现执政能力"的认同度

| | N | 均值 | 标准差 | 标准误 | 均值的95%置信区间 下限 | 均值的95%置信区间 上限 | 极小值 |
|---|---|---|---|---|---|---|---|
| 2年及以内 | 5 | 1.60 | .548 | .245 | .92 | 2.28 | 1 |
| 2年以上,5年以下 | 36 | 2.31 | .951 | .158 | 1.98 | 2.63 | 1 |
| 5年及以上,10年以下 | 186 | 2.04 | .756 | .055 | 1.93 | 2.15 | 1 |
| 10年及以上,20年以下 | 316 | 2.06 | .852 | .048 | 1.97 | 2.16 | 1 |
| 20年及以上 | 170 | 1.91 | .876 | .067 | 1.78 | 2.04 | 1 |
| 总数 | 713 | 2.03 | .841 | .031 | 1.97 | 2.09 | 1 |

### (二)媒介认识情况

1. 媒介功能认识情况

如表5-17所示,基层政府工作人员对"新媒体时代的媒介功能"的认同度并不相同,他们对于媒介功能的侧重点有所不同。在七项功能中,非常认同"传播信息和知识"功能的人数相对较多,有63.8%,24.4%的人比较认同,10%的人表示一般,1.4%的人不太认同,0.4%的人完全不认同。在"监督社会公共事务的执行过程"功能选项中,44.7%的人非常认同,33.9%的人比较认同,16.8%的人表示一般,3.8%的人不太认同,0.8%的人完全不认同。在"宣传党和国家的方针政策,引导主流价值观"功能选项中,62.3%的人非常认同,23.8%的人比较认同,11.5%的人表示一般,1.7%的人不太认同,0.7%的人完全不认同。在"提供娱乐消遣"功能选项中,34.8%的人非常认同,27.2%的人比较认同,25.4%的人表示一般,8.1%的人不太认同,4.5%的人完全不认同。在"发布广告的平台"功能选项中,37.7%的人非常认同,25.5%的人比较认同,22.9%的人表示一般,9.0%的人不太认同,4.9%的人完全不认同。在"公众表达意见的渠道"功能选项中,43.2%的人非常认同,28.3%的人比较认同,20.5%的人表示一般,6.0%的人不太认同,2.0%的人完全不认同。在"公众进行沟通交流的社交渠道"功能选项中,46.7%的人非常认同,30.3%的人比较认同,16.0%的人表示一般,4.8%的人不太认同,2.2%的人完全不认同。

表5-17 基层政府工作人员对"新媒体时代的媒介功能"认同差异

|  | 非常认同 | 比较认同 | 一般 | 不太认同 | 完全不认同 |
| --- | --- | --- | --- | --- | --- |
| 传播信息和知识 | 63.8% | 24.4% | 10.0% | 1.4% | 0.4% |
| 监督社会公共事务的执行过程 | 44.7% | 33.9% | 16.8% | 3.8% | 0.8% |
| 宣传党和国家的方针政策,引导主流价值观 | 62.3% | 23.8% | 11.5% | 1.7% | 0.7% |
| 提供娱乐消遣 | 34.8% | 27.2% | 25.4% | 8.1% | 4.5% |
| 发布广告的平台 | 37.7% | 25.5% | 22.9% | 9.0% | 4.9% |
| 公众表达意见的渠道 | 43.2% | 28.3% | 20.5% | 6.0% | 2.0% |
| 公众进行沟通交流的社交渠道 | 46.7% | 30.3% | 16.0% | 4.8% | 2.2% |

如表5-18所示，对于本文所提到的新媒体时代的媒介功能，基层政府工作人员整体上都选择了"非常认同"或"较为认同"，均值都在3.8以上。在所有功能中，基层政府工作人员对"传播信息和知识"认同度最高，均值为4.50。其次认同"宣传党和国家的方针政策"功能，均值4.45。"提供娱乐消遣"和"发布广告的平台"功能在认同度相对来说较低，均值分别为3.80、3.82。"监督社会公共事务的执行过程""公众表达意见的渠道""公众进行沟通交流的社交渠道"这三项功能与社会及公众的联系较为密切，意味着它们对政府工作的影响也比较重要，在基层政府工作人员群体中认同度也比较高，均值分别为4.18、4.05、4.14。

表5-18 基层政府工作人员对"新媒体时代的媒介功能"的认同均值

|  | N | 极小值 | 极大值 | 均值 | 标准差 |
| --- | --- | --- | --- | --- | --- |
| 传播信息和知识 | 713 | 1 | 5 | 4.50 | .765 |
| 监督社会公共事务的执行过程 | 713 | 1 | 5 | 4.18 | .900 |
| 宣传党和国家的方针政策，引导主流价值观 | 713 | 1 | 5 | 4.45 | .815 |
| 提供娱乐消遣 | 713 | 1 | 5 | 3.80 | 1.136 |
| 发布广告的平台 | 713 | 1 | 5 | 3.82 | 1.173 |
| 公众表达意见的渠道 | 713 | 1 | 5 | 4.05 | 1.027 |
| 公众进行沟通交流的社交渠道 | 713 | 1 | 5 | 4.14 | 1.000 |

2. 对记者的认识情况

如表5-19所示，在"如何认识新媒体时代的记者"一题中，非常同意"与其他职业没有多大差别的信息工作者"的人数占比19.4%，比较同意占29.3%，27.4%的人表示一般，10.0%的人不太同意，13.9%的人完全不同意。非常同意"政府声音的传播者"的人数占比41.4%，比较同意占29.5%，21.1%的人表示一般，5.2%的人不太同意，2.8%的人完全不同意。非常同意"拥有调查权的社会监督者"的人数占比35.3%，比较同意占33.8%，21.8%的人表示一般，5.6%的人不太同意，3.5%的人完全不同意。非常同意"专注娱乐八卦的'狗仔'"的人数占比14.6%，比较同意占19.2%，32.1%的人表示一般，14.3%的人不太同意，19.8%的人完全不同意。

非常同意"海量信息的'把关人'"的人数占比 25.4%，比较同意占 28.3%，27.8% 的人表示一般，11.5% 的人不太同意，7.0% 的人完全不同意。非常同意"刻意迎合社会热点的新闻制造者"的人数占比 20.5%，比较同意占 26.9%，25.6% 的人表示一般，14.2% 的人不太同意，12.8% 的人完全不同意。非常同意"没有任何权力的'新闻民工'"的人数占比 11.8%，比较同意占 18.1%，28.5% 的人表示一般，18.4% 的人不太同意，23.3% 的人完全不同意。非常同意"互联网社会中'人人都是记者'，专业记者不再有用"的人数占比 10.7%，比较同意占 14.4%，21.9% 的人表示一般，16.8% 的人不太同意，36.2% 的人完全不同意。

表 5-19　基层政府工作人员对新媒体时代记者的认识情况

|  | 非常同意 | 比较同意 | 一般 | 不太同意 | 完全不同意 |
| --- | --- | --- | --- | --- | --- |
| 与其他职业没有多大差别的信息工作者 | 19.4% | 29.3% | 27.4% | 10.0% | 13.9% |
| 政府声音的传播者 | 41.4% | 29.5% | 21.1% | 5.2% | 2.8% |
| 拥有调查权的社会监督者 | 35.3% | 33.8% | 21.8% | 5.6% | 3.5% |
| 专注娱乐八卦的"狗仔" | 14.6% | 19.2% | 32.1% | 14.3% | 19.8% |
| 海量信息的"把关人" | 25.4% | 28.3% | 27.8% | 11.5% | 7.0% |
| 刻意迎合社会热点的新闻制造者 | 20.5% | 26.9% | 25.6% | 14.2% | 12.8% |
| 没有任何权力的"新闻民工" | 11.8% | 18.1% | 28.4% | 18.4% | 23.3% |
| 互联网社会中"人人都是记者"，专业记者不再有用 | 10.7% | 14.4% | 21.9% | 16.8% | 36.2% |

如表 5-20 所示，从均值来看，基层政府工作人员对记者的认识的确存在一些差别。其中，"政府声音的传播者""拥有调查权的社会监督者"是比较正面的判断，均值分别为 4.01、3.92。"与其他职业无太大区别的信息工作者""海量信息的'把关人'"作为偏中立的选项，均值分别为 3.30、3.54。"互联网社会中'人人都是记者，专业记者不再有用'""没有任何权力的'新闻民工'""迎合社会热点的新闻制造者""专注娱乐八卦的'狗仔'"作为偏负面的评价，均值分别为 2.47、2.77、3.28、2.95。

表 5-20　基层政府工作人员对记者的认识

|  | N | 极小值 | 极大值 | 均值 | 标准差 |
| --- | --- | --- | --- | --- | --- |
| 与其他职业没有多大差别的信息工作者 | 713 | 1 | 5 | 3.30 | 1.278 |
| 政府声音的传播者 | 713 | 1 | 5 | 4.10 | 1.043 |
| 拥有调查权的社会监督者 | 713 | 1 | 5 | 3.92 | 1.052 |
| 专注娱乐八卦的"狗仔" | 713 | 1 | 5 | 2.95 | 1.307 |
| 海量信息的"把关人" | 713 | 1 | 5 | 3.54 | 1.187 |
| 刻意迎合社会热点的新闻制造者 | 713 | 1 | 5 | 3.28 | 1.290 |
| 没有任何权力的"新闻民工" | 713 | 1 | 5 | 2.77 | 1.310 |
| 互联网社会中"人人都是记者"，专业记者不再有用 | 713 | 1 | 5 | 2.47 | 1.380 |

3. 政府与媒体的关系认识情况

如表 5-21 所示，在"如何理解政府和媒体的关系"一题中，大多数基层政府工作人员对二者关系的理解都达成了共识，在"新闻媒体是政府工作的合作者""新闻媒体是政府工作的有效监督者""新闻媒体是政府与公众之间的桥梁""新闻媒体是政府工作形象的塑造者""新闻媒体是和谐社会的促进者""新闻媒体是公共管理的重要手段""新闻媒体是社会舆论的重要引导者""新闻媒体是党和政府的喉舌"选项中，基本上超过一半的人都对这些关系表示非常认同。

表 5-21　政府与媒体的关系认识情况

|  | 非常同意 | 比较同意 | 一般 | 不太同意 | 完全不同意 |
| --- | --- | --- | --- | --- | --- |
| 新闻媒体是党和政府的喉舌 | 58.9% | 26.6% | 10.4% | 2.4% | 1.7% |
| 新闻媒体是社会舆论的重要引导者 | 67.7% | 23.6% | 7.1% | 1.5% | 0.1% |
| 新闻媒体是公共管理的重要手段 | 54.8% | 31.8% | 11.3% | 1.3% | 0.8% |
| 新闻媒体是和谐社会的促进者 | 58.2% | 29.2% | 10.2% | 1.7% | 0.7% |
| 新闻媒体是政府形象的塑造者 | 57.5% | 26.5% | 12.9% | 2.4% | 0.7% |
| 新闻媒体是政府与公众之间的桥梁 | 59.3% | 26.9% | 11.1% | 2.0% | 0.7% |
| 新闻媒体是政府工作的有效监督者 | 56.0% | 28.5% | 10.7% | 3.4% | 1.4% |

|  | 非常同意 | 比较同意 | 一般 | 不太同意 | 完全不同意 |
|---|---|---|---|---|---|
| 新闻媒体是政府工作的挑战者 | 32.7% | 23.0% | 20.4% | 11.8% | 12.1% |
| 新闻媒体是政府工作的合作者 | 46.6% | 30.2% | 16.5% | 4.6% | 2.1% |
| 在我们基层，政府与新闻媒体的关系不太重要 | 12.3% | 13.3% | 20.0% | 15.4% | 39.0% |

如表5-22所示，基层政府工作人员对政府和媒体的关系认识基本都是正面，并且认同度较高，除去"新闻媒体是政府工作的挑战者""在我们基层，政府与新闻媒体的关系不太重要"的均值为3.52、2.45以外，其他关系的认同度均值都在4以上。可以看出，现阶段新闻媒体对政府工作的影响更多是正面和积极的，基层政府工作人员对于政府和新闻媒体的关系在总体上也都保持着比较乐观和正面的态度。

表5-22 基层政府工作人员对政府与媒体关系的认同均值

|  | N | 极小值 | 极大值 | 均值 | 标准差 |
|---|---|---|---|---|---|
| 新闻媒体是党和政府的喉舌 | 713 | 1 | 5 | 4.39 | .889 |
| 新闻媒体是社会舆论的重要引导者 | 713 | 1 | 5 | 4.57 | .704 |
| 新闻媒体是公共管理的重要手段 | 713 | 1 | 5 | 4.39 | .799 |
| 新闻媒体是和谐社会的促进者 | 713 | 1 | 5 | 4.42 | .797 |
| 新闻媒体是政府形象的塑造者 | 713 | 1 | 5 | 4.38 | .849 |
| 新闻媒体是政府与公众之间的桥梁 | 713 | 1 | 5 | 4.42 | .818 |
| 新闻媒体是政府工作的有效监督者 | 713 | 1 | 5 | 4.34 | .901 |
| 新闻媒体是政府工作的挑战者 | 713 | 1 | 5 | 3.52 | 1.366 |
| 新闻媒体是政府工作的合作者 | 713 | 1 | 5 | 4.22 | 2.147 |
| 在我们基层，政府与新闻媒体的关系不太重要 | 713 | 1 | 5 | 2.45 | 1.427 |

4. 新媒体对政府工作的帮助认识情况

基层政府工作人员对这几方面的帮助都比较认同，选择帮助非常大的人数占比基本超过了60%，其中非常认同"更加有效地宣传党的政策主张"选项的人数比例为 72.7%。如表 5-23 所示，在新媒体对政府工作的帮助中，所有选项均值都大于 4，基层政府工作人员总体上对这些方面都比较认同，新媒体对政府工作的方方面面都产生了相当大的促进作用并且得到了基层政府工作人员的认同。

表 5-23　基层政府工作人员"新媒体对政府工作的帮助"认同均值

|  | N | 极小值 | 极大值 | 均值 | 标准差 |
| --- | --- | --- | --- | --- | --- |
| 更加有效地宣传党的政策主张 | 713 | 1 | 5 | 4.65 | .644 |
| 全面弘扬社会主流价值观 | 713 | 1 | 5 | 4.61 | .664 |
| 更加迅速地了解社情民意 | 713 | 1 | 5 | 4.54 | .731 |
| 有利于引导社会舆论方向 | 713 | 1 | 5 | 4.54 | .741 |
| 加强与民众之间的对话交流 | 713 | 1 | 5 | 4.45 | .826 |
| 公共政策的执行更加透明化 | 713 | 1 | 5 | 4.44 | .848 |
| 更好地进行舆论监督 | 713 | 1 | 5 | 4.46 | .805 |
| 内部行政沟通更加高效 | 713 | 1 | 5 | 4.19 | .997 |

5. 对"网络问政"的认识情况

如表 5-24 所示，在"您怎么看待'网络问政'"这一问题中，认为网络问政有利于开展政府工作的人数占比 75.6%，这与网络问政目前的活跃程度基本吻合。有 10.7% 和 10.4% 的人选择"只是顺应潮流的形式""在工作中不能起到实质性作用"。网络问政在大多数基层政府工作人员中已经具有一定的认知度和接受度。

表 5-24　您怎么看待"网络问政"？

|  | 频率 | 百分比 | 有效百分比 | 累积百分比 |
| --- | --- | --- | --- | --- |
| 有利于开展政府工作 | 539 | 75.6 | 75.6 | 75.6 |
| 只是顺应潮流的形式 | 76 | 10.7 | 10.7 | 86.3 |
| 在工作中不能起到实质性作用 | 74 | 10.4 | 10.4 | 96.6 |
| 不知道具体是干什么的 | 21 | 2.9 | 2.9 | 99.6 |
| 其他 | 3 | .4 | .4 | 100.0 |
| 合计 | 713 | 100.0 | 100.0 |  |

## (三)媒介接触情况

### 1. 媒介接触情况

如表5-25所示,在整体接触情况上,报纸杂志的接触时长主要集中在1小时以下,占比人数为67.7%,1—3小时(含3小时)/天的占比人数为21.7%,其他选项占比在5%以下。广播的接触时长集中在1小时及以下,占比人数为71.8%,1—3小时(含3小时)/天的人数也较多,占比为19.8%,其他选项占比人数都在5%以下。电视的接触时长也主要集中在1小时及以下、1—3小时(含3小时)/天两个选项中,占比分别为52.7%、33.1%。PC互联网接触时长主要在1小时及以下、1—3小时(含3小时)/天、3—5小时(含5小时)/天中,占比分别为26.8%、30.5%、20.2%。从百分比可以看出,移动互联网的接触情况在1小时以下的人数占比较少,其他四个时间段人数相差不大。

表5-25 媒介接触情况

| | 7小时以上/天 | 5—7小时(含7小时)/天 | 3—5小时(含5小时)/天 | 1—3小时(含3小时)/天 | 1小时及以下 |
|---|---|---|---|---|---|
| 报纸、杂志 | 2.7% | 2.9% | 5.0% | 21.7% | 67.7% |
| 广播 | 1.4% | 2.5% | 4.5% | 19.8% | 71.8% |
| 电视 | 2.5% | 3.4% | 8.3% | 33.1% | 52.7% |
| PC互联网 | 8.6% | 13.9% | 20.2% | 30.5% | 26.8% |
| 移动互联网 | 19.9% | 16.4% | 25.9% | 27.9% | 9.9% |

如表5-26所示,将选项从左至右依次编码为1、2、3、4、5,在描述统计数据中,基层政府工作人员对报纸和杂志、广播、电视的接触程度较低,均值分别为4.49、4.58、4.30,意味着工作人员对它们的接触时长主要集中在1—3小时及以下。PC互联网的均值为3.53,即PC互联网接触主要在3—5小时及以下的时间段中。从百分比数据来看对移动互联网(主要指手机)的接触情况相较于其他媒介来说比较均衡,没有哪个时间段占比非常集中。移动互联网的均值为2.91,接触主要集中在3—5小时及以上的时间段中。从整体上来看,基层政府工作人员的媒介接触

主要还是以互联网为主。

表5-26 基层政府工作人员媒介接触情况均值

|  | N | 极小值 | 极大值 | 均值 | 标准差 |
|---|---|---|---|---|---|
| 报纸、杂志 | 713 | 1 | 5 | 4.49 | .921 |
| 广播 | 713 | 1 | 5 | 4.58 | .809 |
| 电视 | 713 | 1 | 5 | 4.30 | .939 |
| PC互联网 | 713 | 1 | 5 | 3.53 | 1.256 |
| 移动互联网 | 713 | 1 | 5 | 2.91 | 1.276 |

2. 媒体关注情况

如表5-27所示，政府工作中的互联网使用主要以"两微一端"为主。在具体的关注对象中，研究者选取了七种与政府工作较为相关的信息平台，观察基层政府工作人员对它们的关注情况。纵向比较发现，在"非常关注"选项中，主流新闻网、政府信息门户网站人数较多，占比分别为26.2%、19.9%；其他类型的媒体占比基本在15%以下；贴吧、论坛占比人数最少，为9.3%。"关注较多"选项中，各个类型的媒体占比人数相差不大，其中主流新闻网人数最多，占比为37.9%；贴吧、论坛人数最少为20.5%；主流新闻网在一般、很少关注、不关注的选项中占比都比较少；贴吧、论坛在这三项中占比相对较多。

表5-27 媒体关注情况

|  | 非常关注 | 关注较多 | 一般 | 很少关注 | 不关注 |
|---|---|---|---|---|---|
| 主流新闻网（如人民网、新华网等） | 26.2% | 37.9% | 27.3% | 7.2% | 1.4% |
| 政府信息门户网站（如中国政府网、甘肃省人民政府网等） | 19.9% | 36.7% | 29.5% | 11.1% | 2.8% |
| 门户网站（如新浪、网易等） | 15.6% | 29.0% | 39.7% | 12.3% | 3.4% |
| 贴吧、论坛（如百度、天涯等） | 9.3% | 20.5% | 38.2% | 23.4% | 8.6% |
| 政务微博（如甘肃发布、甘肃公安等） | 11.5% | 26.4% | 35.8% | 18.9% | 7.4% |

|  | 非常关注 | 关注较多 | 一般 | 很少关注 | 不关注 |
| --- | --- | --- | --- | --- | --- |
| 政务微信（如每日甘肃、甘肃教育等） | 14.6% | 30.3% | 31.4% | 17.4% | 6.3% |
| 官方短视频账号（抖音、快手等） | 10.0% | 18.1% | 26.9% | 26.1% | 18.9% |

如表5-28所示，基层政府工作人员对这些类型媒体的关注都比较少，均值都在3.5以下。另外，政务微博、政务微信均值为2.84、2.71。

表5-28 媒体关注情况均值

|  | N | 极小值 | 极大值 | 均值 | 标准差 |
| --- | --- | --- | --- | --- | --- |
| 主流新闻网 | 713 | 1 | 5 | 2.20 | .954 |
| 政府信息门户网站 | 713 | 1 | 5 | 2.40 | 1.015 |
| 门户网站 | 713 | 1 | 5 | 2.59 | 1.002 |
| 贴吧、论坛 | 713 | 1 | 5 | 3.02 | 1.074 |
| 政务微博 | 713 | 1 | 5 | 2.84 | 1.090 |
| 政务微信 | 713 | 1 | 5 | 2.71 | 1.108 |
| 官方短视频账号 | 713 | 1 | 5 | 3.26 | 1.238 |

（四）媒介使用情况

1. 个人媒介使用情况

如表5-29所示，微信使用人数占比80.9%，短视频APP使用人数占比50.8%，相较于其他软件使用人数较多。使用微博、论坛贴吧、知乎的人数占比较少，分别为26.6%、30.7%、26.1%。

表5-29 个人媒介使用情况频次分布表

|  |  | 响应 |  | 个案百分比 |
| --- | --- | --- | --- | --- |
|  |  | N | 百分比 |  |
|  | 微博 | 190 | 9.0% | 26.6% |
|  | 微信 | 577 | 27.2% | 80.9% |
|  | 电子邮件 | 585 | 27.6% | 82.0% |
|  | 短视频APP | 362 | 17.1% | 50.8% |

|  |  | 响应 |  | 个案百分比 |
| --- | --- | --- | --- | --- |
|  |  | N | 百分比 |  |
|  | 论坛、贴吧 | 219 | 10.3% | 30.7% |
|  | 知乎 | 186 | 8.8% | 26.1% |
| 总计 |  | 2119 | 100.0% | 297.2% |

如表 5-30 所示，基层政府工作人员使用的新媒体以社交通信工具、工作软件、新闻推送软件为主，并未出现非常个性化的软件使用情况。

表 5-30 其他媒体的使用情况

|  | 频率 | 百分比 | 有效百分比 | 累积百分比 |
| --- | --- | --- | --- | --- |
| QQ | 3 | .4 | .4 | .5 |
| 今日头条 | 5 | .7 | .7 | 1.1 |
| 媒体客户端 | 1 | .1 | .1 | 1.3 |
| 头条，凤凰 | 1 | .1 | .1 | 1.4 |
| 无 | 702 | 98.5 | 98.5 | 99.9 |
| 主流自媒体 | 1 | .1 | .1 | 100.0 |
| 合计 | 713 | 100.0 | 100.0 |  |

如表 5-31 所示，从年龄与媒体注册使用情况的交叉分析来看，微博、微信、电子邮件的使用者基本以 26—35 岁的中青年群体为主，占比分别为 62.1%、42.5%、40.9%。短视频、论坛贴吧、知乎的使用者以 18—25 岁的青年群体为主，占比分别为 45.6%、42.5%、50.5%。46—55 岁、55 岁以上的中老年群体对这六种新媒体的使用都较少。

表 5-31 年龄与媒体注册使用情况交叉表

| | | | 18岁—25岁 | 26岁—35岁 | 36岁—45岁 | 46岁—55岁 | 55岁以上 | 总计 |
|---|---|---|---|---|---|---|---|---|
| | 微博 | 计数 | 19 | 118 | 42 | 8 | 3 | 190 |
| | | | 10.0% | 62.1% | 22.1% | 4.2% | 1.6% | 100 |
| | 微信 | 计数 | 163 | 245 | 127 | 38 | 4 | 577 |
| | | | 28.2% | 42.5% | 22.0% | 6.6% | .7% | 100 |
| | 电子邮件 | 计数 | 224 | 239 | 98 | 22 | 2 | 585 |
| | | | 38.3% | 40.9% | 16.8% | 3.8% | .3% | 100 |
| | 短视频APP | 计数 | 165 | 142 | 49 | 4 | 2 | 362 |
| | | | 45.6% | 39.2% | 13.5% | 1.1% | .6% | 100 |
| | 论坛、贴吧 | 计数 | 93 | 87 | 34 | 4 | 1 | 219 |
| | | | 42.5% | 39.7% | 15.5% | 1.8% | .5% | 100 |
| | 知乎 | 计数 | 94 | 67 | 19 | 6 | 0 | 186 |
| | | | 50.5% | 36.0% | 10.2% | 3.2% | .0% | 100 |
| 总计 | | 计数 | 241 | 289 | 136 | 43 | 4 | 713 |

2. 新闻信息选择情况

如表 5-32 所示，在"倾向于了解哪一类型的新闻信息"一题中，时政、社会民生、农业、经济、科技、娱乐六种类型的新闻信息都有一定的人数占比，基层政府工作人员在选择新闻信息时范围较广，没有哪一种信息类型完全不关注的极端现象。从倾向程度来看，大多数人都倾向于了解时政类、社会民生类信息，占比分别为 79.2%、77.1%；选择经济类、科技类、娱乐类新闻的占比分别为 42.4%、39.5%、34.3%。选择农业类信息的人数最少，占比为 19.2%，大多数工作人员都不倾向于了解这类信息。

表 5-32　新闻信息选择情况

| | | 响应 | | 个案百分比 |
|---|---|---|---|---|
| | | N | 百分比 | |
| | 时政类 | 564 | 27.2% | 79.2% |
| | 社会民生类 | 549 | 26.4% | 77.1% |
| | 农业类 | 137 | 6.6% | 19.2% |
| | 经济类 | 302 | 14.5% | 42.4% |
| | 科技类 | 281 | 13.5% | 39.5% |
| | 娱乐类 | 244 | 11.7% | 34.3% |
| 总计 | | 2077 | 100.0% | 291.7% |

如表 5-33 所示，在"其他"选项中，部分工作人员还增加了自己较为关注的话题。从答案中可以看出，除了上述六种较为主流的信息之外，他们还会关注一些与个人兴趣爱好相关的话题，如体育、军事、文化等方面。

表 5-33　新闻信息选择其他情况

| | 频率 | 百分比 | 有效百分比 | 累积百分比 |
|---|---|---|---|---|
| | 1 | .1 | .1 | .1 |
| 军事 | 1 | .1 | .1 | .3 |
| 历史讲解 | 1 | .1 | .1 | .4 |
| 涉及工作及当前重点宣传的信息 | 1 | .1 | .1 | .6 |
| 体育 | 2 | .3 | .3 | .8 |
| 体育类 | 1 | .1 | .1 | 1.0 |
| 文化类 | 1 | .1 | .1 | 1.1 |
| 文化旅游 | 1 | .1 | .1 | 1.3 |
| 文学、艺术、生活 | 1 | .1 | .1 | 1.4 |
| 无 | 699 | 98.0 | 98.0 | 99.4 |
| 游戏，动漫类 | 1 | .1 | .1 | 99.6 |
| 与工作相关的 | 1 | .1 | .1 | 99.7 |
| 与自己专业相关的信息 | 1 | .1 | .1 | 99.9 |
| 政法类 | 1 | .1 | .1 | 100.0 |
| 合计 | 713 | 100.0 | 100.0 | |

### 3. 工作中的媒介使用情况

本研究对政府工作中经常涉及的媒体活动加以统计，列出五种媒体活动并统计了基层政府工作人员在三个月中的参与情况。

从数据来看，三个月里，65%以上的工作人员都没有参与过这五类媒体活动，参与人员在频次上主要集中在1—3次，4次以上的参与频次占比都较少。从参与度来说，"在新闻媒体上发表文章""参与策划媒介议题及新闻报道"的程度高于其他三项。总体来看，基层政府工作人员在媒体活动方面的参与度还是偏低，他们对媒体活动的参与受到各方面因素的影响，一方面他们的主体工作更多的是关于政府机构、社会公众、社会基础设施建设等行政工作，媒体活动对他们来说处于辅助层面；另一方面，政府机构在职能划分上较为明显并且设有专门的宣传部门，其他部门的工作人员无法频繁参与相关的新闻实践活动。

如表5-34所示，在"工作中如果有记者采访，您会怎么做"一题中，有9.6%的人选择了"不接受任何情况的采访"。另外有8.9%的人选择"任何采访来者不拒"。选择"更愿意接受正面宣传的采访"的人数占比58.8%。选择"不回避危机事件及负面舆情的采访"的人占比34.6%。在接受采访的形式上，38.4%的人选择"更愿意接受间接采访，如电话、微信、微博、电子邮件等"。

表5-34 面对记者采访的态度

|  |  | 响应 N | 响应 百分比 | 个案百分比 |
|---|---|---|---|---|
| $对记者采访的态度[a] | 任何采访来者不拒 | 61 | 5.9% | 8.9% |
|  | 更愿意接受间接采访，如电话、微信、微博、电子邮件等 | 263 | 25.5% | 38.4% |
|  | 更愿意接受正面宣传的采访 | 403 | 39.1% | 58.8% |
|  | 不回避危机事件及负面舆情的采访 | 237 | 23.0% | 34.6% |
|  | 不接受任何情况的采访 | 66 | 6.4% | 9.6% |
|  | 总计 | 1030 | 100.0% | 150.4% |

如表 5-35 所示,在面对记者采访这一题中,有少部分人填写了"其他"选项,从回答中可以看出,由于政府行政体系的约束,大多数工作人员会让该部门专门负责新闻宣传的工作人员接受采访,或者在取得上级领导同意、采访内容合情合理的情况下接受采访。

表 5-35  面对记者采访的态度(其他情况)

|  | 频率 | 百分比 | 有效百分比 | 累积百分比 |
| --- | --- | --- | --- | --- |
| 报请单位同意的前提下,接受采访 | 1 | .1 | .1 | .1 |
| 报上级批准 | 1 | .1 | .1 | .3 |
| 不知道如何答复 | 1 | .1 | .1 | .4 |
| 采访内容符合采访条件接受 | 1 | .1 | .1 | .6 |
| 单位有规定,有专门媒体发言人;若无批准,不能采访 | 1 | .1 | .1 | .7 |
| 单位有新闻发言人和接受一般采访的部门 | 1 | .1 | .1 | .8 |
| 记者解决不了实际问题,领导的想法就可以 | 1 | .1 | .1 | 1.0 |
| 认真听,谨慎回复 | 1 | .1 | .1 | 1.1 |
| 提前预约,提交采访内容 | 1 | .1 | .1 | 1.3 |
| 无 | 699 | 98.0 | 98.0 | 99.3 |
| 须在领导同意的情况下方可接受采访 | 1 | .1 | .1 | 99.4 |
| 引导至单位宣传部门 | 1 | .1 | .1 | 99.6 |
| 由单位安排 | 1 | .1 | .1 | 99.7 |
| 与本职工作相关的愿意接受 | 1 | .1 | .1 | 99.9 |
| 在权限范围内热情对待采访 | 1 | .1 | .1 | 100.0 |
| 合计 | 713 | 100.0 | 100.0 |  |

如表 5-36 所示,从职务级别与面对采访的态度二者交叉情况来看,"任何采访来者不拒""不回避危机事件及负面舆情的采访"这两个态度较为开放的选项中,副科、正科级的基层政府工作人员较其他级别来说占比最高,分别为 44.3%、39.2%。在"更愿意接受间接采访""更愿意接受正面宣传的采访""不接受任何情况的采访"这三个态度相对封闭的选项中,科级以下的工作人员较其他级别来说占

比最高，分别为41.4%、41.4%、43.9%。

表5-36 面对采访时的态度与职务级别交叉表

|  |  |  | 科级以下 | 副科、正科级 | 副处、正处级 | 处级以上 | 总计 |
|---|---|---|---|---|---|---|---|
|  | 任何采访来者不拒 | 计数 | 16 | 27 | 12 | 6 | 61 |
|  |  |  | 26.2% | 44.3% | 19.7% | 9.8% |  |
|  | 更愿意接受间接采访，如电话、微信、微博、email等 | 计数 | 109 | 98 | 38 | 18 | 263 |
|  |  |  | 41.4% | 37.3% | 14.4% | 6.8% |  |
|  | 更愿意接受正面宣传的采访 | 计数 | 167 | 160 | 53 | 23 | 403 |
|  |  |  | 41.4% | 39.7% | 13.2% | 5.7% |  |
|  | 不回避危机事件及负面舆情的采访 | 计数 | 90 | 93 | 39 | 15 | 237 |
|  |  |  | 38.0% | 39.2% | 16.5% | 6.3% |  |
|  | 不接受任何情况的采访 | 计数 | 29 | 18 | 10 | 9 | 66 |
|  |  |  | 43.9% | 27.3% | 15.2% | 13.6% |  |
| 总计 |  | 计数 | 284 | 261 | 95 | 45 | 685 |

如表5-37所示，在"了解基层政府工作人员用网络主要进行哪些工作"一题中，网络在政府工作中的已经成为不可或缺的技术，题中所列的工作内容都在不同程度上运用了网络。其中，82.9%的人都会用网络"与同事进行工作沟通交流"，有70.5%、71.3%的人运用网络"在网页中搜索政策文件通知"和"浏览相关政府部门信息门户网站"，用互联网"收发邮件""上传和下载相关工作文件"的人分别占比64.4%、65.5%，这几项是大多数工作人员在网络上都会进行的工作。利用网络"开视频工作会议""运用新闻策划手段为所在地区进行宣传推广"以及"参与网络评论"的人占比均较少，分别为22.5%、29.4%、28.2%。

表 5-37　运用网络开展工作情况

|  | 响应 N | 响应 百分比 | 个案百分比 |
| --- | --- | --- | --- |
| 利用社交软件与同事进行工作沟通交流 | 587 | 19.1% | 82.9% |
| 在网页中搜索政策文件通知 | 499 | 16.2% | 70.5% |
| 浏览相关政府部门信息门户网站 | 505 | 16.4% | 71.3% |
| 开视频工作会议 | 159 | 5.2% | 22.5% |
| 运用新闻策划手段为所在地区进行宣传推广 | 208 | 6.8% | 29.4% |
| 收发邮件 | 456 | 14.8% | 64.4% |
| 上传和下载相关工作文件 | 464 | 15.1% | 65.5% |
| 参与网络评论 | 200 | 6.5% | 28.2% |
| 总计 | 3078 | 100.0% | 434.7% |

如表 5-38 所示，在"其他"选项中，选择答案大多与工作人员的个人生活有关，其次是利用网络发布信息。

表 5-38　运用网络开展工作情况（其他）

|  | 频率 | 百分比 | 有效百分比 | 累积百分比 |
| --- | --- | --- | --- | --- |
| 传播正能量 | 1 | .1 | .1 | .1 |
| 单位对外平台信息发布 | 1 | .1 | .1 | .3 |
| 发表网络小说 | 1 | .1 | .1 | .4 |
| 发布信息 | 1 | .1 | .1 | .6 |
| 看电影、购物 | 1 | .1 | .1 | .7 |
| 社交 | 1 | .1 | .1 | .8 |
| 无 | 705 | 98.9 | 98.9 | 99.7 |
| 信息搜集 | 1 | .1 | .1 | 99.9 |
| 宣传当地 | 1 | .1 | .1 | 100.0 |
| 合计 | 713 | 100.0 | 100.0 |  |

如表 5-39 所示，在"您认为基层政府工作人员需要具备以下哪些媒介使用能

力"一题中,基层政府工作人员对六种媒介使用能力的认同度都比较高,基本有一半的人认为他们非常需要这些能力。其中,认为非常需要"能够利用新媒体及时了解公众意见"和"掌握信息制作与发布技能(新闻业务技巧)"能力的人比其他选项多,占比分别为59.6%、59.0%;"能够熟练操作使用'两微一端'等新媒体平台""会根据社会热点进行新闻策划""会根据受众阅读西瓜发布信息(如时间节点)""会根据不同的媒体平台选择不同的传播形式"四种能力在非常需要选项上占比都在50%左右。

表5-39 对媒介使用能力的态度

|  | 非常需要 | 比较需要 | 一般 | 不太需要 | 完全不需要 |
| --- | --- | --- | --- | --- | --- |
| 掌握信息制作与发布的技能 | 59.0% | 23.0% | 14.2% | 2.8% | 1.0% |
| 会根据不同媒体平台选择不同的传播形式 | 52.5% | 28.2% | 15.3% | 2.7% | 1.3% |
| 会根据受众阅读习惯发布信息 | 48.9% | 30.2% | 15.0% | 4.1% | 1.8% |
| 会根据社会热点进行新闻策划 | 45.9% | 27.5% | 18.9% | 4.8% | 2.9% |
| 能够熟练操作使用"两微一端"等新媒体平台 | 53.4% | 26.5% | 13.5% | 4.5% | 2.1% |
| 能够利用新媒体及时了解公众意见 | 59.6% | 24.3% | 11.6% | 3.1% | 1.4% |

如表5-40所示,从媒介使用能力的认同程度来看,这六种能力的认同度都较高,均值都大于4,主要处在比较需要和非常需要阶段。

表5-40 对媒介使用能力的态度均值

|  | N | 极小值 | 极大值 | 均值 | 标准差 |
| --- | --- | --- | --- | --- | --- |
| 掌握信息制作与发布的技能 | 713 | 1 | 5 | 4.36 | .895 |
| 会根据不同的媒介平台选择不同的传播形式 | 713 | 1 | 5 | 4.28 | .907 |
| 会根据受众阅读习惯发布信息 | 713 | 1 | 5 | 4.20 | .962 |
| 会根据社会热点进行新闻策划 | 713 | 1 | 5 | 4.09 | 1.048 |
| 能够熟练操作使用"两微一端"等新媒体平台 | 713 | 1 | 5 | 4.25 | .989 |
| 能够利用新媒体及时了解公众意见 | 713 | 1 | 5 | 4.38 | .907 |

## (五)媒介批判能力

### 1. 辨别信息真实性的情况

如表 5-41 所示，在辨别新闻报道的真实性上，基层政府工作人员表现出较为一般的辨别能力。只有 4.9% 的人完全可以辨别新闻信息的真实性，33.5% 的人基本可以。"几乎不可以"和"完全不可以"的人数占比分别为 14.9%、22.4%，总和为 37.3%，超过总人数 1/3 的人不能够辨别新闻报道内容的真实性。

表 5-41　辨别新闻报道真实性的频率分布

|  | 频率 | 有效百分比 | 累积百分比 |
| --- | --- | --- | --- |
| 完全可以 | 35 | 4.9 | 4.9 |
| 基本可以 | 239 | 33.5 | 38.4 |
| 一般 | 173 | 24.3 | 62.7 |
| 几乎不可以 | 106 | 14.9 | 77.6 |
| 完全不可以 | 160 | 22.4 | 100.0 |
| 合计 | 713 | 100.0 |  |

如表 5-42 所示，在"如何判断信息的真实性"一题中，85.9% 的人会把"看信息的发布平台是否为国家权威媒体（平台）"作为判断信息真实性的方法之一，另外"看援引消息来源是否权威""利用多方渠道进行核实"也是较多人选择的方式，占比分别为 69.3%、71.3%。少数人选择"看公众对于该信息的评价态度是否一致"，人数占比为 26.3%。"看新闻要素是否齐全"的选择与不选择人数占比基本都在 50%。

表 5-42　如何判断新闻真实性的频率分布

|  | N | 百分比 | 个案百分比 |
| --- | --- | --- | --- |
| 看信息的发布平台是否为国家权威媒体 | 598 | 24.9% | 85.9% |
| 看援引消息来源是否权威 | 482 | 20.1% | 69.3% |
| 看新闻要素是否齐全 | 349 | 14.5% | 50.1% |

|  | N | 百分比 | 个案百分比 |
|---|---|---|---|
| 看公众对于该信息的评价态度是否一致 | 183 | 7.6% | 26.3% |
| 利用多方渠道进行核实 | 496 | 20.7% | 71.3% |
| 自己凭主观意识去判断 | 291 | 12.1% | 41.8% |
| 总计 | 2399 | 100.0% | 344.7% |

如表5-43所示,从两个"其他"答案中可以看出,基层政府工作人员在面对信息时,不会盲目地进行真实性判断,而是会根据其权威性、客观性进行判断。尽管对真实性的判断能力比较一般,但是在判断方法上他们仍然能够保持着一定的客观中立。

表5-43 如何判断新闻真实性的频率分布(其他)

|  | 频率 | 百分比 | 有效百分比 | 累积百分比 |
|---|---|---|---|---|
| 不盲目参与评论,等待官方给出正确说法 | 1 | .1 | .1 | .1 |
| 根据信息再调查求证 | 1 | .1 | .1 | .3 |
| 无 | 711 | 99.7 | 99.7 | 100.0 |
| 合计 | 713 | 100.0 | 100.0 |  |

2. 对待新闻的态度和行为

如表5-44所示,在对待新闻中的立场观点时,53.4%的工作人员选择"观察多家媒体报道再予以判断",36.2%的人"对新闻事件坚持自己的判断和立场",只有6.5%和3.9%的人"完全接受媒体表达的观点""看其他人的评论态度再决定支持哪种观点"。

表5-44 对新闻所持观点的态度

|  | 频率 | 有效百分比 | 累积百分比 |
|---|---|---|---|
| 完全接受媒体表达的观点 | 46 | 6.5 | 6.5 |
| 观察多家媒体报道再予以判断 | 381 | 53.4 | 59.9 |

|  | 频率 | 有效百分比 | 累积百分比 |
|---|---|---|---|
| 对新闻事件坚持自己的判断和立场 | 258 | 36.2 | 96.1 |
| 看其他人的评论态度再决定支持哪种观点 | 28 | 3.9 | 100.0 |
| 合计 | 713 | 100.0 |  |

如表5-45所示，在怀疑信息的真实性上，只有2.8%的人表示"从未怀疑媒体信息的真实性"。54.7%的基层政府工作人员选择"依内容的重要程度决定是否去核实信息真实度"，30.3%的人选择"寻找多条信息传播渠道，立刻弄清事实真相"，7.6%的人表示"没什么想法，信息真实与否跟我无关"，4.6%的人表示"错误在所难免，不会影响媒体在自己心中的形象"。

表5-45 怀疑新闻真实性时的态度

|  | 频率 | 有效百分比 | 累积百分比 |
|---|---|---|---|
| 寻找多条信息传播渠道，立刻弄清事实真相 | 216 | 30.3 | 30.3 |
| 依内容的重要程度决定是否去核实信息真实度 | 390 | 54.7 | 85.0 |
| 从未怀疑媒体信息的真实性 | 20 | 2.8 | 87.8 |
| 没有什么想法，信息真实与否跟我无关 | 54 | 7.6 | 95.4 |
| 错误在所难免，不会影响媒体在自己心中的形象 | 33 | 4.6 | 100.0 |
| 合计 | 713 | 100.0 |  |

3. 对突发事件或公共危机的态度

如表5-46所示，选择"封锁消息，不对外公开""轻描淡写，大事化小"这一类偏强硬处理方法的占比只有12.3%、5.9%。在应对方法中，认同度较高的是"第一时间组织新闻报道，引导社会舆论""及时利用媒体澄清真相，化解谣言""注意信息的统一发布与媒体协调工作""随时关注媒体报道，特别是网络媒体的后续影响""加强新闻宣传策划，消除负面影响，以树立良好政府或部门形象"，选择占比分别为65.8%、71.8%、62.0%、60.6%、66.5%。另外，选择"做好记者采访的接待和服务工作""不但完善预警机制，牢牢把握报道主动权"的占比分别为57.2%、54.5%。

表 5-46　对突发事件或公共危机的态

|  | N | 百分比 | 个案百分比 |
| --- | --- | --- | --- |
| 封锁消息，不对外公开 | 87 | 2.7% | 12.3% |
| 轻描淡写，大事化小 | 42 | 1.3% | 5.9% |
| 做好记者采访的接待和服务工作 | 406 | 12.5% | 57.2% |
| 第一时间组织新闻报道，引导社会舆论 | 467 | 14.4% | 65.8% |
| 及时利用媒体澄清真相，化解谣言 | 510 | 15.7% | 71.8% |
| 注意信息的统一发布与媒体协调工作 | 440 | 13.6% | 62.0% |
| 随时关注媒体报道，特别是网络媒体的后续影响 | 430 | 13.3% | 60.6% |
| 加强新闻宣传策划，消除负面影响，以树立良好政府或部门形象 | 472 | 14.6% | 66.5% |
| 不断完善预警机制，牢牢把握报道主动权 | 387 | 11.9% | 54.5% |
| 总计 | 3241 | 100.0% | 456.5% |

4. 对互联网的态度

如表 5-47 所示，73.4% 的基层政府工作人员非常同意"重视网络对社会舆论的影响，积极发挥网络的正面舆论引导作用"。超过六成的人对"建立法律法规，通过网络实名制等手段严格控制网络""通过网络收集民意、充分发挥网络舆论的监督作用""充分利用网络的交互性展示政府形象""加强网上沟通、提供政务公开""加强行业自律与道德规范建设，尊重互联网自身发展规律""加大网络评论员队伍建设，增强政府舆论引导能力""加强基层政府工作人员媒介素养教育"选项都表示非常同意。有 56.0% 的人非常同意"加大对于网络有害信息的封堵、删除"，32.5% 的人非常同意"网络不可靠、不可控，因此不能相信、依赖网络"。

表5-47 对互联网挑战的态度

|  | 非常同意 | 比较同意 | 一般 | 不太同意 | 完全不同意 |
|---|---|---|---|---|---|
| 建立法律法规，通过网络实名制等手段严格控制网络 | 62.7% | 23.4% | 9.7% | 2.4% | 1.8% |
| 重视网络对社会舆论的影响，积极发挥网络的正面舆论引导作用 | 73.4% | 18.0% | 7.1% | 1.1% | 0.4% |
| 通过网络收集民意，充分发挥网络舆论的监督作用 | 67.2% | 24.0% | 6.9% | 1.8% | 0.1% |
| 充分利用网络的交互性展示政府形象 | 65.4% | 24.7% | 7.5% | 2.0% | 0.4% |
| 加强网上沟通，提供政务公开 | 67.5% | 22.2% | 7.9% | 1.8% | 0.6% |
| 加强行业自律与道德规范建设，尊重互联网自身发展规律 | 65.2% | 23.4% | 8.4% | 2.2% | 0.8% |
| 加大对网络有害信息的封堵、删除 | 56.0% | 21.7% | 12.9% | 4.9% | 4.5% |
| 加大网络评论员队伍建设，增强政府舆论引导能力 | 65.5% | 21.9% | 9.6% | 2.0% | 1.0% |
| 加强基层政府工作人员媒介素养教育 | 67.5% | 23.0% | 6.8% | 2.4% | 0.3% |
| 网络不可靠、不可控，因此不能相信、依靠网络 | 32.5% | 15.8% | 9.3% | 10.4% | 32.0% |

如表5-48所示，基层政府工作人员对前九个选项的态度均值都大于4。"网络不可靠、不可控，因此不能相信、依靠网络"这一选项的均值最低，均值为3.07。

表5-48 描述统计量

|  | N | 极小值 | 极大值 | 均值 | 标准差 |
|---|---|---|---|---|---|
| 建立法律法规，通过网络实名制等手段严格控制网络 | 713 | 1 | 5 | 4.43 | .895 |
| 重视网络对社会舆论的影响，积极发挥网络的正面舆论引导作用 | 713 | 1 | 5 | 4.63 | .704 |
| 通过网络收集民意，充分发挥网络舆论的监督作用 | 713 | 1 | 5 | 4.56 | .714 |
| 充分利用网络的交互性展示政府形象 | 713 | 1 | 5 | 4.53 | .755 |
| 加强网上沟通、提供政务公开 | 713 | 1 | 5 | 4.54 | .765 |

|  | N | 极小值 | 极大值 | 均值 | 标准差 |
| --- | --- | --- | --- | --- | --- |
| 加强行业自律与道德规范建设，尊重互联网自身发展规律 | 713 | 1 | 5 | 4.50 | .807 |
| 加大对于网络有害信息的封堵、删除 | 713 | 1 | 5 | 4.20 | 1.119 |
| 加大网络评论员队伍建设，增强政府舆论引导能力 | 713 | 1 | 5 | 4.49 | .825 |
| 加强基层政府工作人员媒介素养教育 | 713 | 1 | 5 | 4.55 | .750 |
| 网络不可靠、不可控，因此不能相信、依靠网络 | 713 | 1 | 5 | 3.07 | 1.686 |

## 三、基层政府工作人员媒介素养问题分析

### （一）一般媒介素养现状

无论基层政府工作人员的社会角色多么复杂，他们首先是普通受众，他们对媒体的认识和运用首先以普通受众的身份进行，作为普通受众的一般媒介素养是其他一切媒介素养的基础和前提，本研究正是基于普通受众的媒介素养框架衍生出基层政府工作人员的其他媒介素养要求。现根据前文调查问卷所得到的分析对基层政府工作人员的一般媒介素养现状进行总结。

1. 媒介素养普及率较高，但无法对具体内涵进行独立解读

调查发现，绝大多数基层政府工作人员对媒介素养有或多或少的了解，媒介素养一词在他们看来并不是一个陌生词汇，媒介素养在基层政府工作人员当中的普及率比较高。从调查结果来看，基层政府工作人员在对媒介素养的整体理解上表现较为一般，只有少数人对媒介素养比较理解。但是当研究者给出媒介素养的内涵，他们基本都处在非常同意和比较同意阶段。与此同时，基层政府工作人员对媒介素养的理解并没有受到年龄、职务级别、学历等变量的明显影响，他们对媒介素养只存在一个模糊、泛化的认识，对它的具体指向并不十分清楚，只能依靠书本、他人等第三方给出的解释进行评估，不能从自身认识出发独立地理解媒介素养的内涵。

2. 媒介批判意识较好，但深度批判能力有待加强

作为媒介批判能力的基本体现，基层政府工作人员对新闻真实性的辨别能力比

较一般，多数人无法辨别真实性，这不仅是因为他们的媒介素养能力不足，也受到当前复杂的信息环境的深刻影响，尤其是冗杂、多样、多变的信息让人们难辨真假，需要更好的辨别能力。尽管分辨真实性的能力较为一般，但是在对待新闻的真实性问题时，基层政府工作人员的态度较为客观。他们没有全凭主观意识或者跟随大众人云亦云，而是以专业眼光看待新闻内容或者核实发布渠道，他们在检视新闻真实性时有一定的自主批判能力，不管能否辨别真实性，他们都会选择较为客观的方式去进行判断。

（二）专业媒介素养现状

基层政府工作人员不仅是普通受众，还是政府信息的传播者。政府信息传播关系我国社会发展的方方面面，对公众的生活工作产生着重要影响。因此，尽管不需要成为职业的新闻传播从业者，新闻传播应该具备的专业素养同样也应该成为他们媒介素养中的内容之一。

1. 对媒介素养与执政能力的关系认识较为局限

运用媒介进行政治传播及形象建构是政府工作的重要内容之一，媒介素养与执政能力之间有着千丝万缕的联系。然而，就调查来看，基层政府工作人员并不认同媒介素养体现执政能力这一观点，他们对这一观点的态度也没有随着职务、学历等因素的升高而出现变化。基层政府工作人员仍然认为媒介素养只是简单的管理媒介、控制舆论的能力，并没有将媒介素养放在新的传播环境中进行理解，他们认为执政能力更多地体现在政府日常的行政工作中，媒介素养更多的是辅助工作人员更好地进行其他工作，不应将媒介素养与执政能力相提并论。他们没有从整体的角度出发去思考媒介素养对于政府工作的重要意义，而是将目光局限在日常工作中，对媒介素养与执政能力的关系认识比较局限。

2. 对媒介的认识面较窄，以政府工作角度为主要切入点

在媒介认识中，无论是对媒介功能的理解还是对新闻记者的认识，基层政府工作人员都是从政府工作的角度进行理解的，认为媒介及其从业人员是服务于政府工作的，政府是管理媒介、运用媒介控制舆论的一方，媒体仍然作为政府的对立面或服从者存在。他们对媒介的认识并未基于比较平等的视角，而是选择高于媒介的立场，这样的媒介认识显然深受他们特殊的社会角色的影响，自始至终带着较为片面

的认识，并未体现出专业的媒介素养应该有的认识和理解。

3. 对新闻业务能力比较重视，但业务水平整体较一般

无论是对媒介素养的理解还是对媒介使用能力的认识，基层政府工作人员正在日益认识到新闻业务能力在政府工作中占有重要地位。随着政府信息传播工作的广泛深入开展，采写编评的能力、新媒体技术掌握能力、新闻传播规律运用能力、新闻策划能力等，这些专业的新闻业务能力越来越为基层政府工作人员所需，成为他们更好地进行信息传播、舆论引导不可或缺的重要能力，他们也对新闻业务能力的培养提高有较高的认同度和重视程度。

从基层政府工作人员的日常工作来看，除去专门的宣传部门以外，其他工作人员的媒体活动参与度并不高，无论是新闻发布会还是新闻策划，大多数基层政府工作人员近三个月都没有参与过。新闻行业的实践性很强，参与实际的新闻活动是提高业务能力的唯一途径，基层政府工作人员只有参加相关的媒体活动才能更好地理解新闻业务技巧，更深刻地认识媒体与政府的关系。基层政府工作人员在新闻实践上的匮乏也是他们理解媒介素养较为局限的原因之一。新闻业务水平不高让他们难以从专业的新闻角度认识政府工作，面对媒体、记者采访时就没有恰当的态度和良好的应对技巧。许多负面舆情事件正是因为基层政府工作人员专业媒介素养不高，新闻敏感度不够，不懂得如何面对记者采访，产生诸多不利影响。

从基层政府工作人员对互联网媒体的运用来看，互联网仍然作为工作辅助或监督的第三方存在。在当前的传播环境中，任何组织机构只有更加主动，以更积极的态度面对互联网传播，借助互联网实现信息传播，才能获得受众关注，达到良好的传播效果，政府信息传播也不例外。基层政府工作人员不能只是将互联网当作简单的工具，而是应该让它成为政府信息传播的重要方式之一，利用互联网让国情国策的传播范围更广。

## 四、提升基层政府工作人员媒介素养的建议

对基层政府工作人员来说，媒介素养不是简单的"应对媒体"的能力，而应该表现为对媒体角色、功能的认知及相应权利的保障，对社会化媒体价值的认知及对

公众相应权利的保障，与媒体及公众的交流意识和能力等内容。[1] 以县级融媒体中心为代表的平台媒体，将对话由理念变为现实。但从近年来的一些舆情事件来看，对话的有效进行，只靠平台硬件建设还不够，软件也必须随之而动。首先需要政府更新对话观念，积极主动地通过网络了解民情，汇聚民智，以达到民众问事于政府与政府问计于民众的有机统一。其次需要提高对话水平，提升全社会的媒介素养。最后是要建立对话的沟通机制，让对话规范有序持续下去。[2] 从对话的角度出发，形成适应于网络传播环境的媒介素养对政府工作人员来说是必不可少的能力。

（一）加强理论培训，强化对话意识

政府作为社会管理者的角色存在，工作人员在无形中形成了管理社会、把控媒体、引导公众的观念和行为，在政务信息传播、舆情处理等过程中也带有单向命令的态度和行为。新媒体技术改变了传播方式，也改变了传播观念，提升政府工作人员媒介素养首要的就是改变他们的传播观念，让他们认识到当前舆论环境的本质。首先，政府应当与学界有更多紧密联系，邀请专家学者为工作人员进行培训，让他们了解新闻传播领域的研究热点，了解政治传播领域的重点，从而对整个传播环境有整体认识。其次，从实际经验教训中总结。政府内部可以举办一些舆情交流会，组织大家对近期的热点舆情进行讨论交流，对政府在舆情中的处理给出自己的意见，通过彼此交流让他们对舆论环境有实际的认识，从实际经验中改变他们单一的传播观念，以更加平等的心态面对受众。

（二）注重新闻实践，提升整体业务能力

新闻业务能力来源于实践，政府工作人员只有通过实践才能学会新闻传播的具体流程，掌握新闻传播技能。政府部门的新闻宣传工作一般都由专门的宣传部门负责，这在一定程度上保证了新闻传播的高效率，但也存在局限性。在当前环境下，政务传播早已不再是宣传部门单独的任务和责任，每一位政府工作人员都有可能成为传播者，有必要提升政府工作人员的新闻业务能力。一方面，要利用新媒体

---

[1] 彭兰：《社会化媒体时代的三者媒介素养及其关系》，《上海师范大学学报》，2013年第5期，第52—60页。

[2] 董子铭：《宣传、说服、对话：舆论引导的路径叠进》，《当代传播》，2015年第2期，第31—33页。

技术让每个政府部门都有自己的信息传播平台，通过平台进行日常的政务信息传播工作，在实践中培养他们的新闻写作、新闻策划、新媒体技术等业务能力。另一方面，尽管政府与新闻媒体在信息传播的本质和目的上有所不同，但其在业务能力培养上有一定的共同点。政府部门可以组织工作人员学习考察当地或更高级别的媒体单位，切身感受新闻信息制作编发的全过程，为自身信息传播工作积攒经验。

（三）开展多元的政务信息传播，提升对话能力

政务信息由于其重要性通常以严肃、庄重、正式的风格出现在受众眼前。在互联网时代，海量信息风格不一，受众通常更愿意接收亲切、趣味、活泼风格的信息，大多数政务信息在传播过程中由于风格不被受众所喜而达不到应有的传播效果。每一种平台都有其特定风格，政府工作人员也应该以受众喜闻乐见的形式进行信息传播活动，打造更多的政务传播平台，在不同平台上以不同风格传播政务信息，让政府传播更加多元，与受众开展多层次的对话，提升传播效果；同时也要把握原则，力求信息的准确与真实，趣味性与公信力并存才能有效提升政务信息的传播效果。在打造多元信息传播平台的过程中应尤其注重新媒体平台的建设和信息传播，以"两微一端"为主体，在受众面广、传播力大的新媒体平台上开设账号，及时掌握受众对信息的需求和喜好。

（四）加强与公众、媒体交流，做到对话常态化

无论是理念转变还是技术提升，最终都要运用到实际操作和日常工作中，主动与公众对话，加强与公众的沟通是政府工作人员综合媒介素养的重要体现。政府工作人员应当认识到任何舆论都来自于公众，只有倾听公众的声音才能掌握社会发展的详细过程，了解当前的机遇与挑战，在工作中更加合理高效。在日常信息传播过程中，政府工作人员一方面应及时准确，在第一时间让公众了解、获知政府工作及一些重要的政策文件。另一方面遇到公众提出疑问或寻求帮助时，工作人员应及时通过媒介平台予以回复，解决公众需求。政府工作人员不仅要学会主动与公众交流，更要以平等的态度与媒体交流，在对媒体管理中给予尊重，及时与媒体进行沟通，认识媒体的同时也让媒体更加清晰地了解政府，共同塑造一个真实、权威、公平的政府形象。

## 第六章　重塑系统：从业人员的职业认同

媒体融合不仅是组织融合、技术融合、内容融合，更是从业人员的一次系统融合。其具体表现绝不是几个媒体机构之间的"合署办公"，而是一次基于从业人员深度连接的，从"我就是我，你就是你"转变为"我就是你，你就是我"的媒体革命，涉及每位从业人员及其整个群体的职业思想的变革与更新。

随着县级融媒体中心建设走向深入，基层媒体从业人员的工作环境得到极大改善。诸如，全新的办公场所、先进的媒体技术、持续的经费支持、日益年轻化的人才文化、愈发专业化的内容生产等等。这些深刻的变化直接改变了基层从业人员的日常工作乃至生活。在火热的建设浪潮中，一大批优秀的县级融媒体中心孕育而生，如浙江省长兴县融媒体中心、湖南省浏阳市融媒体中心、海南省琼海市融媒体中心等等。它们通过自身探索，结合当地实际为我国县级融媒体发展建设提供了极其宝贵的经验。

在中国式现代化的全媒体传播体系中，县级媒体是重要的一环。县级媒体从业人员是中国媒体从业人员队伍中的重要组成部分。据中国记协发布的《中国新闻事业发展报告》显示，2020年报纸出版业共有17.1万人，广播电视从业人员101.10万人，通讯社员工1.4万余人。[①] 报告统计显示，截至2021年12月，全国共有194263名持证记者，其中中央新闻单位22402人，占11.53%；地方新闻单位171861人，占88.47%。从媒体分布看，报纸70131人，期刊4333人，通讯社2919人，电台、电视台和新闻电影制片厂94370人，新闻网站3285人（其中中央

---

[①] 这组数据没有点明县级融媒体中心从业人员的数字，但是以全国2585个县级融媒体中心为基数，这一数字绝对不少。

新闻网站 1836 人，地方新闻网站 1449 人），融媒体中心 19225 人。[①] 从这组数据可见，目前融媒体中心的持证记者占比已经接近全国记者总数的 10%。

县级媒体从业人员是决定县级融媒体发展的关键因素。这一问题已经引起学界的重视，相关研究认为县级融媒体中心建设应引入主体视角，即调动处于传媒改制困境中的基层媒体从业人员的积极性、主动性与价值感，从而为政治—经济二元主导的基层传媒结构探寻新的突破或方向。[②] 对县级媒体从业人员而言，其工作本身是一个极富创造性的过程——无论为何要实现媒体融合，媒体融合面临什么困境，通过什么途径进行媒体融合——这一过程本身都要通过基层媒体从业人员来推动完成。无论是"联系群众 服务群众"目标的实现，还是更具体的"走进田间地头、反映社情民意"，这些工作都要落脚在一个个鲜活而具体的基层媒体从业人员的实践当中。

因此，如何激发基层媒体从业人员的积极性、主动性、创造性，是县级融媒中心建设中一项绕不开的话题。而关于这个问题的讨论，自然离不开对从业人员职业认同的考察。所谓媒体从业人员职业认同，其实质是媒体从业人员从事新闻媒体职业本身的动机、忠诚度、认知、情感、意志力以及新闻职业在宏观社会系统中的角色、价值、意义等方面的认知与评价。

本章，我们从职业社会学的视角入手讨论这一问题，通过对县级媒体从业人员开展访谈，了解他们的职业认同现状和职业发展情况，以此为县级媒体融合创新提供另一种经验材料的参考。

## 一、理论缘起与研究设计

### （一）理论缘起

认同（identity），包括我是谁或我们是谁、我在哪里或我们在哪里的反思性理解。通常也被译成同一性、统一性或身份。它是对"某一事物与其他事物相区别的

---

① 中国记协：《中国新闻事业发展报告》，2022-5-16，参见 http://www.zgjx.cn/2022-05/16/c_1310592108.htm。
② 沙垚：《资本、政治、主体：多元视角下的县级媒体融合实践——以 A 县融媒体中心建设为样本的案例研究》，《新闻大学》，2019 年第 11 期，第 1—10 页、121 页。

认可,其中包括其自身统一性中所具有的所有内部变化和多样性。这一事物被视为保持相同或具有同一性"。[1] 关于认同理论,主要有社会学与心理学两大源流:

一是以美国芝加哥学派的米德(Mead)、布鲁默(Blumer)的符号互动论为基础的认同理论(identity theory),其核心观点是社会通过影响人的自我来影响人们的社会行为。所谓自我,在库利(Cooley)看来其实是一个过程,是在与他人的交往和互动中形成的。个体在互动中相互作用,理解别人对自身的期待,并且根据他人对自己的看法认识自己,因此一个人的自我意识实质上就是意识到他人对自己看法的反映。这就是镜中我(the looking glass self)的概念。相关研究认为,角色认同是各种自我知觉、自我参照认知或自我界定,人们能够将其作为他们所占据的结构性角色位置的结果加以运用;作为特定社会范畴的成员,人们的角色认同经历了标定或自我界定的过程。这个过程的核心机制就是"扮演他人角色"。

二是欧洲社会心理学所倡导的社会认同理论(social identity theory)。它的基本含义是当一个个体被纳入到一个社会类别当中(国家、社团、宗族),这样的类别会将自身特点提供给类别成员用以界定自己的立场倾向——而这种倾向也会变成个体成员自我概念的组成部分。

尽管两种理论的研究取向有所差异,但它们都强调"作为社会建构的自我"的社会属性,并且都回避将自我视为独立于或前在于社会的观点。它们都认为这个自我分化成了属于特定实践活动(如规范或角色)的多重认同并且它们使用相似的术语和相似的语言。尽管这些术语或语言常常具有不同的含义(如认同、认同突显、承诺等等)。[2]

在本研究中,我们对职业认同不再做社会学与心理学的辨析区分,而是直接指向——基层媒体从业人员对自我社会身份/特性(social identity)的感知与构建——这一理解。不过,身份本身并不会导致人们采取行动,相反,人们是根据自己的原因和目的来构建和实践身份。所以在本研究中,职业认同(social

---

[1] James M. Baldwin. Dictionary of Philosophy and Psychology, Volume1, New York:The Macmillan Company. 1998, p. 504.

[2] 周晓虹:《认同理论:社会学与心理学的分析路径》,《社会科学》,2008年第4期,第46—53页。

identification）指个体对其职业身份（social identity）的主观确认。

那么，如何促进个体对其职业身份的确认呢？实际上，职业认同的培育与职业自身的发展相辅相成，一个显而易见的事实是：当一个行业社会地位不断提高、收入待遇明显提升、对社会的贡献越来越大、社会认可度持续提升，那么从业者的获得感、成就感、荣誉感、归属感也会随之提高，对于自身职业的认同也会明显提升。随之而来的对于行业榜样典范的树立、行业伦理规范的确立，行业业务标准的设立等等都会有积极的推动作用，也会更加促进行业发展，使之朝着专业化、职业化的方向发展，这是一个正向的良性循环过程，职业社会学的研究正是朝着这样一个方向发展。

职业社会学研究有着深厚的历史传统，一是沿着结构功能主义发展而来的职业化研究，一是源于芝加哥学派生态系统理论的职业管辖权理论。但二者的研究方向却迥乎不同，甚至可以说职业管辖权理论是对职业化的彻底批判。在安德鲁·阿伯特（Andrew Abbott）提出职业管辖权之后，职业社会学研究也渐渐停滞。借助职业化和职业管辖权两大职业社会学理论资源，通过对我国县级融媒体中心这一新生机构从业者的研究，我们发现，实际上在政策、商业、技术等多重外力的联合形塑之下，尤其是在技术飞速发展的当代中国，职业的发展已经很难分清是基于自身与其他职业的竞争（职业管辖权）还是一条外在的职业化发展道路——国家政策力量、新媒体技术和新的商业形态等正在由外而内地对职业发展演变产生影响。这也是丰富职业社会学研究范式，拓展职业社会学研究视角的重要现实契机。

因此，本研究引入职业社会学的视角，即从作为职业的客体本身出发，考察如何使一项"工作"（job）、一个"行业"（occupation），转变为一种"职业"（profession）。在这个转变过程中，作为从业人员又该如何在心理上、技能上、思想上完成职业化的转变，形成一种新的职业认同。

在外部领域，本研究试图借助"职业化"的研究成果，来描绘勾勒基层媒体从业人员的职业认同现状，包括职业动机、职业情感与职业忠诚度、职业认知、自身身份认同等等。

在针对职业本身的考察中，本研究采用了职业社会学的另一条研究思路，即阿伯特的职业系统理论。阿伯特在《职业系统：论专业技能的劳动分工》中全面阐述了这一理论。其最核心的观点是：由于职业工作内容的不断变化，职业之间在对工作的控制上不可避免地产生冲突，而不同类型工作的分化则决定了职业之间的分化。具体而言，处于同一工作领域的各个职业构成了一个相互依赖的系统（interdependent system），每个职业在这一系统中都对某些工作拥有"管辖权"（jurisdiction），职业的发展正是在处于同一工作领域的不同职业对于管辖权边界的冲突中得以完成的。[①]

需要指出的是，阿伯特的职业系统理论正是出于对"职业化"研究范式的强烈批判。阿伯特认为所谓的职业化实际上是一个虚构的过程，因为它忽视了职业活动本身的具体实践以及不同职业之间的竞争。而仅仅关注那些处在外部的职业团体、许可、伦理规范等单个职业的组织形态问题。对职业的组织形态的研究虽然能够显示某些行业对其知识的控制和应用，却无法解释为什么这些形态得以形成。"职业化"概念的要害问题在于它对结构而非工作的强调。[②]

因此，不管是仅去探究县级媒体从业者职业"管辖权"的变化，还是只从"职业化"的角度出发，辨析专业培训、行业团体、道德规范、行业伦理等造成的影响，对这一职业的发展而言都是片面的、单一的，并无太多现实意义。因为它本身一直在被政策、技术、商业等各种力量所形塑。所以，结合职业外部的"职业化"研究思路，同时聚焦"管辖权"的变化，是本研究的两条核心主线。

（二）研究设计

为了回应上述研究问题，本课题从理论背景回顾、深度访谈记录、影响因素分析、对策建议思考四个方面展开研究。

在研究方法上以访谈法为主，主要根据所要了解的大纲框架，与访谈对象进行一种直接的、面对面的、无固定结构的访问访谈。这个访谈过程更多是一种开放式的对谈，除了对访谈资料的分析，后续的论证还将涉及研究者对访谈对象的观察、对周围环境的观察，等等。在具体操作中，本研究主要采用半结构化的深度访谈方

---

① ［美］安德鲁·阿伯特：《职业系统：论专业技能的劳动分工》，李荣山译，商务印书馆，2016年版。

② 转引自刘思达：《职业自主性与国家干预——西方职业社会学研究述评》，《社会学研究》，2006年第1期，第197—221页。

式来获取经验材料。

在访谈对象的选择上，本研究主要聚焦县级融媒体中心的从业人员，包括一线采编人员、领导干部、辅助人员等，同时也包含了其他参与到这项改革之中的行业人员和技术人员，对他们的访谈内容构成本章最核心的经验材料。此外，课题组还访谈了与县级融媒体中心建设有关的上级主管部门领导、媒体部门专家、技术专家，以及高校同行等，他们的观点意见为本研究提供重要的观点支撑。

在具体对象的筛选上，受疫情影响，本研究主要选择研究团队所在的甘肃省作为考察对象（有2位访谈对象为邻省某县级融媒体中心从业人员）。在具体对象的选择上，课题组根据研究需要尽量覆盖上述访谈涉及的所有群体，同时甘肃省县级融媒体中心建设中具有代表性的地区（如H县融媒体中心、Z县融媒体中心、Q县融媒体中心等五个县级融媒体中心）进行了重点考察和访谈。

在访谈提纲的设计上，本研究以职业社会学中的职业化和职业系统理论为基础框架设计访谈问题和分析框架（相关理论背景参见下一小节）。在职业化的维度上，本研究主要关注职业行业协会、职业教育、职业自主性、职业荣誉体系构建等问题；在职业管辖权问题上，本研究主要围绕着开创和终结管辖权的各种力量：技术进步、组织变迁、合法性形式、专业教育、委托人分化等展开提问。

访谈工作主要集中在2020年至2021年。本章呈现的访谈对象40人，他们的具体身份、访谈时间、访谈地点、访谈方式如表6-1所示。

表6-1 访谈对象基本情况统计表

| 编号说明 | 访谈对象身份 | 访谈时间 | 访谈地点 | 访谈方式 | 备注 |
| --- | --- | --- | --- | --- | --- |
| Q1 | Q县融媒体中心前主任 | 2021年7月16日 | Q县Q1家中 | 一对一访谈 | 从业三十年，已退休 |
| Q2 | Q县融媒体中心副主任 | 2021年7月15日 | Q县融媒中心 | 集中座谈 | 负责当地外宣事宜 |
| Q3 | Q县融媒体中心副主任 | 2021年7月15日 | Q县融媒中心 | 集中座谈 | 负责中心电视部工作 |
| Q4 | Q县融媒体中心电视记者 | 2021年7月15日 | Q县融媒中心 | 集中座谈 | 前县电视台记者 |

| 编号说明 | 访谈对象身份 | 访谈时间 | 访谈地点 | 访谈方式 | 备注 |
|---|---|---|---|---|---|
| Q5 | Q县融媒体中心电视记者 | 2021年7月15日 | Q县融媒中心 | 集中座谈 | 无 |
| Q6 | Q县融媒体中心新媒体负责人 | 2021年7月15日 | Q县融媒中心 | 集中座谈 | 无 |
| Q7 | Q县融媒体中心新媒体部编辑 | 2021年7月15日 | Q县融媒中心 | 集中座谈 | 无 |
| S1 | S县融媒体中心技术负责人 | 2021年7月26日 | S县融媒中心 | 一对一访谈 | 中心"全才" |
| S2 | S县融媒体中心电视记者 | 2021年7月26日 | S县融媒中心 | 一对一访谈 | 无 |
| S3 | S县融媒体新闻节目主持人 | 2021年7月26日 | S县融媒中心 | 一对一访谈 | 无 |
| S4 | S县融媒体中心电视记者 | 2021年7月26日 | S县融媒中心 | 一对一访谈 | 已考入省会电视台 |
| S5 | S县融媒体中心新媒体部编辑 | 2021年7月26日 | S县融媒中心 | 一对一访谈 | 无 |
| S6 | S县融媒体中心记者 | 2021年7月26日 | S县融媒中心 | 一对一访谈 | 无 |
| H1 | H县融媒体中心主任 | 2021年7月20日 | H县融媒中心 | 一对一访谈 | 无 |
| H2 | H县融媒体中心副主任 | 2021年7月20日 | H县融媒中心 | 一对一访谈 | 无 |
| H3 | H县融媒体中心电视记者 | 2021年7月20日 | H县融媒中心 | 一对一访谈 | 无 |
| H4 | H县融媒体中心电视记者 | 2021年7月21日 | H县融媒中心 | 一对一访谈 | 无 |
| H5 | H县融媒体中心新媒体部编辑 | 2021年7月21日 | H县融媒中心 | 一对一访谈 | 无 |
| H6 | H县融媒体中心新媒体部编辑 | 2021年7月21日 | H县融媒中心 | 一对一访谈 | 无 |
| H7 | H县融媒体中心新媒体部记者 | 2021年7月21日 | H县融媒中心 | 一对一访谈 | 无 |
| X1 | X区融媒移动编发部主任 | 2021年7月21日 | X区融媒中心 | 一对一访谈 | 无 |
| X2 | X区融媒移动编发部副主任 | 2021年7月21日 | X区融媒中心 | 一对一访谈 | 无 |
| X3 | X区融媒体中心记者 | 2021年7月21日 | X区融媒中心 | 一对一访谈 | 无 |

| 编号说明 | 访谈对象身份 | 访谈时间 | 访谈地点 | 访谈方式 | 备注 |
| --- | --- | --- | --- | --- | --- |
| T1 | T市融媒新媒体部副主任 | 2021年8月7日 | T市融媒中心 | 一对一访谈 | 无 |
| T2 | T市融媒体中心记者 | 2021年8月7日 | T市融媒中心 | 一对一访谈 | 无 |
| T3 | T市融媒体中心海报设计师 | 2021年8月7日 | T市融媒中心 | 一对一访谈 | 无 |
| T4 | T市融媒体新入职电视记者 | 2021年8月7日 | T市融媒中心 | 一对一访谈 | 无 |
| T5 | T市融媒体中心实习生 | 2021年8月7日 | T市融媒中心 | 一对一访谈 | 无 |
| T6 | T市融媒体中心记者 | 2021年8月7日 | T市融媒中心 | 一对一访谈 | 无 |
| Y1 | Y区融媒体中心电视记者 | 2021年9月27日 | Q县古城景区 | 一对一访谈 | Y区系邻省融媒 |
| Y2 | Y区融媒体中心见习记者 | 2021年9月27日 | Q县古城景区 | 一对一访谈 | Y区系邻省融媒 |
| W1 | 新华社甘肃分社融媒业务负责人 | 2020年9月17日 | 兰大思雨楼 | 集中座谈 | 无 |
| L1 | 媒体融合技术专家 | 2020年9月17日 | 兰大思雨楼 | 集中座谈 | |
| Z1 | Z县融媒体中心主任 | 2021年11月8日 | Z县融媒中心 | 视频连线采访 | 记者节当天采访 |
| Z2 | Z县融媒体中心记者 | 2021年11月8日 | Z县融媒中心 | 视频连线采访 | 记者节当天采访 |
| D1 | D市某县融媒体中心主任 | 2020年9月11日 | D区融媒中心 | 集中座谈 | 无 |
| D2 | D市某县融媒体中心副主任 | 2020年9月11日 | D区融媒中心 | 集中座谈 | 负责电视业务 |
| D3 | D市某县融媒体中心副主任 | 2020年9月11日 | D区融媒中心 | 集中座谈 | 负责新媒体业务 |
| B1 | B市某县融媒体中心主任 | 2020年12月28日 | B区融媒中心 | 集中座谈 | 无 |
| B2 | B市某县融媒体中心副主任 | 2020年12月28日 | B区融媒中心 | 集中座谈 | 负责电视业务 |

## 二、职业社会学视角下的职业

### (一)职业

《辞海》中对"职业"的释义是:"人们所从事,赖以谋生的工作的性质、内容和方式。"因而在汉语中职业偏向于行业,更多侧重强调通过工作获得收入这一事实。在法语中,表示职业的"profession"与表示行业的"occupation"基本是相同的含义。在英语中,职业(profession)表示明文规定的行为,它意味着职业从业者相较于"外行人"拥有更多的、专业的知识,且这些知识对于客户的事务解决有不可替代的作用。通常而言这类知识都是由通过科学研究和逻辑分析而获得的抽象原则构成。此外,职业从业者的职业活动必须被强调服务理念与客户利益的职业伦理所约束。德语中职业(akademischer berufsstand)一词兼具宗教和学术研究的双重意涵。beruf(德语)表达了宗教的感召,实际上是在强调近似宗教的伦理观念对工作的重要意义,而akademischer(德语)则意味着学术研究,这里强调了学术对于职业的意义。

作为一种现实存在,职业实际上是随着人类社会生产力、生产关系的发展才出现的事物,在一定程度上是由社会化大生产的专业分工细化才出现的产物。一方面专业分工是现代职业的前提条件,另一方面职业的发展也是职业主体个人价值得以实现的过程。职业的出现、发展、成熟和消亡会随着历史进程的发展而不断演变。随着科学技术的发展、文化潮流的改变,许多职业因为人类需求的改变而退出了历史舞台;同时也会有许多顺应时代发展的新职业登上历史舞台。比如随着内燃机的发明与汽车工业的出现,一大批诸如汽车制造工人、汽车工程师和司机等职业开始出现,而在此之前的挑夫、人力车夫、马车夫等职业则渐渐消亡。畜力运输行业也慢慢被车辆运输行业所取代。

因此,职业本身同时存在"排他性"和"利他性"。从其本身发展来看,几乎所有发展成熟的职业都要求有专业学术知识的生产以及对专业知识的占有,但从其与社会的关系来看,职业发展又要求它对于社会有独一无二的贡献,要能够满足用户的需求。

## （二）职业化

由于职业概念的模糊性，在早期的职业社会学研究中，很少有学者在本质上给职业一个精确的定义。他们更多试图从分类学的角度出发给不同职业以特征划分，而研究对象也都集中在医生、律师、教师等等这类被社会公认的具有代表性特征的职业上。之所以无法给予"职业"一个明确的概念：一方面它是一个社会科学的学术概念，有着非常复杂的界定条件和渊源流派；另一个方面似乎又是一个日常生活中极为泛化的日常名词，一般而言只要是主体参与的可以维持生计的事务行当都可以被称为职业。贝克（Becker）对职业的评价更为一针见血，他认为职业的意义在于使一个行业的从业者所享有的声望与职业自主性在社会中获得合法性，从根本上讲职业只是一个符号而已。[1]

20世纪60至70年代，"职业化"（professionalization）研究逐渐取代这一传统。其基本思路是：集中探究职业化过程中专业知识的作用，行业团体在实现其专业化技能垄断时需要怎样的社会条件，职业从业人员自身在职业实践中如何自发孕育出自觉的职业意识，包括对解决客户事务时更加高效、简洁、专业的效率追求，为维护客户利益而形成行业守则，为提升行业专业度而形成的自律规范等等。

关于职业化的研究先后出现了功能学派、结构学派、垄断学派和文化学派等不同理论视角。

功能学派以帕森斯（Parsons）、古德（Goode）等为代表，他们认为职业已经成为现代社会结构中最重要的组成部分，即所谓的"职业化"实际上是一种政治过程，它的发展就是职业从业者与外部的各种权力以及劳动市场关系的发展演变，是取得并维护权威与特权的复杂过程，也是某一职业群体集体获取并巩固权威以控制工作的过程。这个过程由学术性职业和应用性职业两个部分构成：前者将现代社会生产的知识加以制度化，形成一整套完备的制度机制体系，而后者则是在社会系统中起着应用功能、产出应用价值的职业，而职业化程度最高的两个职业非法律和医学莫属。其他职业对学术知识的转化应用都能在这两个职业的应用中找到源头。同

---

[1] 转引自刘思达：《职业自主性与国家干预——西方职业社会学研究述评》，《社会学研究》，2006年第1期，第197—221页。

时职业也意味着从业者拥有共同的价值规范和话语体系。

20世纪五六十年代,"结构学派"将"职业化"作为研究的核心问题。韦伦斯基(Welensky)认为,职业化存在对应的固定次序,比如规范化的职业培训体系、对于行业内事务有专业权威的行业协会、一定的执业规章制度、维护职业声誉的道德规范等各种结构性制度的建立。同时,他也认为相较于比较笼统和模糊的专业学术知识占有和职业伦理规范,这些结构性制度要比笼统和模糊的专业学术知识更加重要。在此基础上,米勒森(Millerson)提出了某种行业"职业化发展"的更为具体的原则:(1)获得相对确定的知识与实践的能力以及行业活动的具体化;(2)获得知识和实践的机会;(3)行业的从业者自我意识的发展;(4)行业外部对该行业作为一种职业的认同。[①] 在具体操作中,职业化的过程是通过"资格性协会"(Qualifying Association)来实现的,"资格性协会"实际上是在某个职业发展成熟到一定阶段后,由行业组织自发形成的具有自治性质的团体组织。它对于从业者而言并不具有强制约束力,一般由从业者所在的职业团体组成。从性质上协会体现了职业对工作内容的一种"纯洁性"追求,即要求更高的职业自主性,它通过确立更高的行业标准、提高行业准入门槛、树立行业模范典型、通过技术推广提高行业效率等方式不断推动职业向前发展,并维护其权威边界。

沿着这一理论视角,20世纪70年代"垄断学派"逐渐兴起。该学派的理论根基源自马克思的价值理论。拉尔森(Larson)是该学派的代表人物,她认为职业化的关键首先在于职业教育对"生产者的生产过程"(the production of producers),并通过对服务市场中的收入机会以及职业位阶中的地位与工作特权的垄断来巩固职业的社会结构与地位。标准化与垄断化的职业教育培养并维系着从业者的价值取向,而职业技能则被视为具有交换价值的商品,其价值通过职业教育的年限来加以衡量与比较。[②]

关于职业化研究的第四个重要学派是"文化学派",这一学派的内涵较为笼统。

---

[①] 转引自刘思达:《职业自主性与国家干预——西方职业社会学研究述评》,《社会学研究》,2006年第1期,第197—221页。

[②] 转引自刘思达:《分化的律师业与职业主义的建构》,《中外法学》,2005年第4期,第400—414页。

他们认为，职业实际上是职业从业者对其专业技能的自我控制和在社会系统当中的实施，是一种民主的极端理念文化的体现。不过，随着现代的职业组织的完善，职业人员早已不是一个个单独工作的独立个体。科层化、组织化、公共化的工作环境正持续形塑着新的职业文化。无论是学校、医院还是科技企业、制造工厂都已成为新的大型化的科层组织。而政治力量对职业发展的影响也在不断加强，这一点在任何现代国家的职业生活发展中都有突出体现。

随着职业研究愈发深入，80年代后，"职业化"的概念逐渐受到批判，职业社会学的研究范式也慢慢朝着更加关注职业本身的职业系统理论方向发展。

（三）职业管辖权

与职业化的研究范式不同，安德鲁·阿伯特为职业社会学提供了一条新的研究路径。阿伯特认为职业化是一个并不存在的想象中的观念。因为其关注的核心并非职业发展的本质内容，而只是一种外在的形式。阿伯特认为职业化所关注的职业协会、从业执照等东西都是职业生活的形式。

他在《职业系统：论专业技能的劳动分工》中提出了职业系统的理论。这一理论的核心概念是职业管辖权，即"职业及其工作间的联系"。在阿伯特看来，任何职业都有着对一项或者多项工作、业务的管辖权，而这些权力之间的边界并非绝对清晰明确的，不同的职业之间经常就某项具体业务的管辖权展开竞争，它们围绕着某一更加广泛的工作领域形成了一个相互影响、互动的职业系统，而管辖权的变动实际上就是职业本身发展变化的过程。

职业管辖权是将职业（profession）与具体的工作业务（task）结合起来的社会纽带。与上文提到的职业排他性要求类似，职业管辖权也是这种排他性要求的延伸，即一旦某项工作归属到某个职业范围，那它就不再属于别的职业，最为显著的例子，是在现代医学兴起之后，治疗疾病这项工作迅速地脱离了巫术、宗教等范畴，开始被医生所垄断。正如阿伯特所言，职业之间的激烈竞争对职业的发展造成了决定性影响，这个过程会促使职业人员深刻认识到并开始自发自觉地进行身份的

"内在建构性"工作。[①]

根据阿伯特的分类,"职业管辖权"共有五种类型。包括完全的管辖权和其他四种非完全管辖权。具体而言包括从属管辖权、知识管辖权、分工管辖权和咨询管辖权。在从属管辖权中,主导职业对于其他从属职业拥有更高级别的支配特权,比如老师和助教;知识管辖权则意味着职业只在抽象知识层面保持对某一工作领域的控制,在职业实践方面则控制偏弱;分工管辖权比较易于理解,即某个职业的实现需要多个部门、多个部分的相互配合,这些部门功能独立、结构不合理,彼此之间是平等的关系,不存在从属关联。咨询管辖权是最弱的一种管辖权类型,指的是"某个职业根据这种联系去寻求一种合法性权力来解释、缓和或部分修正另一个职业在其完全管辖区采取的行动"。

阿伯特提出了影响"职业管辖权"变化的五种要素:技术进步、组织变迁、合法性形式、专业教育和委托人分化。

技术进步是职业系统中最为重要的因素,有时甚至成为一个职业产生和消亡的决定性因素,比如传统的人力车夫、马车夫在内燃机出现之后,随着现代交通运输业的兴起而逐渐消亡,但驾驶现代交通工具的司机职业却随之兴起。

组织变迁其实意味着管理机制创新所产生的职业类型,组织变迁最大的改变是科层制的出现。

合法性形式,简而言之就是为职业做什么以及怎样做提供正当依据。职业的学术领域承担着职业的合法化功能,对工作进行合法化,就是把职业本身与大范围的文化所包含的核心价值观连起来,从而确立职业工作的文化权威。

专业教育则是一个行业为维护其行业边界而从事的抽象知识生产,一般由高等教育机构来完成,但在对基层媒体从业人员群体的专业教育考察中,还应包括他们进入职场后接受到的业务培训和职业教育。

委托人分化则指的是职业服务的需求与供给关系是影响委托人分化程度的关键要素。当职业服务的需求过量(即需求大于供给)时,委托人的分化程度就会扩大;

---

[①] [美]安德鲁·阿伯特:《职业系统:论专业技能的劳动分工》,李荣山译,商务印书馆,2016年版。

而当职业服务的需求低于供给时，委托人分化程度则会相应回落。

对本研究而言，职业管辖权理论为我们提供了重要的理论参考。县级融媒体中心建设的加快，对基层从业人员而言提供了技术进步、组织变迁、合法性形式、专业教育等诸多层面的改变，这是决定和影响基层媒体从业人员职业认同的关键所在。本研究也将在职业化与职业管辖权双重视角下展开研究访谈，进而全面了解基层媒体从业人员的职业认知情况和职业发展情况。

### 三、县级媒体从业人员的职业认同

职业作为人的社会属性的一种，反映着一个人在当前复杂社会环境下的经济地位、生活方式、文化层次等等方面，也是在这些前提之下，职业认同的概念也才应运而生。

职业认同是一个动态的、变化的过程，会随着主体周围的人、事、物的变化而改变。职业认同既需要不断被建构，也能够被清晰感知到。职业认同既与职业主体所从事的职业实践持续地进行着互动，又在职业主体的心理层面反映为主体对自身职业身份、职业动机、职业情感的认同和认知状态。职业认同的外在体现可以通过四个方面来考察，即职业动机、职业情感与忠诚度、职业认知以及自我身份认同。

职业动机，即职业从业者究竟出于一个什么样的动机走上职业道路。是在心中早早萌芽的人生理想还是走到人生抉择的十字路口才做出的选择，抑或是被命运裹挟到了一条从未设想过的道路上来，又或者在此之外，从事该职业还给从业者带来了其他满足。

职业情感与忠诚度则是检验职业认同状态和程度的另一个面向。简而言之可以概括为是否"爱岗敬业"，对于"本职工作"是否热爱是否忠诚。

职业认知是职业认同的前提和基础，其意涵主要包括从业者对自身职业是否有着全面、具体、准确、完整的了解和认知。即便主观情感上对职业有着足够的积极性，如果不是建立在对职业背景、性质和现实的完全了解上，就无法对职业的长远发展产生持久动力。

自我认同则是更加高阶的衡量指标，包括基层媒体从业者是否将记者这一职业身份作为自己在社会中存在的首要身份来看待，是否以职业身份为荣，在职业身份与其他社会身份之间是否存在冲突。

综上，本章我们对县级媒体从业人员的访谈调查，也将从职业动机、职业情感与忠诚度、职业认知以及自我身份认同四个方面加以展开，以此较为真实地描述出他们的职业认同现状。

（一）职业动机

通过对基层媒体从业人员的访谈，研究者发现县融媒体中心从业者的职业动机比较多元。

1. 理想动机

职业认同与从业者的从业缘起、目的有很大程度的关联，职业目的与动机常被视为审视职业认同的重要因素。[1]对自身职业生涯有明确规划，在入职之前就已经开始以职业身份标准要求自己，积极主动地投身新闻行业，并期待通过新闻业务实践来完成个人自我价值的实现，这在我国有着深厚的传统，我们在这里将之笼统地称之为"新闻理想"。其中既有"文人论政"传统的传承，也有西方传入的新闻专业主义理念的构建。

Q1是Q县融媒体中心前任主任，也是融合转型前的Q县电视台台长。从业生涯超过30年，在诸多访谈对象中Q1是为数不多拥有"新闻理想"并且在基层实现了这一理想的人。

我干这一行30多年了，很多事情看得很清楚，我当初入行就是为了实现我的新闻理想。我觉得30多年过去，我确实也做到了。我创办了Q县《法制新时空》栏目，曝光黑诊所，揭露村支书贪腐，报道文化下乡的书屋被锁起来等，无论是作品还是栏目都获得了很多重量级的奖项，也得到了业界的承认。此外，作为一个县级媒体，我们在十年前就开始自建新闻网站、开发自己的新闻APP、做直播，并提出"全媒体"的概念。我认为我带领的县电视台也好，县融媒体中心也好，都是可以写进中国广播电视历史的。（Q1）

Z1也是一名老新闻人，目前担任Z县融媒体中心主任。在Z1的带领下，Z县

---

[1] 樊亚平：《中国新闻从业者职业认同研究（1815—1927）》，人民出版社，2011年版，第20页。

融媒体中心在省级平台当中的各项考核指标都在迅速提升，整个中心内部也形成了一股创先争优的良好业务风气。他对"记者节"的节日符号的理解，同样透露了他选择这一职业的理想动机。

我以前对记者节是没概念的，干新闻最初那会儿实际上我也没有记者证，就是靠一腔热血嘛，不过随着互联网的发展，随着国家政策的落地，我们现在整个县级媒体都在做媒体融合，机构整合。我现在成了"记者头"，从2019年算起这是我们第三个记者节了。目前的工作状态用一句话概括就是打不完的仗，别人上班的时候我们在上班，别人放假的时候我们也在上班。基本上，五一、国庆这些假期我们反而是最忙的。不过，坚持总会有收获，现在我们整个团队、各个工作组织、工作单元相互配合越来越协调、美气。就是大家都想着要把这些个事情做好。(Z1)

在普通的基层媒体从业人员当中，也能常见到这种舍身忘我、一心一意扑在工作上的从业者。

他们中有的人可能确实没有接受过系统的新闻教育，但是也有很多人确实在用自己的实际行动践行新闻理想。我就认识很多这样的人，比如×区融媒体中心就有一位女记者，她刚生完孩子才几个月，还是一名背奶妈妈。单位工作多任务重，甚至还要加班，但她还是和其他同事一样，任劳任怨，无怨无悔。(W1)

即使是一些初入职者，他们也对这项工作保持足够的热情，认为这是一项有意义的工作。

我觉得干记者挺好的，我本身就是新闻专业出身嘛，我在入行之前对这个工作是有一定心理准备的。实际干新闻确实与学新闻不太一样，但是二者根本上还是一致的，就是要做好耳目喉舌，做好舆论监督，对吧？而且，我觉得其实每次采访报道都是一个学习过程，跟陌生人去沟通，建立联系，倾听别人的故事，帮老百姓解决问题，这些东西我觉得还是没变，还是非常有意义的。(S4)

然而，"新闻理想"不是空中楼阁。它需要整个有机的系统做支撑。有着30多年从业经验的Q1告诉我们：

首先是（破除）体制机制的束缚，我刚上任的时候，购买一台录像带都需要县广播电视局行政会议审批。我就一直打报告，向县委县政府、市委市政府反映（这个问题），直到县里专门为我们电视台出台了《关于其他行政事业单位推行绩效考核的实施办法》(特指 Q 县广播电视台),才解决了这个问题。其次一定要有对人才的奖励激励,新闻靠作品说话,要是都吃大锅饭那谁还有心思搞作品呢?还有我们当时取消了部门限制,媒体一定是迭代的,不是一个个设立什么新媒体部、报纸部、电视部这样的做法。(Q1)

Z1 在接受我们访谈时也提到了对人的管理问题:

人的问题我觉得是目前制约县级融媒体中心发展的最大问题,首先是在融媒体中心建设完成后,很多省市级媒体也是需要我们(县级)来供稿的,而且整个融媒体中心也从之前的一周三播变成了日播,任务量翻了一倍不止。但是人的数量以及待遇都没有相应的增加,我们现在面临的工作压力非常之大。其次是人员老龄化,有很多是原来电视台的工作人员,你现在要让他们转变成新媒体工作者这是非常难的,但是要招新人县里又没法给予政策保障。(Z1)

Q1 和 Z1 谈到的诸多困难在今天依然困扰着不少县级媒体。综合来看,Q1 和 Z1 首先拥有"新闻理想",尤其是 Q1 本身就是新闻科班出身,加之自己个人能力和时代机遇等综合因素,让这颗理想的种子在 Q 县结出了丰硕的果实。但从现实来看,"新闻理想"的大厦需要体制机制作为支撑。作为中国最基层的县级媒体,其从业者行政级别低,在工作成就感、待遇、编制等问题上深受现实的困扰,成为反映他们职业认同的又一种表现。

2. 谋生动机

在县级融媒体中心从业人员当中,最普遍的职业动机还是基于现实考虑。对他们而言,这只是一份普通的工作,是一条能够通过专业劳动获得报酬的谋生之路,是一个"饭碗"。这个过程就是劳动交换的过程,尽管很多人都曾通过作品获得过极大的精神成就感,但"理想"二字依然太过缥缈。

Q4 坦言,对于工作他没有任何情感投入:

我们没有那么宏大的理想,就是干工作嘛,不知道你在下面干过没有,但是底层的这个情况很复杂,没有那么大的话语权,其实做媒体还是很困难,很被动。(Q4)

H2 认为,在县级融媒体中心工作只是一项文字工作,需要慢慢锻炼和积累:

我以前的文字功底很一般,在这个工作过程当中,包括上学的时候,语文成绩也很一般，到了这个工作岗位，你要把这个工作拿得起来。比如领导告诉你下午要开会，然后要出一个讲话（会议）稿，你不能到时候啥也没有，都是锻炼出来的。(H2)

T3认为，自己目前从事的工作得益于以前学过计算机：

我觉得我干得还行，我以前是学计算机的嘛，但是现在就需要做设计、做海报，工作其实还挺轻松的，最主要的是没那么累，而且又是在家里（指工作在家乡），肯定感觉会好一点的。(T3)

S1更直接，因为要养家糊口，所以只能全力以赴：

（在单位）我什么都干，采访、拍摄、写稿，甚至设备也是我修，虽然工资一般，但是在县城这个圈子里也是够了，要养家糊口的对吧，所以我肯定只能全力以赴。(S1)

……

不可否认，越是身处基层，越要受到种种现实因素的制约和羁绊。对县级媒体从业人员而言，有不少人存在"回家就业"的无奈选择。在访谈中，Z2就认为"回家"是一个"迫于现实的选择"：

其实回家本身就是一个迫于现实的选择吧，但是目前的工作性质其实是要求你要有一个非常积极主动的状态，包括哪个单位、乡镇有事的话其实都要第一时间去的，而且县里有大型活动的时候实际上是比较忙的，可能确实跟我之前的设想有一点差距吧，感觉还是挺忙的，自己的时间比较少。但是目前来看也确实没有更好的机会了。(Z2)

对Z2而言，这种向现实妥协的倾向又与一个处在转型过渡阶段的改革机构产生了冲突。

我以前是电视台的记者，在融媒体中心开始运营之后，我能明显感觉到整个节奏和运行方式其实不一样了。就是当整个新媒体引入之后，我们之前的一套确实是有点行不通了。现在是政策逼着转型，对我们这些十几年的老电视人来说确实难度不小。有领导说这是个"换脑子"的过程，实际上确实是这样。但是像我这样的记者，实际上上有老下有小，每天的生活压力也很大，很难说在兼顾正常的工作任务的同时腾出时间来再去系统地学习新东西。我们当然也知道评价新闻宣传一定是

要看这个传播效果的,但是困难或者阻碍就在于现实因素实在太多太复杂。(Z2)

把工作当"饭碗",在工作中以常规要求为支撑,缺乏自我提升与职业成长的动力,是一种普遍的现象。

Q4 就表示,完成传统工作任务就很不容易了,如果再学习提高新媒体业务能力则不太现实:

我们必须保证县领导的报道跟得上,每日的活动都要出新闻,但是跑业务的就这么几个人,所以你说再抽出时间学习,提升业务能力其实也不太现实。(Q4)

H2 也认为,传统"电视思维"依然是单位的整体氛围,新媒体创新困难重重:

我们这个中心人员组成大概就是三部分,一是以前县电视台的,他们现在还是在做电视的业务,因为领导的报道、原来的栏目不能荒废,这部分占比是最大的;二是县外宣办转过来的,这部分人文字功底比较好;三是中心成立后招募的新媒体部的新人,他们主要负责快手、抖音、微信公众号、微博等等新媒体平台的更新运营维护。我认为大部分人依然是一种电视思维,就是扛着摄像机出去拍,但是对于自己到底为什么拍?拍什么?实际上是缺乏思考的,但这就是整个单位的氛围,连新进来的年轻人也在跟着学,没办法这个。(H2)

Y1 则认为体制困扰着个人业务能力的提升:

(我们的)硬件都没问题,主要是体制,在这种体制制约下,每天跟拍领导人时政活动就是雷打不动的,这个节目形式吸引不了观众。而且待遇跟不上,导致人才流失太严重。我是有编制的,没编制都想着往外跑,人心不定,有机会就要去大点的城市。(Y1)

但是,也有一部分用个案的方式,向研究者展示出一种职业的荣光。

Q4 认为,新人培训时候的"高大上",让他觉得很有"心气":

我们刚来那会,都是新人嘛,培训比较多,基本上晚上的时候就是采编播全部到一块,所以在这样的培训之下也会感觉自己干的职业非常高大上。那时候心里有一股心气呢,感觉很有成就感。(Q4)

Q2 则认为,自己的一篇关于患癌教师的报道,让自己觉得记者这份职业很有意义:

我报道过马岭镇的一位患癌老教师,报道经省市媒体转载后,引起了特别大的反响，这位老师的学生从全国各地回来看他，有一个在北京的学生还帮忙联系了北京的医院，那个时候就感觉真正通过自己的笔帮到人了。（Q2）

总之，理想与现实之间的纠葛是一种十分普遍的现象，也是非常具体的职业感受。在基层访谈中，很多人提到"养家的不容易""上面千条线、下面一根针的艰难""新媒体技术的冲击""新平台、新系统的适应"等问题，都是非常具体的现实问题和现实困难。但是，一旦他们在这些具体的现实面前，取得些微的进步，做出轰动的报道，引起社会的回应，他们还是会认为，"尽管现实确实很骨感，但理想依旧有其丰满的魅力"。

3. 转型动机

县级融媒体中心，也可能成为一些人职业中转的跳板。

T2就表示：

我们这之前招过一批人，但是很多都是把这里作为一个跳板。之前招了大概十几个人，现在已经走了一半了。在基层没有编制就是这样，肯定感觉不稳定，没有保障，即便我们的待遇其实和事业单位的待遇是一样的，但还是留不住人。（T2）

Q2介绍了有编制和无编制两类人员在县级融媒体中心工作的实际状态：

（他们）无论如何都要考一个正式工作，哪怕是考到乡镇上去，现在我们之前招的这二十个人还剩下不到一半，我们新媒体还是靠这一部分人运行。原来跑电视的那些老人手都很少跑一线，基本上都去各个部室，成了中层岗。（Q2）

T1对考公考编的年轻同事非常理解：

有的孩子（年轻员工）甚至在工位上复习考公，其实我们也能理解。在基层就是这样呀，我们给不了人家一个可靠的未来呀！对吧？（T1）

在县级媒体从业人员当中，谈及任何问题、困难、瓶颈，几乎都绕不开"编制"问题。通常，只有早年进入这个单位，而且已经升至中层领导岗位的才有编制，如部室主任、中心副主任等。但是，这类人在实际工作中已远离一线，主要承担审核把关工作。这让很多新入职的年轻人看不到入编和晋升的希望，于是就把县级媒体的这份工作作为考公考编等"上岸"前的过渡职业。

S2和T3就向我们透露了他们的职业规划。

我有时候会觉得这个东西挺有意思的，但确实是没有编制，就感觉朝不保夕

的，家里人也都说以后退休怎么办等等，所以我现在就是复习考公，考上的话可能就走了。(S2)

我在复习省考，我因为之前在外面上班嘛，现在回家了，肯定还是想要找一个稳定点的工作，之后可能还要考"三支一扶""特岗"。总之都考一下吧，还是想有个稳定的工作。(T3)

总之，"编制"是县级媒体从业人员形成正向职业认同的一个关键指标。通常，有编制不仅代表着媒体职业的稳定性，也代表着媒体职业在县域整个职业系统中的地位和声望，甚至还能代表一种隐性的"社会话语权"。然而"编制"毕竟有限，只有少部分人才能拿到代表内部体制身份的编制；那些拿不到的人，要么通过其他职业中转来获得编制，要么就被各种世俗的力量边缘化，并且始终面临"编制之外"的职业身份调适问题。

4. 其他动机

其他职业选择动机与从业者个人生活经历有关。这在年轻人群体中表现得更加明显。在上述访谈对象中，工作不满3年、年龄在30岁以下的就有8个。T4就是其中一位，他研究生学历，毕业于一所二本院校，本来毕业之后打算在外面闯一闯，却拗不过父母的坚持，早早回到家乡，进入融媒体中心实习。

其实我们都知道的，如果在外面工作，可能混不下去了可以回来，但是一毕业就回家的话，肯定以后也是没办法出去了。(T4)

T4直言，他也不知道这份工作是否是自己真正想做的，上了这么多年学的他也没有特别明确的职业规划，也没有特别想要从事的行业，因为家乡有人才引进的政策，在父母的"牵线搭桥"下，他决定回到家乡的融媒体中心工作。T4并非新闻科班专业出身，但却是该县融媒体中心中唯一的研究生。他的工作能力也得到了同事和领导们的肯定。

现在像T4这样的年轻人已经很少了，我们现在正在做全市（当地为县级市）的半年工作巡礼，就是他全程牵头在做。我们之前也通过政策引进了两个重点院校的毕业生，但是他们明显就是学历和能力不相匹配，很多事情不会做，也不愿意学。我们说一两次还可以，但是说得多了我们也没办法，甚至还一次次迟到，罚款扣工资也不在乎，最后干脆辞职不干了。(T2)

H4 此前也没有特别清晰的职业规划，他大学毕业没有找到合适的工作，回家两年后考公依然没有"上岸"，于是，就通过招聘来到了 H 县融媒体中心。

> 现在还在考，我家在其他县。家里人还是让我考个（有编制的）工作，不过，现在这个工作（融媒体中心）其实也挺好的，因为我之前上大学时在学校的新闻中心干过，所以看见有招聘我就投了简历，以前我也不知道自己能干啥，不过干着干着觉得其实也还是挺好的。(H4)

H4 的工作能力同样出色，入职不到一年，就已经能够独当一面，获得了领导和同事的肯定。

> 我觉得一件事你要干就把它干好对吧，最基本的，人家采访对象愿意接受你的采访你肯定要对人家负责是吧，不能浪费别人的时间和精力。(H4)

T4 和 H4 的共同点是，他们大学毕业后因为种种原因都回到了家乡，对于成为一个县级融媒体中心的记者，在正式走上岗位之前，他们并没有做好足够的心理准备。应该说，这段职业迷茫期是很多年轻人的必经阶段。显然，县级融媒体中心让正处于职业迷茫期的返乡青年多了一种选择，这也是他们不断强化对媒体工作职业认同的一种重要的人生经历。

## （二）职业情感

职业实践中的职业情感与职业忠诚度是考察职业认同的另一重要维度。对媒体而言，最大限度发挥从业人员的积极主动性，培养他们在工作中的正向职业情感和职业忠诚度是关键。有研究发现，新闻从业者中，职称越高、职务越大、年龄越大、从业年限越长以及收入水平越高者更愿意继续其本职工作，与此相对的其他从业者则忠诚度较低。[1] 然而，这一结论在基层媒体从业者中有着更复杂的表现。

### 1. 职业适应

与上述职业动机访谈时发现的问题相似，在县级媒体从业人员中，由于他们在职务、职称、待遇、编制等方面的差异，从业人员对其职业情感和职业忠诚度呈现出明显的层级差异。具体表现是部门负责人及以上从业者对于工作有着极大的

---

[1] 吴飞:《新闻从业人员的职业忠诚度》,《浙江大学学报（人文社会科学版）》,2006 年第 4 期，第 149—157 页。

热忱,其能力经过长期训练,基本都达到了业务骨干的水平。如受访者中的H2、Q2、X2都是如此。

H2在进入县融媒体中心担任副主任之前,曾在当地县委宣传部外宣办工作过8年时间。在他看来,从事新闻工作尤其是在当前媒体融合的大背景下,良好的文字功底是职业融入的基础和前提。

我们工作人员的文字基础是比较差的,他们还是一种电视思维模式,都是扛着摄像机跑电视新闻,在形式上可能会比较丰富,比如H5、图文、小视频等等,但是能做出有深度内容的人却比较少。不管你搞什么,文字是最基础的,前期你不管是拍一个小专题片、做图文、做H5,还是简单的民生类电视新闻,如果没有深度的前期策划,没有文字功底,做出来的电视新闻、新媒体产品可能看起来挺花哨的、技术性很高,但做的具体东西可能还是没有影响力,因为没有反映深层次的工作。(H2)

W1也对县级融媒体中心从业人员的业务能力表示堪忧:

县级(融媒体)人才确实稀缺,像很多融媒体中心可能拍摄人员、写作人员的能力都很弱。很多(县级融媒体中心自采的)稿子连最基本的新闻五要素都没有,拍摄也存在问题,有的连电视画面的基本要求都达不到。(W1)

对于大多数非科班的县级媒体从业人员而言,媒体业务能力的提升是一点一滴的不断适应过程。X2就是如此,她出身于当地宣传部外宣办,自称属于"半路出家"。

我本来是学土木工程专业的,接触到这个行业其实是比较偶然的。因为我本身喜欢写作嘛,所以就喜欢这类工作。我特别喜欢写人物,我觉得每个人其实都有他自己作为主人公的很精彩的那一面。人物写作应该把这些展示出来。写人物首先要立意高,其次是文采好。《人民日报》的人物报道就很好。上一次我看到他们写两个贫困户,那个故事写得特别饱满。我把他们的稿子都下载下来,逐字逐句地读。人家(《人民日报》)就不会过分拔高,完全是以人物为主,以事实为主。我(日常工作中)一直都是在向央媒学习,比如新华社、人民日报、央视新闻,都是我特别喜欢的。我一直都在学习,没有停下学习的脚步。要是不学习就把握不好大的宣传方向;不对标高标准,真的会落后。(X2)

凭着对文字的热爱，X2的职业适应比较顺利。在接受访谈时，X2已经开始负责X区融媒体中心新媒体部的工作，其日常工作包括选题策划、报道审核和作品把关等。她对自己的工作保持热情，认为是一次"人生转型"。从土木工程专业转变为一名新闻工作者，她要熟悉和了解新闻规律和新闻业务知识。通过多年实践的积累，她已经在传统新闻传播领域驾轻就熟。但是，随着政策、技术、商业等大环境的改变，更多"看不懂的热点"开始成为她重新思考的重点。她的一段话代表了当下许多融媒体中心管理者的普遍困惑：

比如，这两天是开学季，《人民日报》发了一个《长在墙上的家长》，这个报道特别火。可对我们来说，这个报道并不深刻，而且也不是《人民日报》的原创。最开始是因为有人把这个东西发在视频号上。所以它似乎并不符合我们所讲的新闻价值，而且也并非原创，《人民日报》实际上也只是充当了一个信息搬运工和平台的角色。但是它却能火起来。我们自己有时候花大力气做一个策划，反而还不如一些大V曝光的信息更有影响，且不说他们曝光的是真是假。这些传播现象我有时候看不懂……当然，我还是坚持认为做新闻是有门槛的，是有专业标准的，不是谁都能做的。新闻的本质是不会变的，现在只是这个表达方式发生了改变。在追求流量变现时代，我们既要思考如何把我们想传达的东西传出去，也要考虑如何追求传播的效果，确保传播的尺度。这是我目前正在思考的一些东西。(X2)

从一线从业人员变成中层管理者，诸如H2、Q2、X2等人都是探索县级融媒体中心改革落地的中坚力量。他们的共同点是经过多年新闻一线的历练，对这份职业有着自己独特的认识和理解，职业忠诚度普遍较高，对单位业务氛围风气形成起着一定的主导作用，对基层媒体的业务标准有着极高的要求。他们普遍形成了既具新闻专业主义理念，又严格贯彻落实新闻宣传纪律的职业认同感，而这无疑是推动当前基层媒体从业者职业发展的最佳方向。

在实际的探索当中，基层媒体从业者的坚守也收获了一定成绩。D2就表示：

我们和省上平台对接后，传播效果发生了质的变化。以前我们电视台只能覆盖到我们当地，但是入驻省级技术平台后，我们的新闻可以通过这个平台在全省进行展示，这对我们的职工队伍而言也是一个锻炼。大平台激发了大家的积极性，因为有这个平台，我们做出了很多接地气、冒热气的新闻。我们通过建设融媒体中心构建了一个传播矩阵，囊括了政府服务部门的官方媒体和基层乡镇通讯员的公众号。他们的优秀稿子都可以在我们这个平台上推送。此外，我们还有很多其他类型的新媒体平台。这些传播资源形成了一个"集团化作战"的优势。在我们县域范围，融媒体中心就是我们的信息高地。(D2)

2. 职业倦怠

工作态度不积极、对工作丧失热情、缺乏钻研新闻业务的动力等职业倦怠现象在一些人当中也存在，尤其是一些"佛系"年长者。在实地调查中，我们不止一次见到有大龄老员工上班期间在电脑上玩斗地主、扫雷等小游戏，而领导对此也是"睁一只眼闭一只眼"。

他（打游戏者）马上就要退休了嘛，也没有过多精力去干工作。况且他来这个单位比我时间都要长呢。我肯定也不太好管他，对吧？工作有他一个不多没他一个也不少，是吧？就他一个，肯定不会影响单位日常运转的。(T2)

H4 表达了工作动力不足的理由：

我自己感觉工作干得还是不错的，电视台嘛就那些栏目，每天保证有节目播出就可以了，对吧？我们每周都有考核要求，这个压力已经够大了。我觉得能够完成考核目标就行了。像我，升肯定是升不上去了，所以干好考核要求的工作就行了。(H4)

S1 也反映了普通从业人员存在的一种状态：

我现在上有老下有小，工作肯定不能丢。但是，你要真说有什么更好的机会，那我肯定也会考虑转行，对吧？主要是现在年纪大了，没有精力或时间再去从事一个新的行业。能把每天的事干好就不错了。(S1)

可以说，职业倦怠在基层从业人员当中主要表现为一种"不求有功，但求无过"的工作心态。这种心态让工作变成日常，让心态逐渐麻木，从而弱化了职业快感，降低了获得感。长此以往，应付、佛系、躺平，就成为部分从业人员的一种常态了。

职业倦怠毕竟是少数人的个别现象。对大多数基层从业人员而言，对本职工作的本能尊重还是一种常态。不过，职业感知是与职业队伍有关的，一个机构的队伍规模、人员结构、年龄层次、团队文化等都可能会影响个体的职业感知。B1 对所在单位现状的描述，可以帮助我们更全面地了解一些情况。

原来我们电视台的编制是42人，后来融媒体中心成立扩充到51人。目前我们的编制没有用满，还有6个缺口，现在在编有45人。这里面有一些人是项目人员，真正能在一线采访编辑制播的不到30人。所以人员编制依然是融媒体中心建设的最大困难：一是总量匮乏。我们的播控机房需要每天24个小时不间断地值班，仅这个工作就得需要一个将近20人的团队，还有技术维护、乡镇驻点等都需要人。二是年龄结构老化，真正懂新媒体的技术人员稀缺。我们电视台成立早，早期从业人员现在也都50多岁了。我们45个在编人员中，50岁以上的就有20人，55岁以上的有10人。这些人全在一线，能编稿子的编稿子，能采访的采访，能值班的值班，没有休息的。(B1)

3. 不确定性

职业情感、忠诚度与从业年限密切相关。但是，缺乏回报、缺乏保障、缺乏自主、缺乏公平也是影响新闻从业者职业倦怠的主要压力源。[①] 由于这些感知需要一定的从业经历才能获得，因此，对初入职场的从业者，其职业焦虑主要来自于对未来的不确定性。

老实说，我不是非干这个不可，但也没有特别抵触。刚毕业嘛，总要走些弯路。我在外面是做计算机行业的，特别累，从早到晚加班，有点受不了，身体感觉也出了问题，动不动就生病。另一方面爸妈也就我一个孩子，所以我考虑再三还是决定回来。这个工作其实也挺好的，虽然工资是低了点但是离家近，而且工作比较轻松，这是我比较看重的。以后不知道，走一步看一步吧，以后的事情谁也不知道，我还是要把手里的工作先做好。(T3)

我是真的不知道干什么，我的学校比较一般，毕业后在大城市确实也找不到理想工作，所以就回家了。看到咱们融媒体中心在招人，就投简历应聘。其实我挺喜欢这个工作，它能把自己的想法变成作品，我觉得这是很酷的。而且有时候确实能够帮助别人解决一些事情，那种感觉是特别愉悦的。所以我其实非常珍惜每一

---

① 王秋菊、李敏：《认识职业倦怠 应对职业倦怠——读曹茹新著〈新闻从业者职业倦怠研究〉》，《新闻爱好者》，2009年第10期，第200—201页。

次和老师们（老同事）出去采访的机会。但是另一方面其实也能看到这个行业其实前景比较黯淡吧。别的不说，很多老师干了十几年还是聘用人员，工资也和我们一样。这些挺让人沮丧的。(H6)

T3和H6情况不同。T3在大城市打拼无果后选择回到家乡，并通过招聘进入单位工作，虽有迷茫彷徨，但依然坚持做好当下手里的工作；H6因为没有信心在外地立足因而回到家乡，进入单位工作后勤勤恳恳很有成就感，但对职业前景并不看好。这些不同原因导致的不确定性都会影响他们的日常工作状态。

（三）职业认知

职业认知是从业者对职业相关功能、意义、规范的理解与认知，是职业意识培育和职业认同形成的基础。对县级媒体从业人员而言，其职业认知不仅涉及他们如何看待"记者"这个行当，同时也在于他们如何看待"媒体融合"这一政策驱动下的工作变化。在调查中，受访者对县级媒体融合工作的认识存有不同看法，这在一定程度上也影响着他们的职业认知。

1. 如何看媒体融合

县级媒体融合是一个重要契机。但是，县级媒体融合到底是某一个具体行业内部的工作，还是整个县域乃至全国范围的一个系统性改革任务？对这些问题的看法会直接影响媒体从业人员的职业认知。

H1在访谈中对这个问题的看法比较深入：

媒体融合是国家决策，应是县上亲自抓的事，但落实到基层，往往就变成一个具体新闻业务单位的事。县上应转变这种认识，否则媒体融合没法搞好。

以我们为例，我们把外宣办和电视台两个机构合并了。但两个机构大多数业务人员却没有合并，而且在业务上也没有融起来。比如网络舆情，县上又成立了一个舆情中心，而网站也没合进来。感觉还是两个系统。

从管理来看，目前突破力度还是太小了。比如领导班子配备，50个编制以内的（单位）只能是一正两副，但从具体工作来看，一正两副无法满足县级融媒体中心的运行。

再一个就是经费，目前还是全额拨款事业单位这种方式，无法释放县级融媒体中心的经营功能。我们原来想成立一个公司，给县上汇报了两三次，都没有批。

**(H1)**

2. 如何看记者工作

每位从事新闻工作的人心中都有一个关于记者形象的想象。对于如何做记者？什么才是记者最重要的工作，在县级融媒体从业者中也有自己的看法。

Q1 就强调业务门槛和舆论监督的重要性：

新闻业务是有门槛的，业务上的传帮带很重要。我在台里的时候，自己是新闻专业出身，我会做，我就带着大家做，给大家做示范。每天晚上我带着大家看作品，一句一句地看，一帧一帧地看，看哪里做得好为什么，哪里不合适该怎么改进，每晚两个小时，分析选题、研究策划、学习制作等业务。

没有舆论监督，媒体就没有生命力。我们当年做《法制新时空》，有一期节目要曝光一家黑诊所做美容的事。当时被曝光的当事人很张狂威胁记者，我们同事一时还有不小的压力。我就力主把原本两期节目合并成一期曝光。最终，这家黑诊所被有关部门处理。这样的舆论监督对电视台的同事影响很大，对县域观众的影响也很大。县级地方小，都是熟人社会，抬头不见低头见。但是对那些真正对社会和人民群众造成危害的负面东西，我们必须曝光。后来我们还做了村支书贪腐案等舆论监督节目，把《法制新时空》办成一个品牌。当时还获得了中国广播电视奖的名栏目奖。**(Q1)**

Q1 代表了老一辈基层媒体从业者的职业认知，也是一种较为传统的职业想象。

3. 如何看"编制"

一谈及职业认知，很多受访者就谈到"编制"的问题。在不少基层媒体从业者那里，不论是不是记者，也不论是不是在做媒体融合工作，有"编制"才是最货真价实的职业。当前，不少地方的县级融媒体中心还是全额财政拨款的事业单位管理，收入支出由当地财政承担，人员工资待遇定额发放。这种管理体制让从业者不得不依附于"编制"才能形成真正的职业获得感。进入"编制"的从业者就有身份、就有稳定的收入；没有进入"编制"的从业者就缺乏一定的稳定性和获得感。这些感知直接影响着从业者的身份认同。

（四）身份认同

自我身份认同是反映从业者职业认同的深度指标。访谈发现，基层媒体从业人员在职业身份认同方面存在着鲜明的二元化特性。

1."新闻记者"与"新闻民工"

在身份认同上,县级媒体从业人员同样面临"新闻记者"与"新闻民工"的自我定位。

Q1和X1代表着领导层对县级媒体从业人员的基本要求——新闻记者。

我们到底应扮演一个什么角色呢?我认为还是新闻记者,还是"内容为王"。现在要求我们参与到基层社会治理当中,那到底怎么参与呢?首先要有传播力,一条不到200+的阅读量,怎么能参与到社会治理当中去呢?我认为我们的核心任务还是"内容生产",它是新闻宣传和舆论引导的唯一出路,也是我们作为新闻工作者的基本任务。如果说我们在县上确实取得了一些成绩的话,靠的还是我们整个团队的内容生产能力。我们要想成为县城的"无冕之王",归根结底还是依靠内容生产。如此,县级媒体才能逐渐形成良性循环的发展过程。(Q1)

我们这里的年轻人对县级媒体还是很有期待的,毕竟我们从事的是新闻记者这个神圣的职业。我们部门的年轻人想法很多,有朝气,有冲劲儿。你只要给他们一个好一点儿的环境,他们就能体会到做记者的无限乐趣。现在我们搬进这个新办公楼,大家的办公环境、工资待遇方面都有大幅提升。同时,大家更愿意从新闻作品中获得职业成就感。大家平时的关系都很好,尤其在县域内开展调查类报道,一起做民生新闻和社会新闻,在工作中形成了很好的合作,是一个非常健康的氛围。(X1)

当然,也有不少人以"新闻民工"自居。毕竟,县级媒体在整个四级媒体格局中居于最底层,在这个全媒体传播体系中居于最边缘地带。这就意味着,县级媒体从业者很容易处于劣势地位。一方面,受体制机制和资源禀赋的限制,其生存压力依然不小;另一方面,受业务能力和县域环境的限制,他们在完成本职工作上困难重重。于是,"新闻民工"的自嘲就比较普遍了。

Y1就谈到由于体制机制造成的"新闻民工"身份的尴尬:

目前的状况是干多干少都一样,缺乏一个激励机制。记者职业要求我们有创造力,要求我们不断创新,发掘好的新闻点,生产好的新闻作品。但是现在这种管理机制和考核办法,无法激活这些创造力。所以,现在有人说我们是"新闻民工"

是有道理的……要避免成为"民工",就应建立一个既能够保底又有弹性激励的收入待遇机制。(Y1)

Q7则谈到业务受限的困惑:

我们现在的问题是没新闻可做。就以典型报道为例,就那几个典型,我们一遍一遍地跑,几乎每年都要报道一次。此外,一些新闻线索第一时间可能就被自媒体发了,或者被乡镇公众号用了,等我们再跟进就晚了。一些商业平台下沉的自媒体公众号,可能比我们还要专业。加之一些地方不重视宣传,对我们县级媒体的记者是一种无所谓的态度。所以,我们就面临着一个没新闻可做的尴尬窘境。只能做一些"常规动作",无非是领导活动、会议报道、活动报道那些最常规的新闻。(Q7)

2. "基层大喇叭"与"治理参与者"

另一对二元化的自我身份认同与媒体功能有关。他们经常自我调侃——我们到底是"基层大喇叭"还是"治理参与者"。

对县级媒体从业者而言,"基层大喇叭"的角色并不陌生,恰如上述Q7所言,县级媒体主要从事新闻宣传业务,大量节目跟着领导跑,跟着会议跑,跟着活动跑。在不少县级媒体从业者心中,"服务好县委县政府"是常规主业。然而在县级媒体融合政策的驱动之下,县级媒体推进基层治理现代化的功能被正式提了出来。这对从业者提出了新的挑战。但是从"大喇叭"到"治理参与者"的变化并不容易。

T1就明确指出县级媒体的主要功能就是宣传,需要当好"耳目喉舌"。但是,传统宣传模式有时不适应新的传播环境,成为媒体融合转型中的难题:

我们是县委县政府的耳目喉舌,党委政府的会议、政策、活动我们肯定是要充分报道的。但正因如此,之前做时政报道的思路一直保留下来,面对新的传播环境反而难以适应了,这样一来传播效果肯定是打折扣的。我们也在积极地向上级媒体学习。比如央视的《主播说联播》就值得学习。但是我们在这方面的人才缺口很大,所以在整个节目的策划、执行上做不到人家那个水平。现在做的就是把我们晚间的新闻截成一段一段在新媒体平台播出,尽力改变。(T1)

Q1认为,融媒体中心若要发挥社会治理功能,需有一定的自主权,建设基层自有平台,并沉淀自己的用户:

老百姓手机上下载了那么多客户端，它们与老百姓的生活是离不开的。你能把微信卸载了？！所以，你说县级融媒体中心怎么参与到基层治理呢？我们自己的服务没有开发出来。而且，你说打开我们（县级媒体）的APP清一色都是县里的主要领导的活动、会议、调研、访谈，这些确实要报道，但全是这些内容基层群众他们不"买账"呀。我们要做融媒体建设，要打通"最后一公里"，首先要考虑到用户意识，不管我们做什么样的内容或者服务，首先要把这个用户吸引过来，并且留住。所以我们这个思路真的应该有个转变，我们一定要想办法把群众吸引到我们的平台上来，而且一定要给基层融媒体中心一定的自主权。（Q1）

Y1认为，只有沉到基层，因地制宜，才能把县融媒体的优势发挥出来：

像新华社、人民日报、央视这都是我们媒体行业的天花板嘛，但它们也是经历了（媒体融合）转型的。它们的经验很宝贵也都非常值得借鉴，但是它们的模式是不是就一定适用于基层呢？比如中央厨房，其实是很贵的，但是不是说所有的基层媒体都要按照中央厨房的模式来（做）？这其实要打一个问号。我们最大的优势是我们就在基层，我们能够沉到基层去，我们一定要把自己的优势发挥出来。中央的（媒体融合）政策没有问题，但是到了底下，有很多现实情况，我们肯定要根据自己的实际情况来贯彻执行，对吧？（Y1）

而对普通从业者来说，他们对自身到底该成为怎样的"融媒人"依然没有一个明确的、清晰的、确定的认知。同时，由于不同从业人员在年龄、知识背景和从业经历上的差异，他们在职业定位上，存在着究竟是"基层大喇叭"还是"治理参与者"的认知游移。之所以说是一种"游移"，是因为这种认知不是非此即彼固定不变的，也不是某一个从业者，某一个业务部门，乃至某个县级融媒体中心的固定价值取向，而是一种笼统的状态和困惑。

3. "百变小编"

媒体融合的业务工作是非常具体的。近年来，随着一系列平台媒体下沉，县级融媒体中心除了入驻省内融媒体平台以外，还要不断入驻其他各种形式的融媒体平台：微博、微信公众号、微信视频号、抖音、快手、头条号、企鹅号、人民号、学习强国号、小红书、B站……如此多的账号平台，成为县级融媒体中心建设天然的支撑，并由此形成了自身的媒体矩阵。如前所述，一些县级媒体早期探索媒体融合的"借船出海"模式也就是这么一步步走过来的。

但是，县级融媒体中心人员有限，与那些冲锋在前的一线记者相比，不少人要在后台"为他人作嫁衣裳"，成为庞大的自媒体小编的一员。他们通常一个人负责多个平台的日常内容编发，每天工作就是寻找网络正能量热点，然后进行加工转发，自身县域内的新闻反而退居次席，或者干脆不发。庞大的考核任务量让他们经常疲于奔命，变成复制粘贴的"剪刀手"。如此一来，既不能生产出真正高质量的新媒体作品，又逐渐消磨了他们工作的积极性、主动性，堵塞了通过作品获得成就感并提升社会地位的职业化之路。

Q7就是这类从业者，她描述了自己的日常：

我主要负责抖音、快手、B站这三个平台的日更和维护，时间不够用。我每天来，坐到这里就开始工作，从各个网站去扒当天的热点呀，正能量视频呀，央媒省媒的一些爆款短视频呀等等，然后再转到我们的各个平台上去。因为我们是要求一天三更嘛，上级考核的指标里这也是硬性要求，所以其实一整天都必须坐在这，不停地浏览、复制、粘贴，晚上加班也是很平常的。每天回家都快十点了，整个人就只想瘫在床上睡觉了。(Q7)

H6认为，长期从事这种简单重复的工作，更像一个"搬运工"：

我有时候有点怀疑自己，(我们的)工作一直在重复，而且这个过程比较枯燥。我们转的那些(作品)都是别人的东西。那句话怎么说？"我们不生产新闻，我们只是新闻的搬运工"，我觉得实在太贴切了。我上大学的时候还是有新闻理想的，但这样一直重复，确实有点儿被磨平了的感觉。就是觉得做新闻和学新闻好像完全是两码事。这个现实和理想的差距挺大的。这就非常困扰我，我(以前)其实挺有追求的，进融媒体中心就是觉着做记者还挺酷的，因为可以和不同的人去交流，倾听别人的故事，然后写出来、拍出来，觉得这是一个创作的过程。但现在的感觉完全不是这样，就像个"搬运工"。(H6)

T6描述了新媒体部的日常工作，基本上印证了H6所说的事实：

他们(新媒体部)没有原创呀，每天也不出去的，平常就是转发其他媒体或自媒体的视频。然后就是转发我们制作好的本县新闻。把它截成一段一段再放到我们的新媒体平台上去。浏览量确实不高，一条最多几十次浏览吧。可能也是因为我们平台整体的下载量或者关注量不够（多），但确实那些东西（作品）没有啥吸引力。平常浏览量比较高的就是我们县里办的一些大型活动的直播，但是直播这种形式也是偶尔才会有，不可能天天直播，因为活动就那么多。所以目前我们的新媒体平台还不是很成功。（T6）

总之，因运营的需要，县级融媒体中心出现了一大批"小编"。这些"小编"屈居后台，同时背负沉重的考核压力。在他们这里，既不是冲锋在前的新闻记者，也不是参与社会治理的专业人员。他们每天忙于具体的视频切条、新闻转发、舆情评论等工作。尽管也是一天忙到晚，但通常只能是以媒体边缘人员的角色出现，这对他们的职业认知而言无疑是一种不小的打击。

### 四、县级媒体从业人员职业认同的影响因素

职业认同与职业发展是正相关的两个变量。越是知识占有量丰富、操作专业化程度越高、社会需求度高的职业其职业属性就越高度发达，而职业属性越强则职业主体认同感越高，这种认同反过来又能促进职业自身的发展。因此，我们把目光投向职业发展，即正在转型中的县级融媒体中心，究竟是哪些因素影响着县级媒体从业人员的职业认同？为此，我们借用职业社会学的理论资源，结合外部职业化发育和内部管辖权竞争两条线索展开分析。

（一）职业化发育

作为职业社会学最初的研究思路，职业化进程中的各种结构性制度被看作是推动职业化进程最重要的因素。在韦伦斯基看来，职业化的过程存在相对确定的次序，如培训体系、职业团体、规章制度、道德准则等各种结构性制度的建立对于职业化具有至关重要的意义。[①] 而通过对当前县级融媒体中心从业者职业认同现状的梳理我们也能发现，在目前的县域传播实践中职业化所必需的结构性制度确实有些匮乏。整体上有以下几个因素：

---

① 转引自刘思达：《职业自主性与国家干预——西方职业社会学研究述评》，《社会学研究》，2006年第1期，第197—221页。

## 1. 职业自主性的欠缺

一般而言，越是职业化的职业其自主性越高，反之亦然。但在我们调查的县级融媒体中心中，由于中心本身的管理体制机制，使其在职业自主性上并不是很鲜明。

首先，在管理方面，县级融媒体中心在各区县的管理上存有差异。但在我们调查的个案中，县级融媒体中心在行政级别上属正科级单位，主要领导由宣传部任命、管理。如果他们不能开展广告营收业务，那么他们的日常运转支出、人员薪酬等则由当地财政部门统筹解决。这就意味着县级融媒体中心没有自己的创收渠道和可以灵活支配的财政来源，其管理运营难以自主。

其次，在业务方面，县级融媒体中心作为"四级媒体"最末端，不可避免困扰于媒体层级的压力而缺乏自主性。对上，要按时完成省级平台交付的各种任务和发出的各种联动指令；对其他省级和中央级媒体，要保持良好的合作关系，完成"额外"的融合联动工作；对其他平台，要经营各种类型的自媒体公众号……在这些合作参与中，县级媒体无疑都是底层性和边缘性的。

## 2. 职业获得感与成就感的缺乏

职业获得感与成就感的缺乏是个普遍性的问题。其带来的"危机"是我们审视新闻业的一个重要视角。对不同"危机"表现的讨论可被粗略地归纳为三个主要维度，即职业危机、专业危机及产业危机。[1]

如前所述，职业获得感与成就感渗透在职业实践的全过程。首先，县级融媒体中心所处的"位置"影响着从业者的职业感知。如前所述，县级媒体是"四级媒体"的最末端，在既有传播体系中处于边缘地位。尽管随着县级媒体融合政策的出台，县级融媒体中心变得非常重要，但是限于体制机制，不少从业人员依然为"身份编制"而发愁，难以获得与自身发展有关的直接性的政策红利。

其次，从新闻采编业务流程看，由于有价值的原创内容生产不多，因此，从业者很难从具体的业务实践中获得正向的职业感知。在县级媒体中，能够获得职业正

---

[1] 李东晓：《界外之地：线上新闻"作坊"的职业社会学分析》，《新闻记者》，2019 年第 4 期，第 15—27 页。

向肯定的作品主要有三种：一是能够推动本地对外宣传的报道，尤其是在省市乃至国家级媒体上获得刊发或者播出的作品；二是能够为基层群众解决实际问题的舆论监督类报道；三是能够获得当地领导批示肯定的关于当地重大事件的报道。这三类作品的获得通常是少数，对大多数县级媒体从业者而言，很难真正进入这个序列，因而难以获得职业上的成就感。

第三，从职业收入上看，由于各地经济发展水平和管理机制存在差异，县级媒体从业者对职业收入的感受也各有不同。但是，从我们的实地调研来看，由于不少中心以财政拨款为主，工资有保障但缺乏一定的奖惩机制，总体工资水平偏低，依然是不少人的实际感受。

3. 共同的职业价值与规范的消弭

职业共同体的形成被看作是一个职业发展成熟的重要标志，而职业共同体的形成与巩固来自从业者所拥有的关于职业共同的价值、语言与规范。而这样的职业共同体则在更大的尺度上成为社会所必需的专业人士。[①] 传统主流媒体关于职业的共同价值是非常明晰的，不管是成为党的耳目喉舌，还是践行自西方传入的新闻专业主义维护公共利益，都有一套自成框架的话语体系。当然，这些媒体自身所建构的话语体系并非泾渭分明，非此即彼的，而是在长期的实践发展中不断演变融合，从而在一个更广泛的层面上形成了我国媒体的共同规范——在根本性质上，我国媒体都是党管媒体，都要遵循党性原则，党性与人民性同时具有一致性，因而媒体既是党的耳目喉舌也是维护人民根本利益的舆论发起者，这个过程同时内化了新闻专业主义的部分内涵。

对县级融媒体中心而言，这一广泛的职业规范也应是县级媒体从业者的基本遵循。但在实地调查中，我们却发现县级媒体从业者对这类职业价值和职业规范层面的认识并未形成共识。主要原因有以下几种情况。

第一，由于机构转型时间较短，工作要求的改变与实际工作内容之间的冲突无法在短时间内彻底消除。长期固定的工作惯性还难以摆脱，特别是以电视台工作人

---

① 刘思达：《职业自主性与国家干预——西方职业社会学研究述评》，《社会学研究》，2006年第1期，第197—221页。

员为主体的基层媒体从业者其传统媒体思维根深蒂固。而由于年龄、待遇、编制等种种因素，他们也很难主动去探讨和推动新的职业话语的建构。

第二，人为地对业务机构进行分割，如建立电视部、新媒体部、文字报道部等，这些举措让从事这些业务的人被区分在了不同的办公场所中。物理环境的区隔一定程度上造成了共同职业话语以及职业价值的缺失。在访谈中，很多基层电视记者或者新媒体记者都反映自己乃至自身所在部门平常极少与其他部门有相关交集，很多时候它们之间完全是独立运转的。这样的独立运转所带来的后果是互相之间无法产生理解和认同，比如很多电视记者表示新媒体工作者没有原创，没有价值，而新媒体工作者则认为自身承担了单位大量的考核任务，工作压力比其他部门都要大。

第三，县级媒体工作者整体上并没有对县级融媒体的建设意义形成统一性的认知。县级融媒体中心不仅是一个媒体，还是承载基层社会治理创新的重要平台。很多县级领导以及基层媒体工作者的确将建好县级融媒体中心作为头等大事来抓，但目前的工作亮点还是硬件建设，对于究竟为什么要做媒体融合，该怎样做好媒体融合，媒体融合要实现怎样的目标等的认识比较模糊。

共同的职业话语能增强职业共同体的凝聚力，反之，它的缺失也同样在职业共同体内部形成离心力。这种力量伤害了职业个体关于职业的想象，比如部门之间的互相掣肘、推诿、扯皮，不同部门工作者之间形成等级差异，优越感与"鄙视链"也在潜滋暗长，这无形中造成了职业内耗，损害着职业认同的形成。

4. 职业实践和职业知识相对不足

在职业社会学的理论框架下，作为社会系统的组成部分，职业系统分化为学术性职业与应用性职业两个部分。而学术性职业除了生产关于职业的抽象理论知识之外，一个重要的功能就在于维护和巩固职业的伦理规范，同时通过专业系统的职业教育向业界输送拥有职业理想、愿意投身职业实践、愿意为了实现职业目标不断提升自身职业能力的从业者，这就是职业教育"生产者的生产过程"。

但是，从我们的实地调查来看，基层媒体从业者中大多数人缺乏关于新闻传播的系统职业教育（以"新闻科班"为参考标准）。这里有很多原因，比如新闻科班的大学毕业生不愿意去基层媒体就业；县级媒体在人员编制、工资待遇、组织文化、职业发展上与新闻科班生的要求还存有不小的差距；县级媒体整体缺少常态、专业、系统的职业教育培训活动。

因此，对不少县级媒体从业者而言，其一入职就面临大量的职业知识短板和职业实践挑战。尽管人们常说新闻工作的职业门槛不高，但若要真正干好这份工作，还得从新闻的 ABC 基本功练起来。针对这方面的知识欠缺和能力不足，地方政府的宣传部门、各大新闻院校和各级新闻媒体长期面向县级媒体开展各种形式的业务培训活动。这类培训的内容除了相关政策、理论学习以外，最受县级媒体从业人员欢迎的还是"手把手的业务培训"。

5. 职业荣誉体系和外部认同有待完善

新闻业在其自身的发展历程中一直强调职业荣誉感对职业发展的重要性。这与这个职业本身代表着的公共价值有关。因此，职业荣誉是新闻人非常看重的一种认同方式。

在我国，"记者节"就是一个非常重要的社会认同形式。早在新中国成立前就有记者节。从 1933 年到 1949 年，每年的 9 月 1 日，新闻从业人员都会举行各种活动纪念这一节日。1946 年 9 月 1 日，为了打破国民党统治者对新闻舆论的封锁，解放区的新闻工作者在记者节的纪念仪式上号召新闻界"更好地反映人民辉煌业绩，更有效地粉碎反动派的一切歪曲宣传"。1949 年 12 月 23 日，新成立的中华人民共和国政务院颁布的《全国年节及纪念日放假办法》中明确规定了"记者节"，但因为当时没有确定具体日期，因此一直未过记者节。1999 年 9 月 18 日，国务院颁布《全国年节及纪念日放假办法》，再一次明确列入了记者节。2000 年 8 月，国务院正式批复中国记协同意将 11 月 8 日定为记者节。记者节被重新确定，表明党和国家对新闻界和广大新闻工作者的关怀和重视，既在确认新闻从业者的社会地位，更在鼓舞和激励新闻工作者继承优良传统，为正义事业呼吁，做好党和人民的耳目喉舌。

近年来，记者节成为县级媒体十分重要的节日。记者节来临之际，一些地方召开座谈会、表彰会隆重纪念记者节。2020 年和 2021 年，研究者两次参加甘肃省庄浪县的记者节活动。除了常规性的表彰大会以外，庄浪县的记者节活动还包括与高校签订战略合作备忘录、组织召开媒体融合专家论坛、举办专题讲座等一系列活动。

2021年11月7日，在第22个中国记者节来临之际，兰州大学新闻与传播专业研究生温晨钰、王梓涵、肖枭三人记录了他们眼里的庄浪融媒人。

晚上7点，老城区东关街56号的庄浪县融媒体中心内灯火通明，各个岗位上的工作人员都在忙碌，写稿、剪辑视频、打电话协调……还有4位记者扛着摄像机、三脚架正准备去各个疫情防控监测点做现场报道。

第22个中国记者节即将到来，他们的这个夜晚比往常更加热闹、紧张。

在这篇题为《脚下有泥土　心中有担当——记者节前夜的庄浪融媒》的报道中，记录了10多位庄浪融媒人的工作日常。

"地球不爆炸，我们不放假。记者基本上没有什么假期，最近加上疫情防控的原因，有时一天得整理三四十条短视频，忙活到凌晨两三点。"

"最近疫情报道比较多，工作忙，上主班的话，连审带发，一天下来要100篇稿子左右，工作量是之前的2倍多，根本顾不上娃。"

"这八年里，我走过庄浪大大小小的村庄，这里有很多可爱的人和事，都是我以前忽略掉的，每采访一次，我对庄浪的了解就更多一些。下乡采访时，遇到过很多生活比较困难的群众，我们把这些报道出去，通过自己的力量帮助到他们，我很有成就感。"

这些记录生动鲜活地呈现了融媒人的日常状态及其对记者职业的认知。在记者节这个节点集中呈现，无疑也增强了记者节本身的仪式意义，让更多从业者和新闻学子深受教育。

和记者节对应的一种社会认同形式是评奖。无论是记者协会这种行业内部组织所设立的种种奖项，还是其他行业设立关于新闻报道的奖项等都是在通过自身努力来营造一种荣誉氛围。这种内部的或外部的肯定与激励对于新闻业的发展至关重要。近两年，县级融媒体中心的作品已有不少获评"中国新闻奖"，这对县级媒体发展是不小的肯定和刺激，对县级媒体从业者提高职业认同具有重要的示范意义。

然而，无论是记者节还是各种形式的内外部荣誉体系，对县级媒体而言依然是一个有待融入和完善的体系。在现有的职业系统中，县级记者依然处于末梢位置；在现有的评价中，这些内外部的荣誉对县级媒体尚未完全敞开，或者说是县级媒体的作品还很难进入这些荣誉体系的认可。这些都是不争的事实，有待进一步完善。

(二)职业管辖权培育

职业社会学研究进入20世纪80年代，阿伯特专注于职业本身的发展，提出了职业系统理论。职业系统理论关注的核心是职业管辖权的变化。影响职业管辖权变化共有五种要素——技术进步、组织变迁、合法性形式、专业教育和委托人分化——它们也对我们理解基层媒体从业者的职业认同具有重要的借鉴意义。

1. 技术进步

在政策驱动下，县级融媒体中心在技术上取得长足的发展。随着硬件建设的投入，"中央厨房"、无人机、轻便摄影摄像设备等大量涌入县级媒体，为县级媒体发展提供了重要的支撑。但是，技术进步依赖于人对技术的真正掌控。在新技术投入下，县级媒体从业人员能否跟得上是关键。我们在基层县级媒体调查中发现，技术进步、硬件改善，确实给县级媒体从业者带来了诸多职业上的正向感知（自豪感、荣誉感）。但是，新技术是一把双刃剑，调查发现仍有不少人无法正常使用新设备，无法创作融合创新的产品，甚至连基本的"拆条"工作都要从头学起……这又给从业者带来新的职业困惑。此外，现有技术更多在新闻生产方面发力提升，对政务服务、便民服务、商业服务领域的技术赋能还不彻底，难以产生对县级媒体参与基层社会治理创新的真实促进，这也一定程度上影响了从业者对自身职业的正向感知。

2. 组织结构

无论是之前的区县广电平台，还是改革后的县级融媒体中心，县级媒体的组织结构对其业务发展有着十分深刻的影响。在研究者的调查中，县级媒体在过去很长一段时间组织结构变化较小。在隶属关系上，县级融媒体中心一般由当地宣传部门直属，同时由上级媒体组织单位提供技术支持。在人事关系上，大多融媒体中心的主要领导都以业务单位领导为主，即出身记者，有长期一线采编工作经历，基本由前电视台台长或副台长担任融媒体中心主任，并设置一正两副或一正三副的领导架构，分别负责电视业务和新媒体业务，有的融媒体中心也设置一个专职负责外宣的副主任。也有个别融媒体中心成为干部轮岗、调任过渡的一个行政单位。在组织内部架构上，在研究者调查的融媒体中心个案中，许多部门的运行都是垂直一条线，即由一个专职副主任直接领导,与其他部门基本没有横向交集。这显然也不符合融媒体时代媒体组织的发展方式。

3. 职业正当性

职业正当性是一个系统的过程。它既体现在技术进步带来的职业荣誉,也体现在组织结构中对某一类主体和具体工作的重视程度。如前所述,"编制"是影响基层媒体从业者职业正当性的关键因素。原因就在于,在县域社会,职业不是空中楼阁,无论你是教师,还是医生,抑或记者,"编制"是比职业工作本身还要重要的一身"外衣"。正因如此,我们经常看到媒体报道乡村民办教师、赤脚医生等各类群体为身份而抗争。记者也是如此,办公条件再好,职业荣誉感再强,如果没有体制内的身份作保障,都很难说是一个"正当的营生"。当然,除了身份以外,记者节、新闻奖之类的职业仪式和职业荣誉也是重要的"正当"来源,对县级媒体从业者而言,这类仪式和承认对强化职业认同、增进职业正当性非常重要。

4. 职业教育与职业实践

县级基层媒体从业者的职业教育与职业实践一般有两条路径:一是入职前在高等院校接受的专业知识教育以及入职后单位组织的一系列技能培训;二是入职后通过具体业务实践所形成的关于职业的一系列认识。关于高等教育,如何对接高等教育与基层媒体实际需求的关系,为县级媒体量身定制培养人才是难点;关于职业培训,如何让职业培训常态化,切实解决从业者实际工作中的现实业务需要是基层媒体人非常迫切的需求;关于日常职业实践,是否在单位内部形成"比学赶帮超"的优良传统,形成聚焦业务、交流业务、提升业务的良好氛围是关键所在。总体而言,当下基层媒体从业者的专业背景比较复杂,因此入职后的常规培训和职业实践,是持续提升从业者职业能力的关键所在,应该高度重视,形成建制性的方案和规程。

5. 职业服务与职业供给

在职业系统理论中,委托人分化是影响职业管辖权发展的重要因素。所谓委托人分化,其实质是职业服务与职业需求的一个供需关系问题,即一个职业所能够提供的服务在市场中的需求状态。对县级媒体而言,这样的影响是双向的。一方面随着内容市场的快速变化,用户花在内容产品上的时长越来越多,而内容类型也不断分化，内容生产不断向垂直领域细化拓展，这在某种程度上又激发了用户对内容的需求。另一方面随着用户对于优质、专业内容的需求越来越高，作为新闻业务单位的压力也进一步增大，如何找到与基层群众的契合点，找到让最大数受众都能产生共鸣的内容生产方向成为困扰大多数基层县级融媒体中心的共同问题。对县级媒体而言，一方面既要适应各种下沉媒体平台如微博、微信、抖音、快手、今日头条等的变化，成为他们的用户，建立自己的自媒体矩阵；另一方面又要接受这些下沉媒体平台的挑战，在庞大的媒体平台中建立特色，形成个性，找到差异化生存的切入点。因此，在职业服务和职业供给上，县级媒体还要探索一条立足县域特色的自主创新之路。

**五、县级媒体从业人员职业认同的优化建议**

究竟该如何通过促进职业发展，提高县级媒体工作者的职业认同，经过对县级媒体职业认同现状及其影响因素的梳理分析，本研究提出以下建议。

（一）顺应改革赋能，探索融合机制

建设县级融媒体中心最终是要完成媒体融合的"最后一公里"，重新建立起基层群众与政府的紧密联系，并参与到基层社会治理创新中来，成为我们党和政府服务施政的重要组成部分。根据职业社会学的两条方向，无论是组织变迁推动职业管辖权的变动，还是行业组织协会的建立对于职业化的推动，实际上都应给予县级融媒体中心以一定的自主性。从这个意义上出发，应从外部和内部两个方面进行突破。首先从外部来看，无论是管理体制还是运行机制都需要一定的放权和整合，在管理体制机制上应给予县级融媒体中心及其主要领导更少的限制，鼓励他们保留一定的自主性，开展因地制宜的改革创新。对内部而言，应打破组织内部原有结构的藩篱，加大媒体融合创新，鼓励商业运营创新。在中心架构中形成相互帮助、相互学习，建立"你中有我　我中有你"的关系，最终达到"你就是我　我就是你"的良好氛围。

（二）加强职业教育，提升职业认同

在职业社会学视域下，职业教育、抽象知识的生产、行业培训都被看作是推动职业发展的重要手段。首先，对县级媒体而言，应针对从业者现况对其职业教育作出长远的规划和设计，尤其是地方宣传部门应利用"部校共建新闻学院"等政策红利，主动对接高等新闻院校通过"非全日制人才培养"或短期专业培训项目，提升从业者的学历层次和专业水平。其次，应对接好国家、省、市级主流媒体，在"四级媒体"体系中找准位置，利用各垂直媒体的技术优势和人力资源优势开展系统培训和业务指导。第三，积极对接第三方平台，一方面接受他们的技术服务和业务指导，另一方面通过他们扩大基层媒体从业者的影响力，为他们的职业生涯发展提供更加广阔的道路。

（三）开拓业务类型，培育共同叙事

在网络传播高度发达，思想潮流日趋多元的当下，县级融媒体中心应积极肩负起"坚持正确政治方向 壮大主流舆论 宣传弘扬正能量"的重大使命。推动县级媒体融合发展，是治国理政、定国安邦的一件大事。县级媒体要从这个高度出发，提高政治站位，扎根县域基层，开拓业务类型。然而，在一些传统媒体人眼里，县级媒体只是一个宣传机构，做好每天的"联播新闻"就万事大吉了。而县级媒体融合发展要求不断开拓新的业务类型，在提高新闻宣传能力的同时，不断改进政务服务、便民服务和商业服务的能力与水平。媒体人不仅仅是记者，还是智库专家、服务专员、网红达人、融合小编……这一系列的业务变化，共同推动着从业者身份认知的重新建构。一方面，作为新闻从业者，县级媒体从业人员在构建社会现实的同时，不断体会职业特征，进而形成职业权威；另一方面，县级媒体从业者通过多种层次的职业实践，借用文化、话语、叙事等概念构建自身的共同场域，形成全新的职业叙事，不断培养形成媒体融合推动下的职业共同叙事。当数量越来越多的从业者共同投身于一个宏大目标、一项伟大事业的时候，这个过程中对于参与者本身的书写，也会变得崇高。

（四）联通行业内外，确立多重认可

长期以来，新闻业对于名记者、名编辑、名节目、名栏目、名专栏等业务典范的作用极其重视，各级记协都针对辐射范围内的业务标杆、模范设立了大量的奖项。这样的做法一方面通过行业组织内部的反复确认，彰显优秀从业者的价值和贡献，给予他们荣誉的或物质的不同奖励，帮助他们在物质待遇和个人社会价值的实现两个方面都获得满足。这也是对其他从业者的号召和激励，行业标杆的树立，有利于从业者明晰自身究竟该如何达到组织的职业期许、如何实现个人的职业理想。对县级媒体而言，除了新闻（记者）系统的职业评价，应积极联动行业内外，在多重评价体系中寻找职业评价的机会和空间。目前，已有一系列社会评价机制向县级媒体及其从业者敞开，应利用这些机会，加强与全国同行的交流学习，为从业者找到多重认可的机会。

（五）给予职业保障，拓宽职业前途

缺少编制、收入微薄是长期困扰基层媒体发展的现实问题。这是一个需要系统性的工作才能破解的发展难题。比如，媒介管理体制上若能倾斜一些，给予县级媒体更多财政编制，可能会更有助于地方媒体的发展；在管理机制上若能逐渐放开一些，给予县级媒体更多人事上的自主权，甚至通过商业赋能实现自主经营、自负盈亏，可能就能解放县级媒体的商务生产力，从而破解从业者的收入困难问题……这些问题在发达地区早已不是问题，但是对一些发展中地区而言，依然是制度性的困扰。此外，在融媒体组织的内部，也应该不断赋权，鼓励从业者开展业务实践，生产高质量融媒体作品，鼓励融媒体开发和研究，培养浓厚的业务氛围。通过内外部的职业保障，从而不断拓宽从业者的职业前途，使其更加安心地在县级媒体安身立命、谋求发展。

# 第七章　聚焦价值：县级媒体的商业模式

在我国，县级媒体是分布范围最广、最接近基层群众、数量最多的基层主流媒体。但与其在国家传播系统中的重要性不相符的是，县级媒体面临受众与广告营收的双重流失、传播力严重削弱、自身发展萎缩等现实困境。

由于县域市场狭小，体制机制上存在较大束缚，县级融媒体中心建设大多仍处于"财政输血"阶段，尚未探索出合适的商业模式。从内外部环境看，县级媒体上有省市级传统媒体强势竞争，下有自媒体与新兴媒体蚕食资源，外有互联网企业入侵舆论场，内则忧患重重：县域新闻素材缺乏、绩效考核不合理带来的创作激情削弱、骨干优秀人才出走、用户大量流失……在多重夹击之下，县级媒体的传播力与影响力严重削弱，"引导群众、服务群众"的基本功能有待进一步开掘和提升。

研究显示，各县融媒体中心的主要经费百分之八十来源于政府拨款。[1]一方面，在实际工作中，财政拨款只能保障县级融媒体中心的基本运转，很难满足县级融媒体中心长期运营的资金投入需求。另一方面，财政资金拥有细致的预算与科学的回报评估，县级融媒体中心获得支持后，需要进行价值创造活动，使财政资金的投入"物得其所"。无论是经济上的经营收入，或是提供的公共服务，抑或县域品牌形象、地方文化传承，县级融媒体中心都需要创造一定的价值，以证明自身的功能与效用。

目前，许多县级融媒体中心的投入远远超过盈利。县级融媒体中心成立的最初想法虽然不是获取商业利润，但从长远来看，县级融媒体中心需要探索并建立合适的商业模式，创造自身的价值，完成从"财政输血"到"自身造血"的转换升级，才

---

[1] 谢新洲、朱垚颖、宋琢谢：《县级媒体融合的现状、路径与问题研究——基于全国问卷调查和四县融媒体中心实地调研》，《新闻记者》，2019年第3期，第56—71页。

能实现最大的媒体价值。

在政策驱动背景下，县级融媒体中心需要抓住机遇，实现持续健康发展。在上半场的建设热潮过后，县级融媒体中心将关注下一步的生存发展问题。在内外夹击的激烈竞争与重重挑战中，县级融媒体中心应在市场上找到属于自身的立足之地。解决以上这些问题的核心在于——县级融媒体中心在复杂的内外环境中如何探索适合自身健康发展的商业模式？

本章，我们把研究问题落在"商业模式"上，从本地资源、价值创造、价值网络、内部管理机制、价值体现等五大要素入手，分析县级融媒体中心的商业模式，并结合具体案例，讨论相关模式的特点，为县级融媒体中心建设提供一定的参考和借鉴。

## 一、商业模式与传媒行业的商业模式

### （一）商业模式

1. 商业模式的定义

现代企业之间的竞争，不在于产品，而是商业模式之间的竞争。近年来，商业模式日渐被各界关注。学者们从战略、营销、创新等不同方面，对商业模式的内涵、构成要素、动因、模型等进行探讨。相关研究视角包括战略视角、经营系统视角、价值创造视角等。其中，大多研究认为价值是商业模式的核心概念并由此形成了不同的定义：商业模式是组织创造价值的核心逻辑；[1] 商业模式是关于商业活动参与者之间的价值交换；[2] 商业模式是企业组织价值网络及创造、传递及获取价值的基本原理；[3] 商业模式是企业创造、传递、获取价值的机制设计。[4]

---

[1] Linder J C, Cantrell S. Changing Business Models: Surveying the Landscape[J]. Institute for Strategic Change, May 24, 2000.

[2] Gordijn J, Akkermans H. Designing and Evaluating E-Business Models[J]. Intelligent Systems, IEEE, 2001, 16(4):11-17.

[3] Osterwalder A. Business Model Generation[M].Europe;Amsterdam:Privately Published,2009.

[4] Teece D J. Business Models, Business Strategy and Innovation[J]. Long Range Planning, 2009, 43(2-3):172-194.

商业模式与盈利模式有别，后者关注企业获取利润以及保持持续、高效率的收益率的过程。但商业模式的核心概念在于价值创造，它本质上与利润无关，受价值驱动，关注价值网络中各方力量创造价值的过程。但价值创造逻辑中隐藏着获取利润的逻辑。首先，企业创造价值后，为避免"为他人作嫁衣"，需要考虑自身价值的攫取问题，这便涉及盈利模式的问题。其次，当企业并非局限于自身的短期利益而是关注自身如何为各方创造价值实现共赢时，企业往往能从中梳理出盈利的逻辑。因此，商业模式是盈利模式的基础，[1]盈利是商业模式的价值创造结果之一。

商业模式也不同于运营模式，后者强调企业在价值创造过程中内部具体的业务流程与设计，以及组织外部其他主体的关系管理。[2]运营模式关注的是企业作为整体是如何运作的，以及是如何实现其自身功能的运转的。商业模式也并非经营战略。虽然企业在构建商业模式时需要考虑到自身的价值定位，寻找自身在市场中的位置，这与经营战略息息相关。但商业模式关注的是整个价值创造系统的构建与维护。经营战略主要考虑的是商业模式构建完成之后的竞争行为。

本研究讨论的商业模式，强调的是企业的价值创造与获取逻辑。企业如何进行价值定位，如何完成价值的创造与传递，并获取价值。透过这三个基点，我们才能理解商业模式的本质。[3]这里的商业模式是一种"生态系统"，企业与各利益相关方取得联系，进行互动，构建价值网络。价值网络中的各方共同协作，将各种资源与要素结合在一起，共同创造价值，并获取价值。

2. 商业模式的构成要素

程愚等人认为商业模式的构成要素包括三个层次：（1）价值成果。一是顾客价值，即企业能给顾客带来什么；二是企业价值，即企业能够得到什么。（2）资源和能力。分为显性能力（人力资源、产品议价能力等）和隐性能力（产品免检能力

---

[1] 姚小涛：《理解商业模式：不是什么，又是什么？》，《外国经济与管理》，2017年第6期，第125—128页。

[2] 成文、王迎军、高嘉勇、张敬伟：《商业模式理论演化述评》，《管理学报》，2014年第3期，第462—468页。

[3] 张敬伟、王迎军：《基于价值三角形逻辑的商业模式概念模型研究》，《外国经济与管理》，2010年第6期，第1—8页。

等)。(3)决策。一是层次维度(全局性维度和局部性维度,与价值链环节相关);二是功能维度(开发性决策与利用性决策,与新资源新能力相关)。[1] 魏炜等人基于利益相关者交易结构,梳理出商业模式的组成要素包括6个:关键资源能力、盈利模式、业务系统、定位、现金流结构和企业价值。[2]

罗珉等人从价值创造的视角探讨互联网时代如何进行商业模式的创新。他认为互联网时代面临以下三大变化:一是价值创造的载体发生改变。过去供方单向输出的价值链被供需两方的双向流动替代。二是价值创造的方式颠覆。曾经技术与市场因素才是价值链内部的关键;但互联网时代产业边界模糊,很难通过地理或人为的方式建立区隔。三是价值创造的逻辑产生变化。提升顾客的感知价值比提升产品使用价值更加重要。环境的变化催生了各式各样的商业模式创新,作者总结出互联网时代商业模式的几个关键要素:社群、平台、跨界协作、资源聚合与产品设计。其背后蕴涵共同的商业逻辑,即以社群为中心的平台模式,追逐的是连接红利。[3]

张敬伟等人从价值定义、价值创造与传递、价值获取三个维度构建企业经营的价值三角形框架,透视商业模式的深刻内涵。其中,价值定义重点在于清晰地自述企业能够为顾客提供什么价值。价值定义既要符合顾客的期望,也要获得价值创造伙伴的认同。价值创造与传递是指企业与商业伙伴建立并协调好关系,把各方资源转化为价值并传递给目标顾客的过程。在这一过程中,价值网络、能力和资源、价值链等概念的组合和构建是关键。价值获取被定义为企业从产出的总体价值中获得一部分价值的机制。企业想要维持持续发展,就必须获取一定的收益。[4]

原磊从企业、伙伴、顾客三个联系界面讨论商业模式的价值,认为商业模式的构成单元包括价值主张、价值网络、价值维护、价值实现四个方面。一致、独特、

---

[1] 程愚、孙建国:《商业模式的理论模型:要素及其关系》,《中国工业经济》,2013年第1期,第141—153页。
[2] 魏炜、朱武祥、林桂平:《基于利益相关者交易结构的商业模式理论》,《管理世界》,2012年第12期,第125—131页。
[3] 罗珉、李亮宇:《互联网时代的商业模式创新:价值创造视角》,《中国工业经济》,2015年第1期,第95—107页。
[4] 张敬伟、王迎军:《基于价值三角形逻辑的商业模式概念模型研究》,《外国经济与管理》,2010年第6期,第1—8页。

清晰的价值主张有利于商业模式成功实现价值创造。构建价值网络时，企业需要依据自身的核心能力与战略资源，进行正确的业务定位。商业模式可能会被竞争对手模仿与复制，所以企业需要进行必要的价值维护，建立隔绝机制。价值实现关注企业怎样盈利的问题。以上四个单元，每一个单元又可以细分为两个组成因素，如伙伴关系、业务定位、网络形态、价值内容、目标顾客等。[①]

(二)传媒行业的商业模式

对传媒行业而言，关注商业模式，是因为企业的经营环境发生了变化，从而导致企业的价值创造过程出现问题。

传统媒体的商业模式主要为"二次销售"模式。主流媒体在信息生产上拥有垄断性优势。凭借这一优势，主流媒体制作优质内容并将其以低廉甚至免费的价格贩卖给受众，再将受众的注意力二次贩卖给广告商，以此获得利润。

互联网时代的到来打破了这一模式。各类社交媒体平台与自媒体也能够进行内容生产，且传播速度更快，传播范围更广。受众的注意力成为稀缺资源，而主流媒体由于严肃的内容与落后的渠道，在这场注意力争夺战中落于人后。比起内容的优质性，内容的影响力更为商家所注重。加上技术赋权带来的内容生产门槛的下降，众多商家选择自主生产内容，掌握私域流量。同时，粗放式的"二次售卖"让位于更加精准、定制化的算法投放。传统"二次销售"模式彻底失灵。

近年来，传媒行业的商业模式成为学界研究的重点。

在传统媒体方面，田丽用价值创造理论抽象出新媒介环境下传统媒体的价值创造体系，包括六大增值活动：一是生产要素增值活动，投入传媒业的资金、设备、人力等资源，创造出媒介产品；二是受众资源增值活动，投入受众和受众的注意力，产生广告等收益；三是解决受众与广告主核心需求的创新增值活动，如选秀营销，既为受众提供娱乐，也为品牌赢得声誉；四是媒体行业内的协作活动，通过合作创造协同价值；五是职能辅助活动，管理、战略、财务等，贯穿价值创造的各个

---

① 原磊：《商业模式体系重构》，《中国工业经济》，2007年第6期，第70—79页。

环节；六是其他信息增值活动，发掘并利用以上五类活动产生的信息。①

在新闻网站方面，于明涛等人从价值主张、价值创造、价值传递、价值获取四个要素对比分析国有与民营新闻网站的商业模式差异。②

在社会化媒体方面，窦毓磊针对社会化媒体的商业模式创新提出"3V2E"体系，认为内部环境与外部环境共同促成了社会化媒体商业模式的创新，并从价值主张、价值构建、价值体现三个方面梳理社会化媒体的价值创造过程。社会化媒体的价值主张，从企业层面来看，它是指企业如何定位自己的产品和服务；从顾客层面来看，它是指目标顾客能否认可企业提供的产品和服务。社会化媒体的价值主张由价值内涵、用户管理与用户参与三个因素组成。社会化媒体的价值构建被定义为三个要素：核心行动、资源配置和市场定位。价值体现的构成要素为盈利模式、管理团队和成本控制。③

在短视频平台方面，王烽权等人从价值主张、价值创造、价值捕获角度研究短视频平台商业模式的构成要素。根据不同的要素组合，短视频的商业模式主要分为三类："双轮驱动"型、"社交至上"型、"内容为王"型。研究建议，短视频的商业模式应当从价值主张出发，与企业、用户等进行价值协同，最终实现企业的价值捕获。④

在动态研究方面，罗昕等人考察了互联网时代媒体商业模式的变迁，并梳理出三种媒介形态与对应的商业模式：一是内容媒体，连接人与内容，以流量逻辑构建商业模式；二是社交媒体，连接人与人，以关系逻辑构建商业模式，在价值创造活动中扮演着社区经营者的角色；三是场景媒体，连接人与场景，以跨界逻辑构建商业模式，在价值创造活动中扮演着服务推荐者的角色。互联网技术的赋权降低了内

---

① 田丽：《传统媒体经营管理：从价值链到价值体系》，《经济研究参考》，2013年第44期，第58—62页、69页。
② 于明涛、潘爱玲：《国有与民营新闻网站商业模式的差异及其形成机理——基于四个新闻网站的案例研究》，《商业经济与管理》，2016年第2期，第36—47页。
③ 窦毓磊：《社会化媒体的商业模式创新研究》，《现代传播（中国传媒大学学报）》，2014年第11期，第159—160页。
④ 王烽权、江积海：《互联网短视频商业模式如何实现价值创造？——抖音和快手的双案例研究》，《外国经济与管理》，2021年第2期，第3—19页。

容创作的门槛，PGC、UGC 的内容产量呈现出爆炸性增长的趋势。媒介产业的内容供给侧出现产能结构性过剩的问题。因此，以内容生产为主要业务的传统媒体需要实行"蓝海策略"，拓宽内容产业的上下游，进行价值创新。媒体融合趋势下，传统媒体不能仅仅关注信息流，而应打通信息流、人流与物流的关系。以场景为入口，通过特定的社群进行连接，以优质原创内容为基石，连接人、内容与品牌。[①]

也有研究关注金字塔底层（the Bottom of the Pyramid，简称 BoP）市场的商业模式问题。邢小强等人通过多案例研究认为，金字塔底层市场的商业模式主要由本地能力、价值主张、价值网络、关键活动和盈利模式五部分构成。[②] 本地能力是指 BoP 区域内已有的便于企业进行价值创造活动的资源和能力，由 BoP 人群拥有的各类资源和 BoP 市场的制度环境和基础设施组成。价值主张是企业为利益相关者所能带来的效益，分为经济价值、能力价值和关系价值。价值网络是企业围绕价值创造和价值传递活动而与其他组织机构建立的生态系统。关键活动是指企业进入 BoP 市场后，围绕价值网络所进行的连接、学习、利用资源的活动。盈利模式则是企业与利益相关者分享价值时的机制。其整体逻辑仍按照"价值主张——价值网络——价值创造——价值实现"进行，但特殊之处在于增加了"本地能力"这一维度。

县级融媒体中心作为新的价值创造主体，与其他价值创造主体相比，存在一定的共性与个性。首先，价值主张是指县级融媒体中心依据自身条件与内外环境特点为中心寻找的定位，主要回答县级融媒体中心是什么，想要为目标用户创造什么价值的问题。但根据县级融媒体中心商业模式的具体实践内容，它从整体上被定位为"社区信息服务枢纽、综合服务平台、主流舆论阵地"。其次，县级融媒体中心商业模式的构建过程也是其深化媒体融合改革的过程，其中大量涉及融媒体中心的内部管理机制问题。通过内部的制度设计，融媒体中心引导并调配组织内部各成员进入价值创造过程，以构建成熟的商业模式。

---

① 罗昕、李怡然：《互联网时代的媒体形态变迁与商业模式重构》，《现代传播（中国传媒大学学报）》，2017 年第 10 期，第 115—119 页。

② 邢小强、仝允桓、陈晓鹏：《金字塔底层市场的商业模式：一个多案例研究》，《管理世界》，2011 年第 10 期，第 108—124 页。

综上，本研究按照"本地能力、价值创造、价值网络、内部管理机制、价值体现"五个维度分析商业模式，每个维度的具体含义如下：

（1）本地能力是指县级融媒体中心在进行价值创造活动中，所利用或依托的本地资源，如特色产业、特色文旅资源等。

（2）价值创造是指县级融媒体产生价值的具体活动，包括产品与服务等。

（3）价值网络是指县级融媒体中心在进行价值创造活动中与相关组织机构建立的合作系统，如上级媒体、县域政府、技术公司等。

（4）内部管理机制是指县级融媒体中心组织内部的管理制度，包括考核制度、薪酬制度、组织架构等。

（5）价值体现是指县级融媒体中心创造出的价值最终在各个方面的具体表现，如传播效果、经济价值、县域形象等。

## 二、县级融媒体中心商业模式研究的提出与设计

### （一）研究提出

1. 建设经验

本书第二章介绍了甘肃省县级媒体融合的改革经验。放眼全国，各地建设经验各异。黄楚新等人对县级融媒体建设初期多地的成功案例进行总结，提炼出四条县级融媒体发展的创新路径：一是中心嵌入更大、更高级别的平台，从而不断发展壮大；二是推动多平台联动与移动传播；三是创新人员机制，延长"媒体+"产业链，因地制宜服务当地；四是向上级媒体与技术公司广泛借力。[①]

陈国权课题通过对全国23个县级融媒体中心的调研发现，我国县级融媒体中心建设存在"一刀切""一窝蜂"等乱象，改革陷入"重技术"的陷阱，忽略内容建设，停留在展示层面。为此，他提出三点改革建议：一是因地制宜进行企业化管理，不能盲目地把县级融媒体中心全然推向市场。二是独立制作APP无法获得大量活跃、忠诚的用户，应不断提升用户体验与获得感。三是政策实施过程中应实事

---

① 黄楚新、王丹丹：《县级媒体融合发展的创新路径》，《出版发行研究》，2018年第12期，第18—22页。

求是，因县制宜。[①]

李彪总结了县级融媒体中心建设的四种发展模式：一是"广电＋报业"的类型，如北京延庆区融媒体中心，对内整合传播资源建设中央厨房，对外与上级媒体、技术公司进行资源链接；二是广电先导类型，如邳州市融媒体中心，在广播电台的基础上融合传播资源，建立"邳州云"进行"政企云"服务；三是集团类型，以长兴传媒集团为代表；四是与省级云平台合作类型，如"长江云"，由上级建设云平台。[②]

谢新洲等人也总结四种模式：一是以长兴为代表，进行市场化经营；二是以江西分宜为代表，与省级平台进行合作；三是以甘肃玉门为代表，县级电视台为建设主体；四是以吉林农安县为代表，以县委宣传部为主导。通过对四种类型的案例分析，谢新洲等人认为县级融媒体中心建设过程中技术、政治、市场这三重逻辑交织。[③]

2. 经营管理

关于县级融媒体中心的经营管理，高福安等人提出三点建设思路。一是智慧城市建设，二是发展电子商务，三是重构产业链。高福安等人认为，县级融媒体中心由采集汇聚信息、内容生产与审核、融合发布、综合服务等部分组成融媒体系统架构。根据系统架构的产业链，分中下游开掘融媒体商业价值。产业链上游应当整合利用内容生产的人力物力等资源；产业链中游需要深度开发内容，注重保护版权与媒体资产；产业链下游应围绕用户衍生增值服务，形成用户社群与圈层文化。[④]

张博从明确经营业务的战略定位、改革经营业务体制、多元化培育盈利点等方面讨论县级融媒体中心经营模式转型的解决方案。审视经营业务时，需要考虑县级融媒体中心目前面临的资金缺口。县级报纸、广播的创收能力弱，而县级电视台在

---

① 陈国权：《中国县级融媒体中心改革发展报告》，《现代传播（中国传媒大学学报）》，2019年第4期，第15—23页。
② 李彪：《县级融媒体中心建设：发展模式、关键环节与路径选择》，《编辑之友》，2019年第3期，第44—49页。
③ 谢新洲、朱垚颖、宋琢谢：《县级媒体融合的现状、路径与问题研究——基于全国问卷调查和四县融媒体中心实地调研》，《新闻记者》，2019年第3期，第56—71页。
④ 高福安、徐建华：《融媒体经营与管理创新研究》，《中国编辑》，2019年第10期，第27—32页。

经历"台网分离"与《广告法》的约束后,创收能力也明显下降。就县级融媒体中心而言,"去媒体化"不可避免,应根据新定位改革经营体制,延长产业链。从广告产业链来看,县级融媒体中心的经营业务多为广告发布,位于市场下游,且市场份额占比微小。从多元化经营的路径看,县级融媒体中心首先要以原有的内容生产优势立足,再去延伸拓展广告以外的业务,如为政府提供数据报告、制作宣传片等;或者利用媒体的影响力与公信力,与其他行业跨界合作,如湖南浏阳的"媒体+教育"模式,进行艺术教育培训。最后,考虑到相邻区域市场的共性,可以与相邻县域媒体进行跨区域联合,发展区域媒体。①

赵子忠等人认为,定位是县级融媒体中心的经营起点。定位解决了县级融媒体中心要做什么的问题,影响融媒体中心经营领域、业务组合、市场等方向的选择。目标定位上,县级融媒体中心根据不同发展目的,可以有多个指标,如经营收入指标,用户满意度指标,用户数指标等。用户定位上,县级融媒体中心在深耕本地用户做垂直拓展的同时,面向整个互联网。业务定位上,县级融媒体中心需要对报纸、电视、大数据、云技术等业务进行组合。②

郭全中认为,县级融媒中心建设的重点在于对其商业模式进行重塑。这要求县级融媒中心重新与用户建立连接,为用户提供专业化的服务。基于此,县级融媒体中心可以与党政机关、职能部门合作,向城市服务商转型。如承接政府部门的外包服务,提供融资帮助、政策理解等服务,尤其是面向创新创业人才。他特别指出,县级主流媒体的转型不应该止步于面向政府的商业模式,而应当以此为开始,慢慢地完全实现市场化与商业化。③

何芳明等人认为,县级融媒体中心想要扩大效能,有必要从渠道整合转型做综合性服务平台。首先要关注本地新闻资讯。其次要建设社区式关系网络,为社区用

---

① 张博:《县级融媒体中心经营模式的转型路径》,《中国广播电视学刊》,2020年第12期,第107—109页。
② 赵子忠、孙艺珂:《县级融媒体的经营模式研究》,《新闻战线》,2020年第16期,第83—87页。
③ 郭全中:《县级融媒体中心建设的核心与实现范式》,《新闻与写作》,2018年第11期,第57—60页。

户提供虚拟式公共空间。最后是开拓多元化场景应用。[①]

晏青等人将县级融媒体中心视为政府与基层群众之间构建信任的渠道，鼓励从新媒体资源、技术设备、生产模式、舆情监测、内容建设等角度加强县级融媒体中心建设，以此推动政府与群众之间开展信任实践，建立信任关系，继而从社区信息服务枢纽、综合服务平台、主流舆论阵地三重定位去探索县级融媒体建设信任的路径。[②]

张磊等从社会治理功能的角度，分析江苏邳州市融媒体中心助力社会治理的路径。一是邳州广电的内容生产以老百姓的关注和需求为核心，体认民意，抢占舆论场的主动权，大大减少负面舆情事件。二是扎根基层讲故事，以时政新闻为主的同时，兼顾社会关注与新媒体热点，运用直播技术开办网络问政节目。三是及时解决群众问题，在对相关社会事件进行调查报道时，为政府职能部门穿针引线，而不仅仅是简单的曝光。[③]

……

总之，学界对县级融媒体中心建设和经营情况展开了一系列的研究。这些研究成果为本课题研究奠定了重要的坚实基础。

（二）研究设计

1. 研究对象

本研究以县级融媒体中心为对象，援引价值创造理论，以"本地资源、价值创造、价值网络、内部管理机制、价值体现"为分析框架，在搜集整理目前我国县级融媒体中心商业模式案例的基础上，解释县级融媒体中心商业模式的架构与价值实现逻辑。

---

[①] 何芳明、朱标：《县级融媒体中心建设：从渠道整合到平台升级——以浏阳市融媒体中心为例》，《中国出版》，2019年第22期，第7—10页。

[②] 晏青、侯涵博：《基层治理中融媒体中心的信任建构——基于广东省五个县级融媒体中心的调研》，《中国出版》，2020年第10期，第14—19页。

[③] 张磊、张英培：《县级融媒体中心建设的邳州经验》，《新闻与写作》，2019年第7期，第99—102页。

2. 研究问题

县级融媒体中心商业模式发展的环境如何？面临着哪些机遇和挑战？县级融媒体中心商业模式的构成要素有哪些？它们在县级融媒体中心的运营过程中起着怎样的作用？不同县级融媒体中心是否形成了不同的商业模式，各有哪些特点？在价值创造理论的视角下，县级融媒体中心如何实现更好的经营与管理？以上问题系本研究试图回答的问题。

3. 研究设计

本研究采用案例研究法，在选定具有代表性的个案基础上，对其商业模式进行深度解析，挖掘深层次的价值实现机理。研究案例选择的地区范围覆盖我国22个省、5个自治区、4个直辖市共31个省级行政区（港澳台除外）。每个省级行政区人工选取2—4个县级融媒体中心，主要根据该县级融媒体中心商业模式发展水平、所获奖项与荣誉、相关文字材料的充分程度等条件进行综合筛选，共选取了68个案例，具体个案名单如表7-1所示：

表7-1 县级融媒体中心案例名单[①]

| 序号 | 县级融媒体中心 | 序号 | 县级融媒体中心 |
| --- | --- | --- | --- |
| 1 | 安徽　濉溪县 | 12 | 湖南　浏阳市 |
| 2 | 安徽　肥东县 | 13 | 湖南　鼎城区 |
| 3 | 福建　尤溪县 | 14 | 广东　鹤山市 |
| 4 | 福建　海沧区 | 15 | 广东　清新区 |
| 5 | 河南　项城市 | 16 | 四川　仁寿县 |
| 6 | 河南　兰考县 | 17 | 四川　合江县 |
| 7 | 黑龙江　宝清县 | 18 | 四川　苍溪县 |
| 8 | 黑龙江　望奎县 | 19 | 山东　临淄区 |
| 9 | 湖北　夷陵区 | 20 | 山东　桓台县 |
| 10 | 湖北　南漳县 | 21 | 陕西　子长市 |
| 11 | 湖北　赤壁市 | 22 | 陕西　富县 |

[①] 名单中的"项城市""五指山市"等均为省直辖县级市，属于县级行政区。

| 序号 | 县级融媒体中心 | 序号 | 县级融媒体中心 |
|---|---|---|---|
| 23 | 北京　经济开发区 | 46 | 贵州　桐梓县 |
| 24 | 北京　延庆区 | 47 | 甘肃　玉门市 |
| 25 | 北京　海淀区 | 48 | 甘肃　敦煌市 |
| 26 | 浙江　安吉县 | 49 | 云南　芒市 |
| 27 | 浙江　长兴县 | 50 | 云南　文山市 |
| 28 | 河北　北戴河区 | 51 | 山西　上党区 |
| 29 | 河北　武强县 | 52 | 山西　介休市 |
| 30 | 新疆　沙雅县 | 53 | 青海　大通县 |
| 31 | 新疆　库车市 | 54 | 青海　格尔木市 |
| 32 | 内蒙古　东胜区 | 55 | 吉林　农安县 |
| 33 | 内蒙古　红山区 | 56 | 吉林　安图县 |
| 34 | 海南　文昌市 | 57 | 广西　平乐县 |
| 35 | 海南　五指山市 | 58 | 广西　宾阳县 |
| 36 | 江苏　江阴市 | 59 | 宁夏　贺兰县 |
| 37 | 江苏　泗阳县 | 60 | 宁夏　青铜峡市 |
| 38 | 江苏　如皋市 | 61 | 江西　分宜县 |
| 39 | 江苏　江宁区 | 62 | 江西　龙南市 |
| 40 | 上海　虹口区 | 63 | 天津　西青区 |
| 41 | 上海　宝山区 | 64 | 天津　滨海新区 |
| 42 | 上海　浦东新区 | 65 | 辽宁　彰武县 |
| 43 | 重庆　江津区 | 66 | 辽宁　义县 |
| 44 | 重庆　綦江区 | 67 | 西藏　工布江达县 |
| 45 | 贵州　石阡县 | 68 | 西藏　乃东区 |

县级融媒体中心商业模式的案例资料主要来源如下：

（1）县级融媒体中心自行发布在官方账号上的相关新闻（如宝清县融媒体中心在"微看宝清"官方微信公众号中发布的《黑龙江双鸭山宝清县融媒体中心建设纪实》，望奎县融媒体中心在东北网《绥化日报》中发布的《望奎打造多功能便民融媒终端》等）。

（2）县级融媒体中心领导在行业会议与公开采访中的自述（如浏阳市融媒体中

心党组书记接受《广播电视信息》杂志的专访）。

（3）行业内全文账号收纳的相关案例材料（如由国家广播电视总局发展研究中心主办的国家广电智库，收纳有项城融媒体中心建设发展的经验）。

（4）知网研究县级融媒体中心的论文（如边歌、边振虎发表在《新闻战线》上的《以改革促发展，做强主流舆论——敦煌县级融媒体中心建设启示》）。

案例材料搜集工作完成后，下载相关APP、查阅相关活动的官方新闻、公开发表的数据对案例材料的真实性进行进一步确认与求证，并整理所有材料，删减与商业模式无关的相关内容，增加原材料缺失的内容，最终以县级融媒体中心为单位进行整合，共形成分析材料18万余字。

以这18万余字材料为基础，对案例资料进行编码，并借用NVivo11软件进行案例资料分析。NVivo是一款质性分析软件，支持整理、分析调查问卷、访谈、文献、采访、音视频等内容，能够将非结构的资料进行结构化呈现。

经过前文的文献梳理，商业模式的相关理论构建已有基础，对于其构成的核心维度已有共识。本研究在前人已有研究基础上提出"本地资源、价值创造、价值网络、内部管理机制、价值体现"的基础框架，并参照程序化扎根理论进行编码。

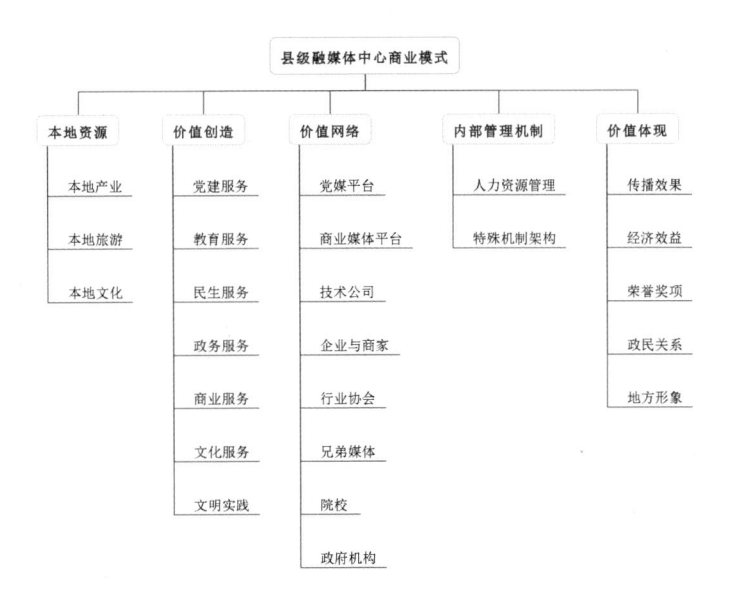

图7-1 县级融媒体中心商业模式构成要素

具体编码步骤如下：

（1）反复仔细阅读案例资料，阅读的过程中进行开放性编码。编码时尽可能覆盖全部文本。如果有相关节点不确定具体位置，暂时搁置在自由节点中。

（2）初步做完 10 个案例的初级编码后，将初级编码进行概念化提取，得到二级编码，再将二级编码分类至三级编码的五个节点中。

（3）根据前期编码过程中遇到的问题，继续补充并完善案例资料。编码过程中，发现原三级编码"价值定位"中所含子节点过少，不具有代表性，遂将其删除。同时，自由节点中有大量关于绩效、体制机制的相关子节点，遂将其归类整理，增加三级编码"绩效与体制机制"。

（4）将全部案例进行编码，如果一段文字同时属于几个节点，则分别标记在不同的节点下。并通过比对具体编码之间的内容，对子节点进行细节上的分类与调整，直至核心概念与其子节点达到饱和。

（5）最终形成 706 个初级编码，聚合成 25 个二级编码，5 个核心概念。具体情况与关系如图 7-1 所示。

其中，"本地资源""价值创造""价值网络""内部管理机制""价值体现"五个核心概念与二级编码、初级编码的结构关系，以及各级编码的具体内容分别如表 7-2、7-3、7-4、7-5、7-6 所示：

表 7-2　县级融媒体中心商业模式本地资源编码表

| 核心概念 | 二级编码 | 初级编码举例 |
| --- | --- | --- |
| 本地资源 | 本地产业 | 利用江阴位于长江沿岸石化产业集聚的地理优势，建设立足江阴、面向长三角、辐射全中国的应急培训基地。 |
| | 本地旅游 | 位于宜昌市的三峡人家景区是国家 5A 级景区，夷陵区融媒体中心与宜昌三峡环坝旅游发展集团联合启动了 2020《云端三峡》大型山水实景直播秀。 |
| | 本地文化 | 敦煌市融媒体中心依托敦煌研究院知名专家、敦煌市图书馆举办敦煌文化公益性讲座等，制作刊播"传承敦煌文化 弘扬莫高精神"等一系列传播和弘扬敦煌文化的音视频作品。 |

表7-3　县级融媒体中心商业模式价值创造编码表

| 核心概念 | 二级编码 | 初级编码举例 |
| --- | --- | --- |
| 价值创造 | 党建服务 | 中心策划开展"红色地图之书记大党课"活动，共10期，30多万人在线聆听党课，让党史学习教育走"新"更走"心"。 |
| | 教育服务 | "濉溪在线"客户端接入了濉溪教育资源网，包括安徽基础教育资源应用平台、在线课堂等，且对全县的教育资讯进行发布。 |
| | 民生服务 | "智慧尤溪"APP上线了智慧食堂、扫码支付、公交来了、预约挂号以及求职招聘、房屋出租、二手交易等便民服务。 |
| | 政务服务 | 夷陵区力推政府服务事项网上办理，涉及45个部门的659个事项可以全程网上办理。 |
| | 商业服务 | 清新区融媒体中心打造清新桂花鱼品牌，包揽标志、口号、吉祥物等系列设计，并成功举办桂花鱼美食文化节。 |
| | 文化服务 | 项城融媒充分利用历史文化优势，通过"百姓文化云"功能，为群众提供免费优质的文化内容，集观察、体验、反馈于一体。 |
| | 文明实践 | 夷陵区新时代文明实践中心与融媒体中心"5210"融合平台上线，深入开展五类文明实践，培育发展十大志愿服务联盟。 |

表7-4　县级融媒体中心商业模式价值网络编码表

| 核心概念 | 二级编码 | 初级编码举例 |
| --- | --- | --- |
| 价值网络 | 党媒平台 | 鹤山市融媒体中心原创的大批防疫及复工复产信息还登上了新华社客户端、人民网、学习强国APP等全国、省市权威媒体。 |
| | 商业媒体平台 | 西青区与字节跳动联合策划的"了不起的天津——西青篇"，已制作推送专版138期。 |
| | 技术公司 | 富县携手陕西省广电网络公司，采取购买服务的方式，依托"秦岭云"大数据中心，建成适合自身的"中央厨房"。 |
| | 企业与商家 | 桓台县融媒与山东艺星教育咨询有限公司合作成立桓台广电艺术中心，主要经营播音主持、美术、书法、陶艺等课程。 |
| | 行业协会 | 如皋市融媒体中心和江苏省帆船协会联合开办帆船培训班。 |
| | 兄弟媒体 | 苍溪县融媒体与嘉陵江流域10个县融媒中心达成区域合作与信息共享机制，增强信息的可读性、耐读性。 |
| | 院校 | 青铜峡市融媒体中心是宁夏大学新闻传播学院实训基地，是全国首家被211大学确定为教学研基地的县级融媒体中心。 |
| | 政府机构 | 兰考融媒与税务局联合举办"开票有奖"活动，鼓励消费者消费索要发票，为国家增加税收。 |

表 7-5　县级融媒体中心商业模式内部管理机制编码表

| 核心概念 | 二级编码 | 初级编码举例 |
| --- | --- | --- |
| 内部管理机制 | 人力资源管理 | 北京经开区融媒体中心推进以绩效改革为核心的分配体制改革，建立"基本工资+绩效工资+优秀作品奖励+各类补贴"的薪酬结构，实行以岗定薪、岗变薪变、动态管理的分配机制。 |
|  | 特殊机制架构 | 重庆綦江区融媒体成立了天马策划工作室、叮叮猫视频工作室、红蚂蚁商城等7个融媒体发展工作室，实现策划、运营、营销、宣传、监管全流程"一站式服务"，提升了市场竞争力和服务水平。 |

表 7-6　县级融媒体中心商业模式价值体现编码表

| 核心概念 | 二级编码 | 初级编码举例 |
| --- | --- | --- |
| 价值体现 | 传播效果 | "你好宝清"抖音号发布作品1021个，粉丝135万，单条最高播放量2亿次，多次荣登黑龙江融媒红榜榜首。 |
|  | 经济效益 | 近五年，浏阳媒体经营收入增长7176万元，净增62.8%，其中纯媒体收入增长4302万元，净增108%，实现了逆势上扬。 |
|  | 荣誉奖项 | 上党区融媒体中心2020年被山西省广播电视局表彰为广播电视媒体融合示范单位。 |
|  | 政民关系 | 鼎城区融媒体就助销扶贫产品2000万元，直接受益建档立卡贫困户120多户，间接受益2000多户，受到群众高度评价。 |
|  | 地方形象 | 阿克苏荒漠绿化宣传报道进一步深化，吸引越来越多媒体关注，被多家知名媒体热播，被誉为"中国又一个塞罕坝"。 |

其中，价值创造中的商业服务根据县级融媒体中心的实际运营情况，进一步划分了细分方向，具体情况如表 7-7 所示：

表 7-7　县级融媒体中心商业模式商业服务编码表

| 细分方向 | 初级编码举例 |
| --- | --- |
| 电商 | 义县融媒体中心成立融汇达商贸有限公司，以代言等多种形式搞促销宣传，推介家乡特色农产品，助力乡村振兴。 |
| 会展活动 | 项城市融媒体联合商家举办了项城虫草消费节、净水机节、空调节等等活动，每年活动达到300多场次。 |
| 教育培训 | 尤溪县融媒体成立尤溪朱子传媒文化艺术培训中心，在全国范围承接各类业务培训。 |

| 细分方向 | 初级编码举例 |
|---|---|
| 媒体营销 | 临淄区融媒体通过线上商业营销平台"圈本地"栏目实现共同盈利,首批60多个商家完成入驻,为群众提供本地吃喝玩乐购等O2O服务。 |
| 大数据服务 | 长兴传媒集团成立公司,通过应用容器云、网格计算、数据挖掘等技术,促进长兴区域块数据融合与应用、大数据产业的繁荣发展。 |
| 其他拓展 | 赤壁市融媒体与家具城合作成立了广电粤港家具城。 |
| 房地产 | 尤溪县融媒体与多个地产公司合作经营地产销售。 |
| 文旅服务 | 国庆期间,綦江王良纪念馆参观人数就达到3万人次,而承接王良纪念馆运营的就是千里传媒有限公司。 |
| MCN | 广东清新区融媒体中心成立清新MCN机构,已拥有乡村新闻官、乡贤、乡企带头人、新闻主播、流量网红等300多个内容生产者。 |

## 三、县级融媒体中心商业模式的现状扫描

### (一)本地资源:嵌入本土价值网络

本地资源是指县级融媒体中心在进行价值创造活动中可以利用的县域本地资源。根据数据分析结果,在68个案例中,仅33%的县级融媒体中心存在充分利用县域本地资源的行为。

表7-8 县级融媒体中心本地资源要素数量与占比

| 本地资源 | 融媒体中心数量 | 具体内容提及次数 | 融媒体中心数量占比 |
|---|---|---|---|
| 本地产业 | 9 | 11 | 13% |
| 本地旅游 | 9 | 9 | 13% |
| 本地文化 | 5 | 5 | 7% |

1.本地产业:BoP市场潜力亟待释放

如前所述,大部分企业关注金字塔中的高端市场,这类市场由中产阶层和富人群体组成,而金字塔底层(BoP)的市场则通常被企业所忽略。BoP市场中的低收入人群占全世界人口2/3以上,他们拥有巨大的市场需求,也潜藏着巨大的价值创

造能力。① 将 BoP 人群视为消费者，实施市场开发型 BoP 战略，能够促进产品创新，拓展市场。将 BoP 人群视为生产者，将其纳入企业的价值网络，实施资源开发型 BoP 战略，能够改善低收入人群的收入水平，兼顾企业的经济效益与社会效益。县级融媒体中心在进行商业活动时，应当积极采用 BoP 战略，考虑与当地特色产业结合。以新疆维吾尔自治区的库车市融媒体中心（序号 31）为例。

库车市是一个以农业为主的地区，特产小白杏，被誉为"中国白杏之乡"。库车的小白杏生长在塔克拉玛干沙漠北部边缘，经由天山雪水灌溉。每日近 14 小时的日照时间，10 度以上的昼夜温差，加上 280 天的无霜期，得天独厚的生长环境使得库车白杏风味出众，香甜浓郁，饱满多汁。当地老百姓叫小白杏"阿克其米西"，取"白色蜂蜜"之意。但库车小白杏曾经的市场价格仅为 2 元/公斤。价格低迷时，甚至有不少村民考虑把杏树砍掉，改为种植棉花。

库车市融媒体中心将生产小白杏的农民纳入价值网络，举办一系列小白杏相关活动，如小白杏文化旅游节、杏花节等节庆活动，开展小白杏直播推介，制作推广小视频等。推广小视频中标明销售人员的联系方式，通过全媒体平台进行传播。融媒体中心的负责人表示，一般上午发布小视频，下午时农产品就已经售罄，而且全国各地咨询购买的电话会源源不断地打来。不仅如此，库车融媒体中心每年会邀请林果业专家进行指导和讲座。在露天的地头田间，融媒体中心设置课堂，现场讲解林果业技术。最后，小白杏的价格提升至 30 元/公斤，农民的收入增加，旅游业也得到一定发展。

库车市融媒体中心在这一商业活动中采取资源开发型 BoP 战略。当地农民作为小白杏的供应方，位于价值链上游。融媒体中心整合相关资源后，为当地农民提供销售渠道，最终将小白杏推介到全国各地的消费者手中。融媒体中心有渠道却没有产品，当地农民有产品却没有渠道，融媒体中心与农民群体实现了资源互补，弥补了双方互补性资源稀缺的劣势，实现双赢。

与中高端市场相比，BoP 市场有着众多独特之处。BoP 群体收入低，分销渠道

---

① 杜松华、徐嘉泓、罗子婵等：《金字塔底层可持续商业模式构建分析——基于粤东北地区的多案例研究》，《管理评论》，2018 年第 9 期，第 292—304 页。

缺乏，市场中存在大量非正式交易，基础设施较差……县级融媒体中心便于嵌入本地网络，获取价值网络中各方力量的信任，共享优质信息，建立共同解决问题的机制。根据案例材料，有众多县级融媒体中心进行了电商活动，并有政府官员参与直播带货。但大部分电商活动并未与当地产业产生紧密、持续互动。即使在库车这一案例中，融媒体中心与当地产业也未实现强关系嵌入。融媒体中心与供应小白杏的农民的互动频率不算高，关系的持续时间也不算长，长期的可持续发展的商业模式有待建立。一些关系嵌入程度强的公司，会组织农户参观生产基地，对农户进行指导，节假日慰问困难农户，与农户建立长久的合作关系。这也是尝试 BoP 战略的县级融媒体中心未来可以探索的路径。

2. 本地旅游：参与目的地营销

所辖区域拥有旅游景区的县级融媒体中心，可以面向旅游资源富集的本土市场，做好旅游营销。旅游业是信息依托型产业。人们在日常生活中，通过信息接触了解到旅游目的地的基本信息。通过大量的信息传播，人们才能对某一旅游景点留下印象，产生兴趣。出色的旅游目的地营销会营造区域形象，对潜在的游客产生吸引力。旅游动机产生后，游客需要搜集与旅游目的地有关的各类信息，包括吃、住、行、游、购、娱等各个方面。旅游的事前决策性和产品的产地消费性令信息传播对旅游业产生重要作用。[①] 消费者必须身处旅游目的地，才能消费旅游产品，在此前无法确定旅游产品与旅游服务的真实质量。在前往旅游目的地之前，消费者就已经做出了消费决策。因此，县级融媒体中心的信息传播对当地旅游产业至关重要。以湖北省南漳县（序号10）为例。

南漳县有着丰富的旅游资源，各类人文、自然景观百余处。作为省生态文明建设示范县、国家重点生态功能区，南漳县拥有2个4A级景区和3个3A级景区。但是，如何宣传南漳县的旅游资源，吸引游客前往南漳，是一个难题。南漳县文旅局的宣传方向曾是线下公共基础设施——大屏，但这很难在短时间内向外大范围传播南漳县。察觉到移动小屏渠道的重要性，尤其是短视频平台的"威力"以后，南

---

① 巫宁：《信息传播：旅游目的地营销与服务的关键环节》，《旅游学刊》，2007年第10期，第67—70页。

漳县文旅局和南漳县融媒体中心合作，以新媒体平台与短视频平台为传播渠道，强强联手宣传当地旅游。双方共同选拔优秀的媒体人才与文旅人才，组成南漳文化旅游运营团队，运营南漳文化旅游的微信公众号、视频号、抖音号等。运营团队制作短视频专栏，如《我的家乡金南漳》《余琴说古迹》等，向大众介绍南漳的文物古迹与风土人情。"金南漳""心氧氧·去南漳"等旅游品牌的传播，准确到位地提炼出南漳旅游资源的形象。同时以南漳的旅游资源为核心，策划节庆活动，如有机茶文化旅游节等，并推介南漳的旅游产品。2021年12月，南漳文化旅游视频号运营的优秀案例被《中国旅游报》长篇幅报道。南漳县也先后被评为"全国休闲农业与乡村旅游示范县""首批湖北省旅游标准化示范县""湖北省'荆楚文旅名县'创建县"等。

湖北省南漳县的案例体现了融媒体中心在旅游目的地品牌塑造与新媒体营销中的重要性。游客做出消费行为的决策期一般较长，而短视频等平台能够为游客提供生动、丰富的旅游信息，更高效地帮助游客做出决策。不仅是移动互联网时代重要的销售渠道，随着文旅产业在线化的发展，在线文旅空间在逐步深入旅游消费的全过程。[1]

湖北省夷陵区融媒体中心（序号9）的《云端三峡》项目也是一个非常典型的案例。

三峡人家风景区是国家5A级景区，位于三峡大坝和葛洲坝中间，自然风光"湾急、石奇、谷幽、洞绝、泉甘"，壮美瑰丽。夷陵区融媒体中心积极主动与三峡环坝旅游集团合作，为三峡人家风景区定制打造山水实景直播项目《云端三峡》，利用先进的媒体技术为旅游产业赋能。为了呈现出最完美的效果，融媒体中心工作人员深入景区拍摄实景素材，历时一个多月，为观众带去最真实的三峡山水。产品上线前，融媒体中心制作并全媒体渠道分发多个短视频、H5、MV等作品，为直播预热。直播秀的背景同样是景区实景，且创造性地将表演舞台与370公顷的核心景区融为一体，通过真实、即时的直播为观众提供可信的画面。《水墨三峡》《三峡

---

[1] 于秋阳：《在线文旅新空间的消费特征与建构机制》，《旅游学刊》，2021年第7期，第10—12页。

人家》等线上实景的民俗歌舞声情并茂地展现原生态的民族特色，增强观众的认知度，为其带去沉浸式体验。据悉，这是湖北省第一场大型山水实景直播秀。

旅游经济是体验经济，游客的感知与体验尤为重要。直播能够打破甚至超越时空界限，为游客呈现最佳状态下的景区。跟随直播镜头，远在他方的游客能够身临其境地观赏景区的风光，体验景区的风土人情。县级融媒体中心能够与本地的旅游业进行深度融合，不仅仅提供在线旅游服务或进行旅游产品的宣传，还可以探索如何将先进的媒体技术融入旅游产品，将虚拟与现实融合在一起，尤其是利用融媒体中心对本地旅游资源的深刻理解，多样化呈现旅游目的地，增强游客体验。

3. 本地文化：弘扬地方特色

拥有特殊文化资源的区县，注重当地文化的挖掘与宣传。区县本地文化是经过历史沉淀的传播富矿。商业化大众化媒体的逻辑是尽可能扩大传播面积，产生更高的浏览量，所生产的文化产品也追求寻找用户最大限度的共同点。传媒市场中的产品趋向同质化与浅薄化，区域文化也失去本地特色。而中央级、省级等传统媒体难以照顾到每一个区县的文化特色。在大众传媒的迅速扩张中，地方特色文化受到了强烈的冲击。传承优秀特色文化，是县级融媒体中心作为基层主流媒体的历史责任。县级融媒体中心深处区县内部，职工也多为本地人，对当地特色文化与风土人情往往有着更加深刻的感情与见解。宣传本地文化，能够增强地方认同，唤醒当地居民对脚下土地的认同感与自豪感。对外弘扬地方文化，既能一解在外游子的思乡之情，更能提升地方的影响力与知名度，塑造正面积极的地方形象，进而助力地方的持续稳定发展。如敦煌市融媒体中心（序号48），一直在探索如何更好地发扬敦煌文化。

中心常邀请敦煌研究院知名专家，举办公益性讲座、开办文化大讲堂，制作并刊播一系列图文与音视频作品，用普通群众感兴趣的形式，向外弘扬敦煌文化与莫高精神，让更多的人了解敦煌故事，传承我国优秀文化。

县级融媒体中心在进行本地文化传播时，可以根据接近性深入挖掘本地文化的特性与魅力，在立足本土的同时放眼世界。县级融媒体中心能够作为区县对外沟通交流的节点与窗口，通过寻找本地文化与大众文化的个性与共性，利用短视频、直播、纪录片等生动多样的传播形式，提升地方文化的生命力。尤其是位于边疆与多民族地区的区县，县级融媒体中心更需要发挥优势，增强民族与民族之间的交流，为民族团结贡献力量。以云南省文山市融媒体中心（序号50）为例。

"云归处，雾岚间，神草三七居深山。枝三丫，叶七片，红籽如花朵朵艳……"这首名为《三七谣》的歌曲，一经推出便在文山掀起热潮。文山市融媒体中心以文山的特产"三七"为题，结合展现文山特色民族文化与自然风光的画面，制作成了这一火爆全网的MV，浏览量破千万。现在，这首歌曲不仅有汉语版，还制成壮语、苗语等少数民族语言版本。文山市融媒体中心挖掘文山丰富多彩的民族文化资源，将其制作成鲜活、有趣、生动的内容产品，致力于民族团结进步。2020年，文山融媒举行线上民族团结进步知识竞赛活动，采用过关抢红包的有趣形式，吸引近4万市民参加。

我国是一个统一的多民族国家，各民族交错居住，相互融合，构成了一个多元一体的大家庭。每个民族都有自己独特的文化，在少数民族聚居的区域，县级融媒体中心需要发挥在内容生产与传播上的优势，促进各民族间的文化交流与融合，助力各民族之间的团结、平等、互助、和谐。越进行文化融合，国家认同和文化认同就越能产生交集与重叠，对中华民族、统一国家的集体认同便会增强，从而保持边疆稳定。[①]

还有归侨、侨眷聚居的区县。身为炎黄子孙，根系上的相依相属令众多华侨即使身居海外，仍然关心家乡发展，心系祖国。以海南省文昌市（序号34）为例。

文昌是著名侨乡，共有120多万文昌籍华侨华人，旅居十多个国家和地区。依托"云上文昌"APP，文昌市融媒体中心开设专栏"文昌故事"，展示文昌侨胞支援家乡建设、兴办学校、修桥补路的故事。同时，为侨胞搭建交流互动的平台，共话桑梓的同时促进故土发展。

侨乡是海外华侨的家乡。华人华侨或归国探亲访友，与家乡保持密切联系；或通过海外捐赠、举办公益慈善活动、归国办实业等形式建设家乡。身处侨乡的区县级融媒体中心，一可以举办活动增强海外华侨华人的凝聚力，二可以成为华侨华人

---

① 韩震：《论国家认同、民族认同及文化认同——一种基于历史哲学的分析与思考》，《北京师范大学学报（社会科学版）》，2010年第1期，第106—113页。

与家乡、祖国交流的窗口,三可以构建良好的地方形象,吸引华人华侨为家乡发展助力。

(二)价值创造:兼顾公共价值与商业价值

鉴于县级融媒体中心的双重属性,我们不能单纯从商业价值的角度去考察县级融媒体中心的价值创造活动。企业的最终目标是利润最大化,其价值创造的落脚点在于盈利。但与纯粹的商业性企业不同,县级融媒体中心所创造的价值具有多重性。县级融媒体中心实施企业化管理,意味着其具有进行经济价值创造活动的合法性,这属于企业创造的私人价值。与此同时,县级融媒体中心大多是事业单位,收入构成中包含公共财政拨款,需要参与社会治理,面向政府、公众与社会,有着进行公共价值创造的责任。县级融媒体中心商业模式价值创造关注的是为各方创造新价值,其中既包括公共价值,也包括商业价值。多重价值驱动才是县级融媒体中心商业模式的出发点。

1. 非商业服务:创造公共价值

县级融媒体中心的价值创造活动分为商业服务与非商业服务两类。非商业服务面向的是政府与公众,而非市场,所满足的是政府与公众的需求。作为政府与公众之间的桥梁,县级融媒体通过提供非商业服务,提升相关政府部门的工作效率,满足公众的正当需求与期望,改善政民关系。

参考《县级融媒体中心建设规范》,县级融媒体中心的非商业服务主要分为六类,分别为:民生服务(对接民生平台,提供各类生活服务,如医疗服务、便民查询、便民支付等)、政务服务(对接政府部门,承担在线政务服务平台的功能,如网络问政、举报监督、办事大厅等)、文明实践(承担新时代文明实践中心的功能,如志愿活动、创建文明城市活动等)、文化服务(提供各类精神文化产品与服务,如影片、文化展览、文艺演出等)、党建服务(结合当地党委提供各类党建服务,如党员管理、党员教育等)、教育服务(结合当地院校提供各类教育产品与服务,如在线课程、报名服务、教育信息查询等)。原规范中将提供民生新闻、政务新闻等也算入相关服务范畴,考虑到提供新闻仍然属于发挥媒体的信息传播功能,将其算入服务类别则难以增加各案例间的区分度,并未将其归入具体服务的类目。

表 7-9　县级融媒体中心非商业服务要素数量与占比

| 细分方向 | 融媒体中心数量 | 具体内容提及次数 | 融媒体中心数量占比 |
| --- | --- | --- | --- |
| 民生服务 | 52 | 71 | 76% |
| 政务服务 | 52 | 72 | 76% |
| 文明实践 | 23 | 31 | 34% |
| 文化服务 | 13 | 20 | 19% |
| 党建服务 | 12 | 15 | 18% |
| 教育服务 | 9 | 10 | 13% |

根据分析结果可知，县级融媒体中心提供的非商业服务中，拓展最多的功能为民生服务与政务服务，均占比76%；文明实践次之，约34%的县级融媒体中心承担部分新文明实践中心的功能。文化服务、党建服务与教育服务紧随其后，分别占比为19%、18%与13%。

县级融媒体中心是组织各方力量参与公共价值创造的平台型组织，在国家治理体系与治理能力现代化战略中发挥着至关重要的作用。民生服务方面，县级融媒体中心已开发诸如就诊预约、人才招聘、水电缴费、云上律师、购票等多重服务，涵盖居民的衣食住行各个方面。疫情期间，为助力复工复产，北京市经济开发区、江苏江阴市等区县级政府通过融媒体中心的客户端发放电子消费券，刺激消费，拉动经济。县级融媒体中心利用媒体平台，将医院、电影院、停车场等社会资源组织在一起，为民众提供更加便捷的生活。

政务服务方面，县级融媒体中心一是发挥信息传播的功能，为公众进行政策解读，帮助公众理解政策；二是发挥媒体自身优势，为政府有关部门提供媒体资源与服务，如政府官方账号的代理运营、网络舆情报告梳理、在线数字政务平台等；三是发挥媒体监督的作用，通过网络问政、市长热线、爆料专栏等形式搭建政民沟通平台，对上做好媒体监督，对下搜集民意做好舆论管理，为政民沟通提供桥梁。

县级融媒体中心与新时代文明实践中心深度合作，开拓县级媒体公共服务新局面，是一种比较理想的做法。以浙江长兴(27)为例。

长兴传媒集团开发新时代文明实践云平台，将点单派单、任务发布与审核、活动追踪、服务评价与宣传、信息保存与调取等功能融为一体，集聚6万余志愿者完成注册，成功开展8万余次志愿服务活动。打通渠道，将文明实践云平台嵌入融媒体中心"掌上长兴"的客户端，并将原生活资讯频道改为文明学习频道，推出专栏《诚实守信》等，并在客户端新增文明实践专题频道。打通队伍，两中心的工作人员相互补充，采集文明实践相关信息，并统一发送。将融媒体中心各端的志愿者队伍整合，形成"文明实践网络传播志愿者"队伍，并归文明实践云平台统一调度。打通数据，由融媒体中心研发应用"文明诚信码"，以户为单位，建立诚信档案系统，组织群众开展捐款捐物、无偿献血等公益活动。

总体来看，县级融媒体中心已开发出多种公共产品与公共服务。但就单个县级融媒体中心来看，受制于自身能力与当地环境，很少有提供较为全面的非商业综合服务的成功案例。毕竟，公共价值创造活动对县级融媒体中心的公共服务创新、合作生产、资源建设、数据治理等运作能力提出了较高的要求。各方主体的支持与配合、提供公共服务的合法性是县级融媒体中心开展公共价值创造的关键因素。

2.商业服务：商业价值增值

县级融媒体中心商业服务类价值创造活动指的是融媒体中心围绕自身的人才、品牌、设备等资源进行的商业价值增值活动。这一部分是县级融媒体中心获得"自我造血"能力的关键，是融媒体中心面向商业市场实现盈利的核心。各县级融媒体中心根据自身情况与所处的环境，以传媒产品与服务为主链，进行纵向的上下游产业拓展与横向的跨行业经营。具体情况如表所示：

表7-10 县级融媒体中心商业服务要素数量与占比

| 细分方向 | 融媒体中心数量 | 具体内容提及次数 | 融媒体中心数量占比 |
| --- | --- | --- | --- |
| 电商 | 37 | 50 | 54% |
| 会展活动 | 36 | 45 | 53% |
| 教育培训 | 15 | 21 | 22% |
| 媒体运营 | 15 | 18 | 22% |
| 大数据服务 | 13 | 20 | 19% |
| 其他横向产业拓展 | 8 | 8 | 12% |

| 细分方向 | 融媒体中心数量 | 具体内容提及次数 | 融媒体中心数量占比 |
| --- | --- | --- | --- |
| 房地产 | 5 | 6 | 7% |
| 文旅服务 | 5 | 8 | 7% |
| MCN | 4 | 5 | 6% |

分析数据显示，县级融媒体中心已经形成的较为成熟的商业服务有8个细分方向。电商这一拓展方向受到约54%的县级融媒体中心青睐。还有53%的县级融媒体中心尝试通过举办会展活动获得利润。其次是通过教育培训与媒体营销开展商业服务，在受调查的68家县级融媒体中心中，各有15家县级融媒体中心提供相关产品与服务。此外，另有技术雄厚的13家融媒体中心已进军大数据服务。伴随着网红经济的崛起，创办MCN机构培育KOL与网红成为县级融媒体中心新兴的商业拓展方向。房地产、文旅服务以及其他横向产业的商业活动也都是一些县级融媒体中心经营的法宝。

上述商业服务细分方向中，媒体运营与MCN属于传媒产业链内的价值创造活动。传媒产业链内的商业活动能够使得县级融媒体中心获得更多的市场保障和控制，降低各个环节之间的交易成本。媒体运营主要是指县级融媒体中心发挥自身在内容产品制作上的专业优势，承接第三方组织机构的融媒生产业务。如福建省尤溪县、江苏省江阴市、江西省龙南市等地的县级融媒体中心，承接、制作政府机构与企事业单位的专题宣传片和形象片。尤溪县甚至出县跨省承接拍摄制作业务。此类商业活动对于专业出身的县级融媒体中心门槛并不高，容易发挥其自身的专业优势。新媒体运营业务同样如此。县级融媒体中心能够定制服务政府机构与商家，输出微信公众号、抖音、快手等新媒体的建设与运营服务。

MCN是部分县级融媒体新拓展的赛道，对县级融媒体中心的创新能力、新媒体运营能力等要求较高，需要融媒体中心整合传媒商业链上游的内容生产资源与下游的内容分发与消费资源。广东省清新区融媒体中心（序号15）、江苏省江宁区融媒体中心（序号39）等，通过外部引进、内部自创的方式，成立MCN机构，搭建优质内容信息流平台，培育网红团队。

由于农产品产量不稳定、缺乏标准化、质量难以得到保障、乡村网红稍有不慎贴上"土味""低俗"标签等原因，市场上鲜少有MCN机构专门服务乡村。根据这一市场洞察，广东省清新区融媒体中心独出心裁，在2019年打造清新MCN机构，构建新业态助力乡村振兴。与清新区内的流量网红、新闻主播、乡村企业带头人、乡村新闻官等签约，组成网红团队。以短视频、直播为主要赛道，为签约网红提供内容生产、账号运营与推广服务，培育"清远姑娘""红色秦皇山""乡村新闻官明哥"等多个网红账号。2020年，清新MCN助农营收达1100万元。

相对于媒体运营、MCN等商业服务方向，电商、会展、教育培训等商业活动属于跨产业的多元化运营形式。

电商分为直播带货与电商平台运营两种。随着直播技术的便利，一大批农村网红把直播间搬到了田间地头。无论相隔多远，用户只需点击就能购买最新鲜的土特产。加之乡村振兴政策的鼓励，为县级融媒体中心开展直播电商提供了政策红利。当然，由于本地特产难以形成品牌，加上物流等售后问题的限制，地方县级融媒体中心助力农村电商的商务运营困难重重。

会展活动是传统媒体转型发展的一个商业方向。这类活动依托县域当地的会展资源，县级融媒体中心通过举办或承办节庆活动、会议、文化公益活动等来实现创收。

教育培训也是一项新开发的商业活动项目。培训主要分为两类，一类目标客户为中小学生，深入校园培养"小记者""小播音员"等；另一类目标客户为政府机构以及其他融媒体中心，进行融媒业务培训。

文旅服务是由本地资源要素中的本地旅游资源孵化而来，用融媒为当地文旅行业的发展赋能。

横向产业拓展方面，曾经作为基层主流媒体主要收入来源之一的房地产仍然占据一定分量。房地产通过给予销售提成、赞助活动的方式与县级融媒体中心合作。此外，县级融媒体中心还通过投资的方式涉入影视、家居、文化等产业。

(三)价值网络：利益相关者协同与渗透

价值网络是由利益相关者之间相互影响而形成的价值生成、分配、转移和使用的关系及其结构。①县级融媒体中心作为价值创造的多元主体之一，它位于由信息、资源等组成的复杂网络中。专业化分工使得位于价值网络中的各主体能够创造独特的价值，由于这些价值的互补性或不可分割性，各利益主体组成价值网络，进行资源的共享合作，共同为顾客提供产品与服务。这些产品与服务的价值由各利益主体所创造，并经由价值网络整合。价值网络能够为县级融媒体中心提供获取信息、技术、市场、资源的途径，并通过学习获得范围经济与规模经济的可能性。

县级融媒体中心目前形成的价值网络中，拥有党媒平台、技术公司、政府机构与事业单位、院校、商业媒体平台、兄弟媒体、第三方企业、行业协会等利益相关者。价值网络的驱动因素有三种，产品或服务、标准和资源。②

表 7-11 县级融媒体中心价值网络要素数量与占比

| 价值网络 | 融媒体中心数量 | 具体内容提及次数 | 中心数量占比 |
| --- | --- | --- | --- |
| 党媒平台 | 26 | 37 | 38% |
| 技术公司 | 18 | 22 | 26% |
| 政府机构与事业单位 | 16 | 22 | 24% |
| 院校 | 14 | 21 | 21% |
| 商业媒体平台 | 12 | 14 | 18% |
| 兄弟媒体 | 11 | 12 | 16% |
| 企业与商家 | 9 | 12 | 13% |
| 行业协会 | 5 | 6 | 7% |

县级融媒体中心与政府机构、事业单位的合作受产品、服务的不可分割性驱动。基层群众所需要的信息服务涉及衣食住行多个方面，县级融媒体中心可以与党政部门单位构建服务网络，为群众提供全方位的信息与一揽子服务。以江西省分宜县融媒体中心（序号61）为例。

---

① 李垣、刘益：《基于价值创造的价值网络管理（Ⅰ）：特点与形成》，《管理工程学报》，2001年第4期，第38—41页。

② 吴海平、宣国良：《价值网络的本质及其竞争优势》，《经济管理》，2002年第24期，第11—17页。

分宜县融媒体中心与地方党政部门单位合作联办节目，组成分宜县信息服务网络。"分宜发布"微信公众号与县移民和扶贫局合作联办《脱贫攻坚》系列报道；电视节目方面，分别与县卫计局、县就业局、县城市管理局、县交管大队联办《健康分宜》《职通分宜》《城市之窗》《畅通分宜》等专栏。

县级融媒体中心与院校、行业协会、兄弟媒体、企业商家的合作则受资源的互补性驱动。与院校合作方式主要分为两类：一是与高等院校合作，县级融媒体中心从院校引进优秀人才，院校将融媒体中心作为学生的实践平台，县级融媒体中心共享著名院校的社会声誉，院校共享县级融媒体中心的业界资源；二是与中小学合作，县级融媒体中心发挥专业优势，为中小学生提供传媒培训服务，如"小记者""小主播"等。

企业边界分为有形边界与无形边界两类[①]，县级融媒体中心与行业协会、兄弟媒体合作，实现跨地区、跨行业经营。县级融媒体中心的行政区划边界是有形的，具有清晰性与不可渗透性的特点；但县级融媒体中心的融合能力边界却是无形的，尤其是某些经营活动，并不限于本区县范围。四川仁寿县融媒体中心（序号16）与成都市武侯区、泸州市古蔺县、哈尔滨市木兰县开展融媒并联，增加漫游用户。福建尤溪（序号3）与湘鄂赣三省县级手机台达成直播联盟协议，共同进行产品传播。浙江安吉新闻集团（序号26）融媒体系统在广东、贵州、湖北、山西等省进行模式输出。内容、用户、模式等均属于模糊的无形边界，各融媒体中心可以互相渗透。

县级融媒体中心与媒体平台的合作受产品的不可分割性和资源的互补性共同驱动。县级融媒体中心完成内容产品的生产环节后，需要借助党媒平台与商业媒体平台进行传播。融媒体中心为媒体平台提供专业生产内容，平台为融媒体中心提供传播渠道。以陕西省子长市县级融媒体中心（序号21）为例。

子长市县级融媒体中心入驻央视频、新华社现场云、央视新闻等主流媒体平台，与西部网、人民网、央视、新华社等党媒建立战略合作协议，并开通头条号、人民号、新华社县级融媒体供稿专线等15个第三方媒体号，将宣传效果最大化。

---

① 余东华、芮明杰：《模块化、企业价值网络与企业边界变动》，《中国工业经济》，2005年第10期，第90—97页。

其中，新华社县级融媒体供稿专线既为子长融媒体中心提供了海量音视频、图文等宣传资源，又助力子长融媒体中心进行舆论引导与政策解读。

商业媒体平台，尤其是抖音、快手等现象级短视频平台，为县级融媒体中心提供了海量用户，增加曝光量。但县级融媒体中心入驻商业性媒体平台时，需要把握平台玩法，平衡吸引用户注意力与弘扬正确价值观之间的尺度。

黑龙江省宝清县融媒体中心（序号7）的"你好宝清"抖音号，截止到2022年3月，共拥有173.5万粉丝，单条最高播放量达到2亿次，多次登上黑龙江融媒红榜榜首。抖音作品风格统一，几乎每个短视频都配有BGM，内容或直击热点，或从细微处着手引发共鸣。可见好的传播效果不是仅仅注册平台账号就能达到的。

除注册、运营平台账号以外，县级融媒体中心与商业性媒体平台还有更深层次的合作。以福建海沧区融媒体中心（序号4）与新浪厦门联合策划的"海沧扶贫山海经"宣传活动为例。

从福建省厦门市海沧区到甘肃省临夏州积石山县，共2300公里，跨越了半个中国。2014年，海沧区开始对接帮扶积石山县，通过支教、支医、引进企业、建设扶贫产业等多种方式，帮助积石山县脱贫致富。2018年至2020年，为了展现海沧区精准扶贫的成果，海沧区融媒体中心与新浪厦门联合承办"海沧扶贫山海经"的宣传活动。活动以"山的呼唤 海的回答"为主题，连续三年讲述东西协作"先富带后富"的生动故事。融媒体中心与新浪厦门共同开展头脑风暴，敲定宣传方案。新浪网首页、新浪新闻客户端、手机新浪网等重要新闻位置全方位曝光，微博热搜发起#海沧扶贫山海经#话题，@海沧发布联动@微博政务、@新浪福建以及10个新浪地方站官方账号组成传播矩阵，集中宣传造势，@青海在线官微、@河北生活号多个政务官方微博与其点赞互动。其间，融媒体中心通过海报、短视频、长图文多角度多形式讲述海沧区与积石山县的扶贫故事。截至2022年3月13日，话题浏览量5715.6万，短视频超310万，众多网友隔空送暖心祝福。

这样的合作中，商业性媒体平台掌控用户数据与流量，对平台玩法更加熟悉，县级融媒体中心通过合作，能够高效率地提升传播效果。

县级融媒体中心与技术公司的合作体现出受标准与互补资源驱动的特点。县级融媒体中心需要依据规范标准进行建设，且"中央厨房"的融合端口要求数据统一。

建成后，如符合县级融媒体中心建设的标准，方可挂牌。以新疆为例：

各县市融媒体中心按照"全疆一片云"的工作要求，与新疆报业传媒集团签订战略合作协议，由新疆报业传媒集团统一负责各县级融媒体中心的规划设计、技术指导、设备配置、端口服务等。石榴云平台建成后，全疆的县级融媒体中心入驻同一平台，进行融合生产。从标准的角度看，新疆的各县级融媒体中心组成了标准联盟。省级技术公司实力强大，依据本省的实际情况制订县级融媒体中心的建设标准，县级融媒体中心依托省级云技术平台建设中央厨房，以保证融媒体中心符合建设标准，挂牌后获得市场准入权。同时，技术公司拥有县级融媒体中心所稀缺的媒体技术资源，而县级融媒体中心在资金、建设时间、技术人才有限的情况下，不适宜在自行培育技术方面过多地投入，可以通过购买服务等方式，依托云平台，建设适合自身的"中央厨房"。

价值网络将融媒体中心、各大媒体平台、政府机构与事业单位、技术公司等各利益主体的优势资源进行整合，把各种生产要素协同在这一网络平台上，通过不同模块之间的创新、竞争与协作，使各利益主体能够利用对方的竞争优势来发展自己，拓展成长空间。价值网络形成的过程，也是各利益主体进行技术整合、品牌整合、服务整合、资源整合的过程。

（四）内部管理机制：提升工作效率

企业的内部管理是商业模式治理的关键。[①]组织管理能力水平影响其价值创造的过程与最终成果。县级融媒体中心的媒体融合过程包括组织机制融合。这种组织机制融合不是简单地将原电视台、广播、纸媒等组织相加，聚在同一物理空间办公。融媒体中心的资源改变了，责任改变了，内部的管理机制也需要及时完成重构。在实际的机制改革过程中，部分县级融媒体中心根据组织内部与外部的特点，对内部管理机制进行合理调整。根据编码内容，县级融媒体中心内部管理机制调整表主要分为人力资源管理与特殊机制架构两方面。特殊机制架构展现了部门与项目之间的价值关系，人力资源管理则关系价值创造的效率与质量，具体情况如表

---

① 项国鹏、杨卓、罗兴武：《价值创造视角下的商业模式研究回顾与理论框架构建——基于扎根思想的编码与提炼》，《外国经济与管理》，2014年第6期，第32—41页。

所示：

表7-12 县级融媒体中心内部管理机制要素数量与占比

| 内部管理机制 | 融媒体中心数量 | 具体内容提及次数 | 融媒体中心数量占比 |
| --- | --- | --- | --- |
| 人力资源管理 | 39 | 47 | 57% |
| 特殊机制架构 | 15 | 19 | 22% |

1. 人力资源管理：促进职工自我实现

从产业角度看，县级融媒体中心的价值创造活动属于知识密集型服务业，涉及新闻、传播、市场营销、政治、社会等多类别的专业知识与技术，技术及人力资本投入密度较高，附加值大，所生产的产品与服务高度依赖于从业人员的知识与专业能力。从事业单位角度看，我国县级融媒体中心多为公益二类或三类事业单位，甚至少数升级为公益一类事业单位，占据区县内优质人力资源，担负新闻传播、舆论管理、社会治理等重要社会职能。提高事业单位的执行能力需要提高事业单位的人力资源效率。[①]所以，人力资源管理对县级融媒体中心的生产与发展至关重要。

县级融媒体中心商业模式中的人力资源管理要素主要分为以下几个方面。一是改善薪酬制度。为了调动职工的积极性，部分县级融媒体中心改革绩效管理制度，将薪酬与岗位工作内容、业绩挂钩，打破职务、身份、编制的限制，竞聘上岗，以岗定薪，岗变薪变。甘肃省玉门市融媒体中心（序号47）全体员工都需要进行绩效考核，个人档案工资分为两部分，主体是基础性绩效，再将档案工资的30%作为考核总基数。以"基础工资＋绩效工资＋其他"为主要结构的绩效工资制成为江西省分宜县、贵州桐梓县等众多县级融媒体中心的薪酬制度。这些分配制度打破了"干得起干不起一个样、干多干少一个样"的困境，理顺了融媒体中心内部的分配秩序。

二是考核标准量化。摒弃"主观评价"的模糊标准，将考核标准量化细化，追

---

① 李建文：《论事业单位人力资源管理》，《改革与开放》，2011年第18期，第112、118页。

求公平公正。考虑到融媒体中心的双重属性，部分县级融媒体中心的考核体系兼顾了党性与商业性。如内蒙古东胜区融媒体中心（序号32）建立"传统媒体+新媒体"的双重考核机制，稿件的评价标准除了点击量与转载率外，还增加了"重要性"这一维度。江苏省泗阳县融媒体中心（序号37）的综合考核体系中，也加大了党媒平台采用作品的权重。

泗阳县融媒体中心实施《泗阳县融媒体中心短视频考核奖励办法》《"学习强国""新华社"等新媒体平台上稿绩效奖励规定》等考核办法，综合考核体系中包括短视频制作发布这一维度。同时，加大被"央视频""新华社现场云""学习强国"以及融媒体自身的官方抖音账号等平台账号采用短视频的权重，按照关注度、平台点击量等进行差别化的激励。

三是加强业务培训，开发人力资源。融媒体中心"中央厨房"式的生产结构对员工提出了更高的要求，全媒体人才短缺。面向市场后，县级融媒体中心更加需要提升专业水平，增强市场竞争力。一方面，县级融媒体采用"走出去"的培训方式，员工被外派至上级主流媒体与各地优秀的融媒体中心学习培训，向集文字、摄影、音视频制作于一身的全能型记者转变。另一方面，县级融媒体中心采用"引进来"的培训方式，引进业内专家与资深人士、第三方公司讲课。"走出去"与"引进来"相结合，全面开发县级融媒体人力资源的潜力，使更多员工满足日新月异的市场与社会需要。根据马斯洛的需求层次理论，人的需求从低到高具有五个层次：生理、安全、社交需要、尊重和自我实现。受体制机制影响，部分事业单位员工一定程度上缺乏竞争动力。而科学的人力资源管理能够促进县级融媒体中心职工自我实现需求的满足。

2. 特殊机制架构：引入项目制组织形式

特殊机制架构是指县级融媒体中心在具体的改革实践中，当常规的组织架构难以满足工作需要时，为了更好地服务客户所建立的特色机制与架构。县级融媒体中心重组组织架构时，会打破原组织科室部门的界限，重新按照职能的需要设立部门，诸如"新闻部""音视频部""技术部""新媒体部"等，这属于职能制组织形式。它能够充分利用县级融媒体中心的所有资源。在碰到一些紧急或有难度的项目时，部门负责人能够整合部门的力量来完成这些任务。[①] 这些都是其优势。但当县级融媒体中心同时承接多个项目时，由于缺乏明确的项目经理，没有人能够对最终的项目成果负责。各职能部门以部门的局部效益为主，这可能导致项目成果质量不高或者项目完成效率较低。部分县级融媒体中心为了更好地满足客户需要，会增加项目制组织形式，形成具有县级融媒体中心特色的特殊机制与架构。

近年来，綦江区融媒体中心（序号44）分别成立綦江区融媒体中心农业农村委分中心、中医院分中心、新城建设委员会分中心等，并选派骨干人员至分中心，将服务下沉至政府部门与事业单位的一线。此外，为实现经营采编两分离，成立千里传媒有限公司。公司内部成立红蚂蚁商城、天马策划工作室等多个专项工作室，会展服务、宣传片制作、商业直播服务等每个项目进工作室后，能够实现一站式服务，策划、运营、宣传、监管等全流程包揽。

对外，部分县级融媒体中心会像綦江区融媒体中心一样，形成分中心的架构，下沉至社区，与政务客户深度捆绑。在分中心项目式架构下，每一个分中心都是相对独立运行的，拥有专门的项目资源。分中心负责人与相关政府部门或事业单位进行对接，聚焦于分中心的项目目标，享受该党政机关给予分中心的项目资源，并对项目资源目标的实现负责。对内，部分县级融媒体中心打破原科室限制，跨部门形成专项工作室，工作室人员一律带技术、创意入驻。专项的工作室成立，能够让工作室的成员快速进入角色，并集中建设专项的工作。进行专项工作的过程中，项目组成员将积累项目经验，这些经验都是无形资产。专项工作室将不同项目的经验进行总结提炼，使这些知识变成专项工作室可以重复使用的知识。专项工作室承接下一个类似项目时，就能够快速拿出解决方案并完成项目，发挥无形资产的规模效益。这些适合的机制架构既能充分地利用县级融媒体中心的资源，又能保证工作高质量完成。

**（五）价值体现：融媒体中心的多重效用**

价值体现代表的是县级融媒体中心价值创造活动的最终成果，是县级融媒体中

---

[①] 丁荣贵、孙亚男、吕冠珠：《项目导向型企业的组织机制研究》，《山东大学学报（哲学社会科学版）》，2008年第6期，第110—116页。

心价值创造的归依。县级融媒体中心价值创造活动具有多样性，其价值体现也相应地体现在各个方面，除了具体化的经济效益以外，还有业内认可、地方形象提升、民众满意度增强等无法量化的维度。具体情况如表7-13所示：

表7-13 县级融媒体中心价值体现要素数量与占比

| 价值体现 | 融媒体中心数量 | 具体内容提及次数 | 融媒体中心数量占比 |
| --- | --- | --- | --- |
| 传播效果 | 46 | 63 | 68% |
| 荣誉奖项 | 26 | 31 | 38% |
| 经济效益 | 20 | 25 | 29% |
| 地方形象 | 8 | 10 | 12% |
| 政民关系 | 4 | 5 | 6% |

在被调查的68家县级融媒体中心里，共46家县级融媒体中心特别提出传播效果增强的作用，占比近七成。荣誉奖项代表业内与政府机构对县级融媒体中心工作成果的肯定与赞赏，约38%的融媒体中心在材料中提及，仅次于传播效果，可见县级融媒体中心作为事业单位，更重视被认可。仅29%的县级融媒体中心提到经济效益，地方形象提升与政民关系改善仅占12%与6%。

传播效果方面，县级融媒体中心分为两部分，一为向上级主流媒体供稿的采用量，包括市级媒体、省级媒体与中央级媒体。二为浏览量、点赞量与粉丝数量等。根据部分县级融媒体公开的APP粉丝数量，头部融媒体为100万左右，北京经济开发区、上海浦东区融媒体客户端用户数量破百万，浙江长兴、江苏江阴、重庆江津近百万。中部融媒体中心的客户端用户数量在20—40万之间，如湖北夷陵与广东鹤山。不太重视客户端推广与开发，或受制于区域常住人口的县级融媒体中心客户端数量则没有突破10万大关。与自建平台的数据不同的是，县级融媒体中心"借船出海"的数据较为亮眼。如江苏江阴市融媒体抖音号"最江阴"粉丝数量超360万，是客户端用户的4倍。新疆沙雅县融媒体中心抖音号粉丝60余万，千万级作品4个，百万级作品85个。仅从传播效果来看，县级融媒体中心自建平台需要花费大量成本进行技术维护与内容运营，借用其他平台则具有事半功倍的传播效果。

经济效益方面，各区县融媒体中心之间的营业收入水平差距较大。位于东部沿海等发达省份的区县以及规模较大的县级市的融媒体中心盈利水平高，如浙江长兴传媒集团，于2018年成立科技公司，当年便创下5000万元营收。2020年，进一步扩大经营范围，打造智慧信息产业运营平台，全年营收破亿。再如江苏江宁区融媒体中心成立的传媒集团，2020年全口径营收为2.6亿元。中西部经营能力较强的县级融媒体中心营收则在千万级别。如位于中部的湖南省鼎城区融媒体中心2020年营收3000余万元，位于西部的云南省文山市融媒体中心、位于西部的四川仁寿县融媒体中心、位于中部的江西省分宜县融媒体中心等，2020年全年营收均破千万。

其他价值体现方面，个别县级融媒体中心独具特色。如提升地方形象，讲好中国故事：

2019年北京世园会开幕当天，延庆区融媒体中心（序号24）新址正式落成。作为北京世园会新闻报道分中心，延庆融媒搭建好基础设施，为近四千名境内外媒体记者提供5G信号、公共电脑等优质服务。2021年，在北京冬奥会的宣传活动中，延庆融媒工作人员积极参与冬奥的服务保障工作，并通过全媒体矩阵进行宣传报道。在这些国际活动举行期间，延庆融媒体中心为融媒体产品生产树立了国际标准，同时全方位地展示延庆区地方形象。疫情复工复产阶段，延庆区融媒体中心邀请网红英国人"司徒建国"前往延庆体验春耕种花，向全世界分享延庆疫情防控、复工复产以及发展变化的故事，让国际社会更加了解中国。这一系列的外宣动作提升了延庆区的影响力与知名度，塑造了良好的延庆形象。来延庆投资、创业的企业家数量持续攀升，冰雪旅游、民宿产业等前景向好。2021年春节，有33万游客来延庆旅游参观，地区旅游收入近3800万元。

政民关系方面，四川省仁寿县融媒体中心（序号16）的舆情治理案例具有代表性。

曾经的仁寿县有两大"顽疾"。一是取缔人力三轮车的问题。人力三轮车私自加装电力装置后，能够提升运行速度。但是，这一改装属于非法行为，不仅增加了原三轮车的承重量，而且削弱车辆的安全性，行车途中极易发生侧翻。曾经仁寿县的几届书记县长、公安局局长尝试取缔非法改装的人力三轮车，但由于其中盘根错节的利益，始终难以办成。二是拆除"蓝顶子"的问题。尤其是仁寿县老城区，存在大量违法违章建筑，居民用蓝色彩钢瓦搭建棚子、板房，不仅影响市容，而且危险系数高。2019年，一家蓝色彩钢瓦违章建筑发生火灾。仁寿县融媒体中心抓住时机，报道火灾成因，使大量民众了解"蓝顶子"的危害。之后，整治"蓝顶子"的阻力减少许多。同时，跟进"蓝顶子"拆除项目，从拆除中到重新建成后，以拍摄图片、视频等方式公开整治过程。人力三轮车取缔项目也是如此，仁寿县级融媒体中心凝聚官方舆论场的力量，报道相关危害，引导群众舆论，并跟进、公开整治过程，实现两个舆论场的统一。2019年，仁寿县外溢舆情下降三分之二。

"欲达10万+，先达10万家。"县级融媒体中心想要提升传播效果与自身的影响力，需要俯下身子，真正融入群众生活，为群众服务。仁寿县融媒体中心之所以能够在这两项基层社会治理事件中拥有巨大的影响力，是因为前期埋头做服务、线下做活动积累了大量本地用户。"校园十佳教师评选""宅家秀短视频比赛""有奖爆料"等"接地气"的活动为客户端"大美仁寿"积蓄流量池，用户日活量近20%。县级融媒体先"服务群众"，方能"引导群众"。

**四、县级融媒体中心商业模式的基本类型**

目前商业模式的分类思路主要为两种，一是逻辑推理的思路，建立商业模式分类标准；二是案例归纳的思路，归纳出一些典型模式。[①] 对县级融媒体中心商业模式的各要素进行梳理后，本研究发现，各区县级融媒体中心商业模式的构成要素间存在差异。在价值创造要素中，不同的县级融媒体中心提供了不同的产品与服务。而这些产品与服务，受县级融媒体中心本地资源所影响，在生产这些产品与服务的过程中，也构建了不同的价值网络，生成了不同的管理机制，并在最终的价值成果上产生了差异化的体现。故本研究依据县级融媒体中心产品与服务的特点，将县级融媒体中心的商业模式进行分类，并将各类商业模式进行比较。

---

① 原磊：《商业模式分类问题研究》，《中国软科学》，2008年第5期，第35—44页。

## （一）单一媒体型

在一些综合实力薄弱的区县，县级融媒体中心缺乏生长的土壤。县域经济基础较薄弱，很难为县级融媒体中心的发展提供丰富的财政支持。县域内人口较稀少，县域融媒体中心生产的产品与服务难以形成规模。

在本地资源匮乏的情况下，此类县级融媒体中心多构建单一媒体型的县级融媒体中心。受制于发展环境，此类县级融媒体中心存在一定缺点，如价值创造活动较为单一，局限于传媒产业等。其核心产品与服务是新闻的生产与分发，尚未开发商业增值类的业务。非商业服务方面，以民生服务、政务服务为主，且多为新闻信息发布。其经营战略与传统的基层主流媒体类似，以财政支持和传统的"注意力二次销售"为主。除政府机构以外，县级融媒体中心缺乏与其他利益相关者的互动，并未形成成熟的价值网络。内部管理机制方面，缺少专业性人才，机制架构为职能制。价值体现聚焦于媒体本身的传播效果。

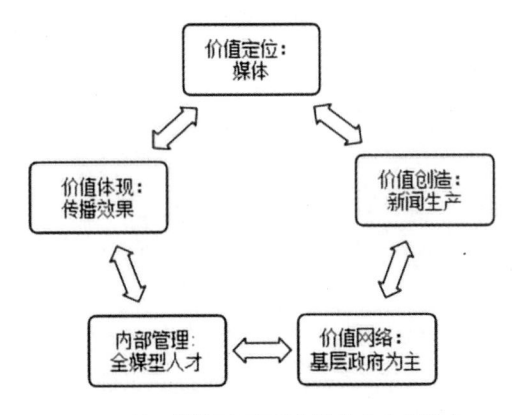

图 7-2 单一媒体型县级融媒体中心商业模式

但自身实力薄弱、先天基础不佳的县级融媒体中心，仍然能够构建成功的商业模式。如图 7-2 所示，单一媒体型的县级融媒体中心构建商业模式时，尤其需要做好价值定位，以"扬长避短"参与市场竞争，确立竞争优势。构建价值网络时，需要借助政府的力量进行融合改革。内部管理机制方面，尤其需要挖掘现有人才队伍的潜力，追求精简与效率。以河北省武强县融媒体中心为例（序号 29），被中宣部总结为全国县级融媒体改革的"贫困县样板"，其县级融媒体中心的经营管理经验值得欠发达县域的融媒体中心学习借鉴。

武强县位于河北省东南部，隶属衡水市，总面积445平方公里，户籍人口20.9万。[1]2019年，武强县才退出国家贫困县行列。根据武强县统计局最新发布的《2020年国民经济和社会发展统计公报》，2020年全县生产总值仅为69.5亿元。武强县融媒体中心的商业模式构建经验主要有以下几点。

一是分平台做好价值定位。微信公众号以武强县域内用户为主，将其定位为县域内最权威、及时的媒体。武强县重大事件发生后，"文盛武强"公众号会第一时间发布报道。抖音平台用户遍及全国，将其发展方向定为面向全国，短视频作品以全国热点为主，而非武强本地新闻。抖音号名称为"融媒中心"，淡化地方色彩。目前武强县融媒体中心的抖音号粉丝164.1万，获赞6071.8万，超过衡水市其他所有媒体平台抖音号粉丝量的总和。考虑到过小的用户规模，这类县级融媒体中心打造并运营客户端的性价比太低，但嵌入各类平台却能收获事半功倍的效果。融媒体中心只需要在平台运营账号，却可以共享平台内的用户。

二是构建以基层政府为核心的价值网络。一般来讲，经济条件薄弱的县域，县级主流媒体发展受到制约，生存问题迫在眉睫，遑论商业盈利。但同样地，由于经济效益不高，融合所受到的经济阻力较小，便于政治力量进行主导，进行媒体融合与改革。武强县融媒体中心的建设便受到基层政府的高度关注与大力支持。在融媒体改革领导小组的指挥下，武强县在短短三个月内建成了功能完备的县级融媒体中心。受基层政府在价值网络中的核心地位影响，价值创造活动也以非商业服务为主。

三是内部管理机制上，建设全媒型人才队伍。人才队伍不追求大规模，以精简为主，注重个人的全面发展。全媒体采编部中的采编人员，能够独立完成文案写作、图片拍摄、视频拍摄与剪辑等一系列工作，每人身兼数职。员工薪酬分为基础薪资、绩效、奖励与津贴四部分，一线业务人员实行积分制考核，工资和具体的工作成绩挂钩。此外，对于西部贫困县的融媒体中心，还可以加强东西部合作，与对口帮扶的融媒体中心多沟通交流，进行联动合作。

---

[1] 武强概况,武强县人民政府.[2022-3-17].http://www.wuqiang.gov.cn/col/col576/index.html.

## （二）服务平台型

服务平台型县级融媒体中心的价值创造活动已经开始突破传媒产业链，向综合性的服务平台转变。此类县级融媒体中心已开始提供商业服务，但涉及的行业仍然与传媒产业密切相关。

具体来讲，价值创造活动中，非商业服务除政务服务和民生服务外，文化、教育、文明实践等方面有一定功能拓展。商业服务运营上实施的是相关多元化战略，开始向一些与传媒行业密切相关的行业拓展，提供一些成本与门槛较低的产品与服务，利用相同的人才资源、技术、生产设备、渠道、市场等，实现资源共享。如承接政府机构与事业单位的宣传片制作，为各类会展活动提供直播等服务，代理运营政府机构的微信公众号，进行公益形式的直播带货。这些价值创造活动与党政机关、事业单位关系密切，面向市场的纯商业性活动较少，并未常态化，品牌优势与核心竞争力不足。价值网络初具雏形，采买第三方技术公司的服务弥补技术上的缺陷，并嵌入各类媒体平台。这种类型的县级融媒体中心虽然已开始商业化运营，但经济效益略显不足。

如图7-3所示，服务平台型的融媒体中心可以在有限的资源条件下，构造以创造公共价值为主的商业模式，并通过服务政府的方式实现商业盈利。以濉溪县融媒体中心（序号1）为例。

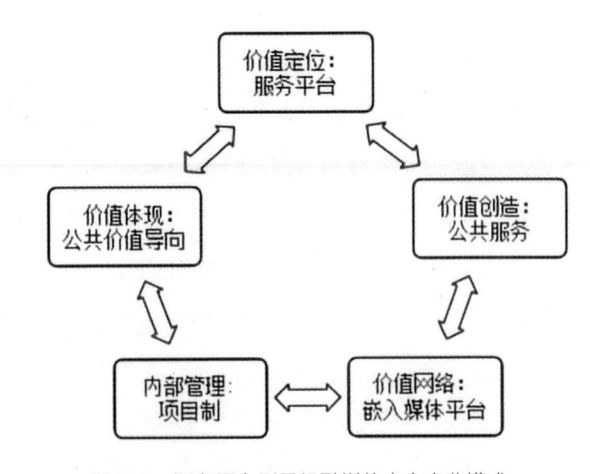

图7-3 服务平台型县级融媒体中心商业模式

濉溪县位于安徽省北部，隶属淮北市，面积1987平方公里，户籍人口114.2

万人。① 根据《濉溪县 2020 年国民经济和社会发展统计公报》，2020 年濉溪县地区生产总值为 491 亿元。濉溪县融媒体中心是中宣部首批启动的县级融媒体中心建设试点，其媒体融合的特色做法被评为安徽省"全省宣传工作十大创新范例"。

一是价值创造内容含有大量公共服务。打造"濉溪在线"客户端，提供多种多样的公共服务。政府服务升级，与县直重点职能部门联合开办专栏《政务直通车》，以直播的形式听取群众的意见与建议，并落实热点问题的解决与反馈。民生服务本土化，能够提供查询、缴费、充值等需要数据录入与调出的智能项目。文化服务丰盛，提供线上讲座、数字图书馆等，用户能进行自主订阅。党建服务资源丰富，包括云党课、党建数据库、安徽干部教育在线等。教育服务接入濉溪教育资源网。

二是部分商业活动也具有公共价值偏向。部门县级融媒体中心通过直播带货进行商业盈利，但濉溪县融媒体中心的直播带货活动以助农和帮扶为主。多次开展如"公益助农，与爱同行"的公益直播，融媒体中心的员工为本地农户、花农带货，拓宽销售渠道。

三是价值网络以及内部管理机制与党政机关结合紧密。县党员干部、县职能部门等都是濉溪县融媒体中心的重点客户。融媒体中心代管代维县直单位与各镇政府的微信公众号，打造宣传矩阵。并为了配合党政客户的工作要求，在内部管理机制上成立分中心，如卫健委分中心、公安分中心。

服务平台型的县级融媒体中心需要提高政治站位，满足党政客户的需要。在此基础上，可以提升自身在市场中的核心竞争力，开展商业运营，逐步参与市场竞争。

（三）多元化公司型

如图 7-4 所示，多元化公司型的县级融媒体中心或具有一定的本地资源，并进行充分利用，或县级融媒体自身实力强劲。其价值创造活动多元，公共服务与商业服务并举。相应地，价值网络与院校、企业商家等进行协作，尝试跨行业与跨区域运营。价值体现方面，不仅商业效益较好，也兼顾了社会效益。

---

① 濉溪概况，濉溪县人民政府.[2022-3-17].http://www.sxx.gov.cn/mhsx/index.html.

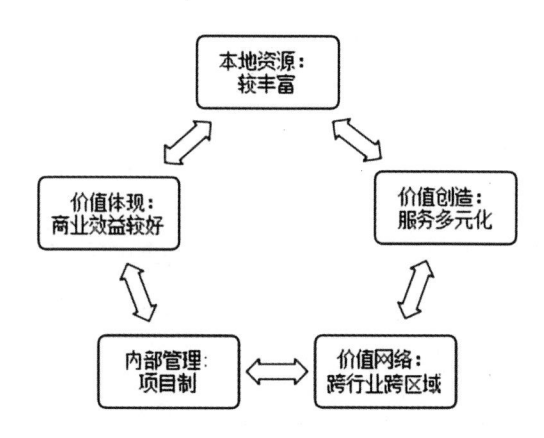

图 7-4　多元化公司型县级融媒体中心商业模式

此类融媒体中心已是在市场中具有核心竞争力的公司，部门商务服务甚至已形成品牌优势，采取多元化经营战略，向外拓展的行业与传媒行业并不存在非常紧密的联系。中心利用在传媒产业积攒的优势，进行产业拓展。如开展教育培训服务的专业艺术老师，与传媒产业共享相同的人才；直播电商所需要的设备与技术，与传媒产业的生产设备一致；利用融媒体中心的公信力，承办会展活动等。非商业价值方面，中心通过连接政府资源与整合数据，提供全面的政务服务与民生服务，助力基层政府向数字化治理转型。

以项城市融媒体中心（5）为例。项城市位于河南省东南部，隶属周口市，总面积 1086.3 平方公里，人口 126 万，2020 年生产总值完成 383.9 亿元。[①] 区域人口与经济条件较好。项城市媒体融合时间早，改革创新经验丰富。早在 2012 年，项城市广播电视台就开始探索多元产业经营，从活动经济转向产业经济。2014 年，项城市广播电视台全年营收创下 2000 万元的惊人成绩。[②]2016 年，项城市广播电视台便建成融媒体中心，与第三方技术公司合作，打造广播中央厨房模式，再次走在全国前列。

项城市融媒体中心价值创造活动内容涉及多个产业。商业服务方面，一是房地

---

[①] 走进项城·市情简介，项城市人民政府.[2022-03-17].http://www.xiangcheng.gov.cn/sitesources/xcs/page_pc/zjxc/index.html.

[②] 马龙飞：《县级融媒体建设的创新与实践——以河南项城融媒体建设为例》，《当代电视》，2020 年第 5 期，第 91—94 页、112 页。

产行业，与房地产公司合作，负责宣传销售与策划工作。二是进入会展业，每年举办的活动高达300多次，如空调节、净水机节、海参消费节等，展示融媒体中心的直播品牌，将活动与直播结合。会展服务已经成为项城市融媒体中心的重要创收来源之一。三是涉入农业。项城农资市场由融媒体中心入股的项城农村农资有限公司统一招收门面、配货销售。四是电商。在全市农村建立连锁超市，为农村居民提供放心的商品与便捷的购买方式，满足农村居民的消费需求，提升生活水平。公共服务方面同样是涉猎多元。除了常规的政务服务、民生服务外，融媒体中心致力于大数据赋能，打造融合智慧平台，如智慧城管、智慧教育、智慧社区、雪亮工程等。例如"智慧城管"项目，利用大数据，实现对区域内的垃圾桶、路灯、井盖等进行网格化监管与监控安全预警。同时，中心充分发挥媒体的监督功能，与食品药品监督管理局联合实施"明厨亮灶"项目，通过网上公开的方式监督并管理食品的生产与经营活动，保障食品安全。

纵观项城市融媒体中心的发展历程，纵然本地特色资源相对缺乏，地区生产总值也未处于全国前列，但融媒体中心自身实力强劲，在探索媒体融合方面锐意创新。虽然向外拓展的产业众多，但基本仍然与传媒产业拥有一定的连接点。对于完全没有关联的产业（如农业），则采取投资的方式拓展。但需要注意的是，此类融媒体中心提供的商业服务较同质化，商业模式存在易复制、成长空间不足的缺陷。其竞争优势主要依靠主流媒体的公信力与体制保护机制所建立，一旦完全走向市场，可能会被竞争对手模仿、超越。

（四）复合系统型

复合系统型的融媒体中心不再局限于多元化的传媒公司，而是凭借资金与技术优势开始向集团化发展。此类融媒体中心的价值创造活动内容全面立体，与众多利益相关者构建以融媒体中心为核心的生态系统，为区域综合治理提供全方位的服务。如图7-5所示。

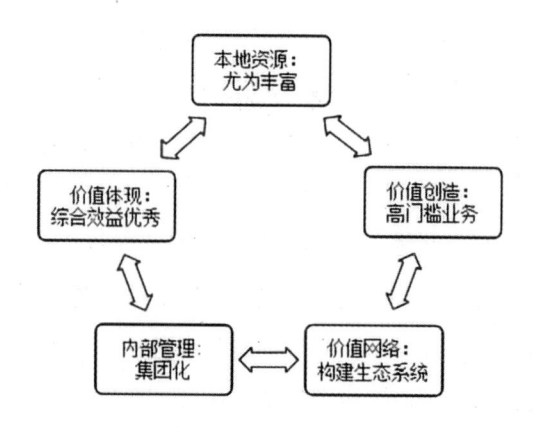

图 7-5　复合系统型县级融媒体中心商业模式

经济发达的沿海省市、人口较多的县级市等本地资源丰富的融媒体中心多采用复合系统型商业模式。此种类型的融媒体中心在技术、资金、人才等方面拥有核心竞争力，因此其商务活动运营采取复合多元化战略，向与传媒行业几乎没有关联与交叉点的行业进行拓展。与多元公司型不同的是，此类融媒体中心自身拥有核心技术，且资金规模庞大。价值体现上，融媒体中心经济效益优秀，且具有区域综合社会治理的功能。此类商业模式不易复制，头部县级融媒体中心可以学习江宁区融媒体中心（序号39）的经验。

江宁区位于江苏省西南部，隶属南京市，区域总面积1562平方公里，常住人口195.4万[1]，根据《南京市江宁区2020年国民经济和社会发展统计公报》，2020年地区生产总值达2509.3亿元。雄厚的经济实力与较大的人口基数为江宁区融媒体中心提供了商业化发展的优渥土壤。

目前江宁区融媒体中心已成立南京江宁传媒集团，旗下有多家公司，负责多项业务运营：江广文化传媒发展有限责任公司，主要负责传媒业务；江融智慧信息科技公司，主要负责智能运维与专网建设；润江智慧显示科技有限公司，负责大屏显示；红苹果文化发展有限公司，主要负责婚庆服务；江广影视文化发展有限公司，负责影视产业的发展投资；知已行文化服务有限公司，负责线上与线下的阅读推广

---

[1] 走进江宁·地区概况，南京市江宁区人民政府.[2022-03-17].http://www.jiangning.gov.cn/zjjn/.

活动。

从江宁区融媒体中心的集团化发展可以看出,融媒体中心的价值创造活动高度市场化、商业化。其商业服务方向可以总结为四大主业,分别为:大型会展活动、智慧城市、区域信息服务和文化产业园区投资,大部分业务的进入门槛比较高。一是技术门槛高。与另外三类融媒体中心引入第三方技术公司不同,江宁区融媒体中心自身拥有核心技术,能够创立科技公司,进军大数据产业,参与智慧项目的建设开发与运营维护。二是媒体资源门槛高。江宁区融媒体中心能够联动联控联播全区近300块大屏,开展大型的轰炸式宣传。掌握区域内大规模的生产资源,并将其整合统筹,这为其确定了资源优势,保证融媒体中心能够承接大型的商业宣传传播活动,与高级别的商业客户对接。三是资金门槛高。江宁区融媒体中心能够凭借雄厚的资金投资大型项目,如市级文创园区创艺工场、艺培Mall、影视产业项目、引进MCN产业头部公司飞扬集团等。

价值网络方面,江宁区融媒体中心自主搭建"1+5"智慧融媒运维平台,与新时代文明实践中心、道路视频监控平台、网络舆情系统、大屏联播联网联控平台、应急广播平台共同构成生态系统,利用大数据实现舆情管理、文明实践、社会治理等服务。江宁区为了深入社区,形成特殊的管理机制,在各党政部门、街道社区等建设约二十个融媒站点,类似于"分中心制度"。价值体现上,首先是2020年高达2.6亿元的巨大经济效益。在地方形象提升上,江宁区融媒体甚至开始打造地区IP。江宁区与新浪江苏合作,发起话题#有个网红叫江宁#,微博阅读话题量至2022年3月已突破3亿。本地景色、产业、文化的品牌化传播提升了江宁区的地方形象。

复合系统型的县级融媒体中心市场化经营程度高,提供的产品与服务具有独特性,可以凭借自己的力量而非政治体制隔绝的方式保护能力与资源。无论是智慧项目的核心技术,还是进行大型宣传活动时使用的大屏联动联播系统,这些都难以被市场上的其他竞争对手所复制。采用这类商业模式的县级融媒体中心已经具有完全市场化的能力,可以打破体制机制的束缚,尝试集团化运营,积极参与市场竞争。

## 五、县级融媒体中心商业模式的优化建议

如前所述，我国县级融媒体中心商业模式的构成要素主要为五大单元，分别是本地资源、价值创造、价值网络、内部管理机制与价值体现，并在此基础上完成商业模式分类，针对不同的商业模式，列举具有代表性的县级融媒体中心，学习其先进经验。但在价值创造视角下，县级融媒体中心还存在着其他不足。下文针对县级融媒体中心商业模式上被忽略的问题，提出改进优化建议。

### （一）寻找定位，明确价值主张

在价值创造视角下的商业模式研究中，大量研究以"价值主张——价值创造——价值分配与获取"为逻辑主线，分析企业价值创造的内部机制。[①] 企业需要回答为谁创造价值，创造什么价值的问题，这是商业模式的出发点。这就要求企业在市场中寻找到自身的位置，并对市场、产品与服务、竞争进行定位，对自身所处位置有一个清晰的了解。对县级融媒体中心而言，首先需要明确自身的政治定位。县级融媒体中心是党的宣传工作的"最后一公里"，需要履行并做好政治沟通，让党的政策方针抵达、落地至基层社会，将党与中央的声音传递给广大民众。在做好政治定位的基础上，再寻找自身在市场中的价值定位。

对县级融媒体中心而言，价值主张至少要回答两个问题：一是县级融媒体中心准备提供哪些产品和服务？二是县级融媒体中心准备向谁提供这些产品和服务？也就是说，县级融媒体中心需要确定自身的目标顾客与基础功能。目标顾客主要有三类：普通大众、第三方企业和商家以及政府机构，由此衍生出三种运营模式，to C、to B、to G。县级融媒体向普通大众提供传媒产品与服务，吸引大众注意力，再销售广告。针对这一类目标客户，融媒体中心需要提升内容的吸引力与服务的独特性。如果目标客户是第三方企业，融媒体中心需要思考企业客户的需求，并提升自身的专业能力。如果目标客户是政府机构，融媒体中心需要保证服务的合法性，提高政治站位。

"主流舆论阵地、综合服务平台、社区信息枢纽"是县级融媒体中心建设应该

---

[①] 项国鹏、杨卓、罗兴武：《价值创造视角下的商业模式研究回顾与理论框架构建——基于扎根思想的编码与提炼》，《外国经济与管理》，2014年第6期，第32—41页。

努力的三大方向。各县级融媒体中心需要根据自身实际情况，将以上的三大功能具体化。身处在发达地区的县级融媒体中心，面对区县内实力雄厚的商业性媒体、市级媒体甚至中央级媒体，需要找到合适的细分市场，站住脚跟。位于贫困区县的融媒体中心，面对贫瘠的本地资源与狭小的市场，需要将有限的资源最大化。身处边疆地区、多民族地区的县级融媒体中心，不能照搬其他融媒体中心的运营方式，需要在民族团结、文化普及等方面发展特色功能。县级融媒体中心需要在差异化的方向下进行独特定位，同时对自身提供的产品与服务进行定位。例如抖音号、微信公众号、客户端等，不同媒体平台有不同的特点，面对不同渠道的用户，相应地需要将内容产品差异化。同样，会展活动、媒体运营、教育培训等属于不同的市场，县级融媒体中心在各个行业的市场竞争力不一，很难实现面面俱到，拥有清晰、明确的价值主张后，县级融媒体中心才能有重点地参与市场竞争，有所为、有所不为。

（二）因地制宜，嵌入本土网络

县级融媒体中心需要因地制宜，找到适合的商业模式，从本地出发，提供本地化的解决方案，而非简单粗暴地挪用其他县级融媒体中心或者上级媒体、其他类型媒体与公司的成功经验。

我国目前有 2585 个县级融媒体中心，各县级融媒体中心所在的基层社会有着不同的境况。寻找一个放之四海而皆准的商业模式是困难且脱离实际的。哪怕地域上相邻县域之间都有着不同的语言文化、经济水平、政策标准，遑论将一个成功的商业模式在全国范围内进行复制。正是因为基层社会的情况复杂，县级融媒体中心的建设与发展才备受重视。县级融媒体中心生于基层，长于基层，更加需要贴地飞行，嵌入本土网络，调动基层社会的活力。

首先，从市场的角度看基层社会，各县域存在着不同的需求。贫困县域需要扶贫助农、乡村振兴、将长期游离在正式市场交易的产品与服务进行整合等。发达县域需要招商融资、外宣、打造地方 IP 等。这些需求或存在商业性不足、回报时间长、规模小等问题，被遗落在商业性媒体、市级省级主流媒体搭建的价值网络之外，而县级融媒体中心恰能弥补这一缺口。

其次，从资源的角度看基层社会，各县域之间综合实力水平存在着差距。即使是人口稀少、边疆多民族、经济水平落后的县域，也拥有一定的特色资源，重要的是如何将这些特色资源进行充分利用。

总之，县级融媒体中心需要嵌入本土网络，将离散的资源进行整合，洞察本地特色资源与其所生产的产品、服务之间的关系，并通过恰当的方式建立强有力的、紧密的、可持续的连接，就能释放本地资源创造价值的能力。只有将县级融媒体中心嵌入本土网络，将自身的发展与区域的发展捆绑在一起，才能发展各具特色的商业模式。

（三）向外拓展，获取规模与范围经济

规模经济是传媒产业的一个非常普遍的特征。[①]一份传媒产品或服务制作完成后，每多向一位用户提供，所产生的成本都是极为低廉的。当边际成本总是低于平均成本时，规模经济产生。在不丢失主业与本职的前提下，县级融媒体中心可以尝试发展规模经济与范围经济。

常见做法是整合区域内的媒体资源，实现融合发布。传统媒体中的报纸、广播、电视台，新媒体中的网站、客户端、微信、微博、抖音、快手等，各大传播渠道拥有不同的用户人群。包括各大政府部门在各大平台开设的政务新媒体，都拥有一定的用户，且官方平台与账号的分散会削弱政务新媒体的影响力。县级融媒体中心发挥内容生产与媒体运营的专业化优势，将以上媒体资源整合起来，尽可能地集聚目标用户。融合完成后，一份产品或服务就能提供给最大公约数的用户，由此获得规模效益。从范围经济来讲，县级融媒体中心采用增加多重效能或分摊成本的方式，使共同生产并销售多种产品或服务所需要的成本远远低于分开生产并销售这些产品和服务的成本之和。最常见的方式就是"一次采集、多种生成、全媒传播"的中央厨房生产模式。原本报、网、台等平台各自为政，既缺乏生产与传播效率，又导致内容同质化。县级融媒体中心完成媒体融合后，一次采集的信息内容可以生成图文、广播、视频等多种形式，并实现全媒体传播，大大节省了成本。

（四）价值共创，进行深度合作

传统价值创造过程中，企业在市场中的优势地位主要依靠协调供应链、提高内

---

[①] ［英］吉莉安·道尔:《理解传媒经济学》，李颖译，清华大学出版社2004年版，第10页。

部效率的路径来获取。在这种路径下，内部价值创造活动会排斥外部因素的介入，如顾客的参与。[1] 在这种价值创造逻辑中，生产者是唯一的价值创造者，主导并独自决定企业的价值创造。而消费者是价值的消耗者，通常不参与价值创造的过程。企业完成价值创造活动后，提供的产品和服务即是企业价值的载体，由消费者被动接受，通过市场交换获得企业提供的消费和服务。

价值共创模式强调企业与消费者互动，以及二者之间的资源交换与整合。消费者与生产者合作，加入价值创造过程，从而一起成为价值的创造者，影响价值创造过程。[2] 县级融媒体中心无论是在生产内容产品还是提供政企服务上，都需要提升消费者的参与度，与多方利益相关者进行深度合作。

例如，县级融媒体中心并不能总是第一时间抵达新闻现场，快速完成新闻制作与刊播。因此，可以将本是消费者的普通公众纳入生产环节，鼓励公众积极提供新闻素材。更常见的做法是，县级融媒体中心可以主动提供新闻培训，将党政机关工作人员纳入进通讯员队伍，这已经成为一种非常通行的做法。再比如，县级融媒体中心为本地农户、小微企业等提供直播带货服务，融媒体中心只负责直播销售，而客户只负责提供产品。县级融媒体中心也可以向本地商家提供MCN服务，将客户培育成带货主播，并打造网红产品与企业。一方面，商家本身对自身的产品更加了解，另一方面，县级融媒体中心能够提供直播带货、培训、MCN等多重服务，拓展了电商服务的规模。

同样，在公共服务生产方面，县级融媒体中心不仅将相关党政机关的官方网站链接进客户端，也可以将党政机关的数据与服务整合起来，将这些数据与融媒体中心的数据、服务相结合，共同为公众服务。

面对广大用户，可以将县域用户的人力资源、经验、技能、知识等纳入价值创造环节，互相服务，共同创造价值，共同分享利益。在互相协作的过程中，县级融媒体中心能够对用户的需求产生更深刻的了解，不断更新产品与服务，贴合市场的需求。

---

[1] 张祥、陈荣秋：《竞争优势的新来源：与顾客共创价值》，《管理工程学报》，2009年第4期，第14—19页。

[2] 武文珍、陈启杰：《价值共创理论形成路径探析与未来研究展望》，《外国经济与管理》，2012年第6期，第66—73页、81页。

# 结语：融合·赋能·善治

从 2018 年算起，县级融媒体中心建设已有四年历史。四年来，我们跟随县级融媒体中心建设的地方性实践和典型性经验，对其改革发展与创新探索进行了一种自洽性地记录。之所以称之为"自洽性记录"，是因为这一研究带有研究者自设的研究框架和研究目的。这就是本书从七个方面对县级融媒体中心建设及其助力基层传播治理创新形成的研究和思考。

在此，我们对这七个方面的研究再次进行归纳：

一是通过地方经验的梳理，回顾了县级媒体的发展历史，记录了县级媒体的媒体功能变迁。从中得知，县级媒体的媒体功能存在政治赋能、技术赋能、市场赋能等不同的赋能路径。但作为一种特殊的传播媒体，县级媒体的媒体功能的要求与彰显并不是自发形成的，而是深受国家媒体政策的影响。改革开放前的乡村大喇叭和县级报，是一个时代政治宣传的产物，代表着"宣传下沉"和"宣传在基层"的政治需求。改革开放后的"四级办"是政策转型的要求，一方面是为了健全基层的宣传管理、释放基层的宣传能量，另一方面也是不断开掘基层的传媒市场资源。新时代的县级融媒体中心建设是技术赋能和治理赋能的新要求，是新时代的新使命、新担当与新责任，是县级媒体功能的综合集纳与深层富集。

二是县级媒体融合创新深受当下媒体政策的影响，但同时也有其自发成长的内在逻辑。首先，技术与市场推动下的媒体融合在每一个具体的县级媒体机构中自发展开。它们或借船出海或自主创新，八仙过海，各显神通，不断寻找融合发展的自我生存之道。其次，借助国家战略的红利，各地全面融入县级媒体融合改革的历史洪流之中，尽最大限度获取政策资源，为县级媒体发展赢得机遇。与此同时，作为生存之道，它们充分结合县级媒体的生存环境，或者抱团取暖，或者全面加强与第三方媒体或平台的交流与合作，积极融入多元传播生态中的全媒体传播体系构建。

三是在"一盘棋、一张网"的政策驱动下，县级媒体融合改革有力推动了省级媒体的平台化发展进程，并由此带来省级媒体平台内外关系的深层变革。从内部关系来看，平台化的特点是深度融合和高度扁平化。深度融合既体现在"一次性采集、多介质播出"的业务融合上，也体现在内部组织结构的深度融合上。高度扁平化是深度融合的结果，既体现在采编业务上追求短、时、新，又体现在内部管理上追求短、平、快。从外部关系来看，平台化再造了媒体的关系生态和传播生态，媒体机构越发去除传统媒体的中介属性，不断强调智库属性，媒体与社会的关系呈现"深度媒介化"的显著特征。正是在这个意义上，媒体融合找到了参与社会治理的应有方向。

四是县级媒体融合研究须重返县级媒体，其首要问题是用户问题。通过用户调查，我们不仅了解到广大用户对县级媒体的认知现状，更应该增强用户意识，随时掌握媒体用户的基本心态，不断开拓和沉淀用户市场。县级媒体在用户拓展上既要突显基层性和地方性的特色，又要积极去除县域行政区划的地理限制。全媒体传播时代，县级媒体的最大特征是深度媒介化，这在一定程度上去除了县级媒体的行政等级性。过去那类处于国家传播体系最末梢的县级媒体，完全应纳入到整个有机的全媒体传播体系之中。优秀的县级媒体完全可以和中央级媒体开展深度合作或良性竞争。

五是县级媒体融合需要破解基层媒体素养的难题。基层政府工作人员是基层社会的管理者，与广大公众有着广泛的信息沟通和情感交流。对他们而言，既是日常社会的管理者也是政治沟通的传播者。他们拥有良好的媒介素养，能够更好地利用媒体开展更有效沟通，增进官民对话，从而推动各项工作健康开展。他们的媒介素养直接决定着基层社会的执政管理能力、舆论引导能力、政策传播能力和基层政府形象建设。对县级媒体融合改革而言，他们的媒介素养既关系到政府与媒体健康关系的维持，又直接影响到县级融媒体中心建设中的政府参与与社会支持。县级媒体融合改革应自觉把媒介素养教育和培训纳入到工作范畴之中，共同提升基层社会的媒介素养。

六是县级媒体融合还应自觉加强县级媒体从业者的职业认同教育。县级媒体从业人员是县级媒体改革与发展的实施主体，他们的职业认同构建既需要职业化维度的制度性安排，更需要职业管辖权意义上的系统性再造。具体说来，应该顺应改革赋能，探索融合机制；加强职业教育，提升职业认同；开拓业务类型，培育共同叙事；联通行业内外，确立多重认可；给予职业保障，拓宽职业前途。总之，让县级媒体从业者干得有体面、有激情、有成就，是县级媒体长远发展的必然要求。

最后，县级融媒体中心突破"千县一面"的关键是要找到属于自身特色的商业模式。商业模式并无优劣之分，但商业模式的构建有其基本的价值追求。无论选择单一媒体型、服务平台型、多元化公司型、复合系统型哪一种类型的商业模式，都应依托县域自身，从本地资源、价值创造、价值网络、内部管理机制与价值体现等维度构架商业模式，找到各自具有独特竞争力的自我发展之道。县级媒体只有找到具有自身特色的、相对成熟的商业模式，才能生存下来，并在基层传播治理创新的道路上越走越远。

以上也是本课题研究获得的一些粗浅结论。回头再看这组问题和结论，可以用三个关键词加以概括和提炼：融合、赋能、善治。

首先必须明确的是，媒体融合不仅是媒介技术的融合，更是业务融合、管理融合、组织融合、机构融合的有机统一。对县级媒体而言，媒体融合至少要完成三个方面的系统改革：一是新闻业务的融合创新，这里不仅涉及上面所说的"一次性采集、多介质播出"的业务流程再造，也涉及对"中央厨房"的空间再造和业务适应，同时还涉及对媒体融合三百六十般武器的不断学习，真正实现融合业务上的进阶提质。因此，县级媒体融合的改革创新首先应体现在优质作品的不断推陈出新上，形成媒体融合业务维度的改革与蜕变。二是关系生态的系统再造，县级媒体融合带来县级媒体生态关系的重新连接、嵌入和重构。县级媒体不再是具有一定行政层级的宣传部门或曰媒体机构，而是全新的全媒体融合关系体，归根结底要实现"深度媒介化"的根本变革。这里的"深度媒介化"，是媒介化社会在县域社会中的深潜与凝聚，是"社会的媒介化"和"人的媒介化"的有组织呈现和日常化展演。县级媒体融合推动县域媒介化社会的形成，县域媒介化社会的形成又反过来拓展县级媒体功能的演变和媒体治理能力的提升。这是县级媒体融合改革推动基层传播治理创新的基本逻辑。

其次要正确认识县级媒体的媒体功能，明确媒体赋能的影响要素和媒体增能的内在逻辑。作为一个学术概念，"赋能"这个词源自积极心理学，指通过放权与激励，充分发挥每个人的能力，后来被延伸至管理、教育、医学等领域。在管理学中，"赋能"被定义为一系列权力下放和委托管理行为，主要针对企业如何激发员工主动性的行为。随着互联网的兴起，"赋能"被不断扩大并应用在更深远的社会领域，用于指向针对个体意义的"赋权增能"现象。对县级媒体而言，之所以用"赋能"来表达县级媒体功能的变迁，就在于县级媒体的媒体功能变化一定程度上与个体的"赋权增能"一样，表现出一定的传播权力下放和媒体自主性增强的色彩。从纵向发展看，县级媒体的每次重大政策改变，都是县级媒体的一次"赋权增能"过程，其背后深受政治、经济、社会、文化、技术等诸多外部环境的影响。然而，县级媒体的"赋能"绝不仅仅是外部因素强加的一种能力，更是内部自我不断提质增效的综合过程。政策再好，功能设计再全面、再理想，还需要苦练内功，脚踏实地做好本职工作。县级媒体要乘势而上，关键还在内涵建设，还需系统提升业务能力和治理能力。

第三，基层传播治理创新是个系统工程，应辩证看待媒体融合与传播治理的逻辑关系。在我国，媒体融合具有很强的政治性，它以意识形态安全为核心，与政治体制、新闻体制、政治生态及新闻政策关系密切。媒体技术发展消解了传统媒体垄断的基础，通过"媒介赋权"，带来传播权力的去中心化，由此提出传统媒体与新媒体融合发展的改革创新之道，打造真正的"可沟通的政府"，以建立现代化的全媒体传播体系。正是在这个意义上，县级媒体融合具有应然的"媒体融合推动治理创新"的"技术—治理"实践逻辑，这也是当下县级媒体融合改革中比较主流的一种观点。然而，基层传播治理创新还应存在"治理创新推动媒体融合改革"的另一种（也可能是更重要的）"治理—创新"实践逻辑。对基层社会而言，社会治理变革带来传播沟通之变才是更合理的解释逻辑。我们发现，一些基层的社会治理创新并不在于如何利用县级融媒体中心这类平台，而是直接开展形式多样的"微治理"创新。例如"腾讯为村"就是这类创新性平台，它通过乡村移动互联网能力建设，实现乡村社会"连接信息，连接财富，连接情感"的治理创新，从而推进基层社会善治之变。

总之，县级媒体融合与基层传播治理创新是个十分重要但又非常复杂的现实问题。过去四年里，我们课题组对这个问题做了一点观察和思考，但整个研究过程还比较粗糙，研究结论也比较肤浅，结集于此，是对这段工作的一种总结，也是与学界和业界同行交流的一种方式。本书必然存在不少问题，恳请方家多多批评指正。

# 参考文献

（一）著作

方汉奇：《中国新闻传播史》（第3版），中国人民大学出版社2014年版。

李良荣：《新闻学概论》，复旦大学出版社2010年版。

张建星、唐绪军、崔保国、胡怀福：《中国报业40年》，人民日报出版社2018年版。

赵玉明：《中国广播电视通史》，中国传媒大学出版社2006年版。

[美]安德鲁·阿伯特：《职业系统：论专业技能的劳动分工》，李荣山译，商务印书馆2016年版。

[美]盖伊·塔奇曼：《做新闻》，麻争旗等译，华夏出版社2008年版。

[英]吉莉安·道尔：《理解传媒经济学》，李颖译，清华大学出版社2004年版。

甘肃省广播电影电视局史志编纂委员会办公室：《甘肃广播电影电视大事记（1918—2003）》，甘肃文化出版社2004年版。

甘肃省地方史志编纂委员会、甘肃省广播电影电视志编纂委员会：《甘肃省志·广播电影电视志（第六十四卷）》，甘肃人民出版社2007年版。

甘肃省地方史志编纂委员会、甘肃省广播电影电视志编纂委员会：《甘肃省志·广播电影电视志（1999—2008）》，甘肃人民出版社2015年版。

（二）论文

卜彦芳、董紫薇：《智媒时代主流媒体如何构建自己的生态圈》，《中国广播》，2019年第1期。

蔡泉水、刘建光：《新媒体对我国主流意识形态传播的挑战与回应》，《南昌大学学报（人文社会科学版）》，2015年第6期。

陈崇山：《中国受众研究之回顾（中）》，《当代传播》，2001年第2期。

陈国权：《县市报价值何以重塑——以〈浏阳日报〉为例》，《中国记者》，2013年第3期。

陈国权：《中国县级融媒体中心改革发展报告》，《现代传播（中国传媒大学学报）》，2019年第4期。

成文、王迎军、高嘉勇、张敬伟：《商业模式理论演化述评》，《管理学报》，2014年第3期。

程愚、孙建国：《商业模式的理论模型：要素及其关系》，《中国工业经济》，2013年第1期。

丁汉青：《重构大众传播中传播者与受传者之间的关系——"传""受"关系的生态学观点》，《现代传播（中国传媒大学学报）》，2003年第5期。

窦毓磊：《社会化媒体的商业模式创新研究》，《现代传播（中国传媒大学学报）》，2014年第11期。

董子铭：《宣传、说服、对话：舆论引导的路径叠进》，《当代传播》，2015年第2期。

杜松华、徐嘉泓、罗子婵、李东霞、于秀丽：《金字塔底层可持续商业模式构建分析——基于粤东北地区的多案例研究》，《管理评论》，2018年第9期。

方晓荣：《从用户原创内容到职业生产内容——县级融媒体内容生产的新思维模式》，《西部广播电视》，2021年第21期。

高春艳：《用户思维视域下的县级融媒体中心发展探讨》，《西部学刊》，2019年第2期。

高福安、徐建华：《融媒体经营与管理创新研究》，《中国编辑》，2019年第10期。

葛娴：《以宣传为中心改革广播电视——记第十一次全国广播电视工作会议》，《新闻战线》，1983年第5期。

郭全中：《县级融媒中心建设的核心与实现范式》，《新闻与写作》，2018年第11期。

韩震：《论国家认同、民族认同及文化认同——一种基于历史哲学的分析与思考》,《北京师范大学学报(社会科学版)》,2010年第1期。

何芳明、朱标:《县级融媒体中心建设:从渠道整合到平台升级——以浏阳市融媒体中心为例》,《中国出版》,2019年第22期。

黄楚新、王丹丹:《县级媒体融合发展的创新路径》,《出版发行研究》,2018年第12期。

胡正荣:《打造2.0版的县级融媒体中心》,《新闻界》,2020年第1期。

黎斌:《媒体融合新思维:从"内容为王"到"'内容+'为王"》,《中国广播电视学刊》,2017年第1期。

李彪:《县级融媒体中心建设:发展模式、关键环节与路径选择》,《编辑之友》,2019年第3期。

李东晓:《界外之地:线上新闻"作坊"的职业社会学分析》,《新闻记者》,2019年第4期。

李骏、洪佳士:《浅析中国县市报的发展与突破》,《中国出版》,2011年第3期。

李明海、董小玉:《相融相生与关系重构:论媒体融合的进路与近路》,《现代传播(中国传媒大学学报)》,2017年第1期。

李垣、刘益:《基于价值创造的价值网络管理(Ⅰ):特点与形成》,《管理工程学报》,2001年第4期。

刘海龙:《从受众研究看"传播学本土化"话语》,《国际新闻界》,2008年第7期。

刘思达:《职业自主性与国家干预——西方职业社会学研究述评》,《社会学研究》,2006年第1期。

刘思达:《分化的律师业与职业主义的建构》,《中外法学》,2005年第4期。

刘晓程:《多措并举 切实抓好县融媒中心建设》,《甘肃日报》,2020-1-22。

吕捷:《"央—县"治理:脱贫攻坚中的一种新型中央与地方关系》,《行政管理改革》,2020年第12期。

罗珉、李亮宇:《互联网时代的商业模式创新:价值创造视角》,《中国工业经济》,2015年第1期。

罗昕、李怡然：《互联网时代的媒体形态变迁与商业模式重构》，《现代传播（中国传媒大学学报）》，2017年第10期。

马龙飞：《县级融媒体建设的创新与实践——以河南项城融媒体建设为例》，《当代电视》，2020年第5期。

麦尚文、张钧涵：《"系统性融合"：新型主流媒体的社群驱动与传播生态建构》，《现代传播（中国传媒大学学报）》，2021年第6期。

牛耀红：《社区再造：微信群与乡村秩序建构——基于公共传播分析框架》，《新闻大学》，2018年第5期。

潘祥辉：《"广播下乡"：新中国农村广播70年》，《浙江学刊》，2019年第6期。

彭兰：《社会化媒体时代的三者媒介素养及其关系》，《上海师范大学学报》，2013年第5期。

沙垚：《资本、政治、主体：多元视角下的县级媒体融合实践——以A县融媒体中心建设为样本的案例研究》，《新闻大学》，2019年第11期。

宋建武、陈璐颖：《浙报集团媒体融合的探索之路》，《传媒》，2017年第10期。

隋岩：《受众观的历史演变与跨学科研究》，《新闻与传播研究》，2015年第8期。

谭天：《新媒体经济是一种关系经济》，《现代传播（中国传媒大学学报）》，2017年第6期。

田丽：《传统媒体经营管理：从价值链到价值体系》，《经济研究参考》，2013年第44期。

王春霞：《融媒时代县级媒体如何提升服务效力》，《新闻论坛》，2022年第1期。

王烽权、江积海：《互联网短视频商业模式如何实现价值创造？——抖音和快手的双案例研究》，《外国经济与管理》，2021年第2期。

王光庆、昝琦、张斌强：《党媒深度融合发展的"甘肃答卷"》，《中国报业》，2020年第21期。

王立平、刘阳、姚宏伟、张海鹏：《借梯上楼　借船出海　抱团发展——甘肃庆城县广电全媒体改革融合创新实践》，《中国广播电视学刊》，2018年第8期。

王秋菊、李敏：《认识职业倦怠　应对职业倦怠——读曹茹新著＜新闻从业者职业倦怠研究＞》，《新闻爱好者》，2009年第20期。

王斯敏：《智库化转型：主流媒体突围发展新路径——以光明日报智库建设为例》，《新闻战线》，2018年第3期。

王烨、冉天枢：《融合背景下传统媒体的用户思维变革》，《传媒》，2020年第16期。

王玉明、张华：《甘肃省县级融媒体中心建设的现状与问题》，《河西学院学报》，2021年第5期。

魏炜、朱武祥、林桂平：《基于利益相关者交易结构的商业模式理论》，《管理世界》，2012年第12期。

魏永红、张璟、黄亚宁：《"新甘肃云"：新技术支撑下的"全省一张网"》，《传媒》，2020年第21期。

温世君：《拥抱"互联网+"的基础是用户思维——受众角色的重构与媒体转型》，《电视技术》，2015年第16期。

吴海平、宣国良：《价值网络的本质及其竞争优势》，《经济管理》，2002年第24期。

吴飞：《新闻从业人员的职业忠诚度》，《浙江大学学报（人文社会科学版）》，2006年第4期。

武文珍、陈启杰：《价值共创理论形成路径探析与未来研究展望》，《外国经济与管理》，2012年第6期。

巫宁：《信息传播：旅游目的地营销与服务的关键环节》，《旅游学刊》，2007年第10期。

项国鹏、杨卓、罗兴武：《价值创造视角下的商业模式研究回顾与理论框架构建——基于扎根思想的编码与提炼》，《外国经济与管理》，2014年第6期。

谢新洲、朱垚颖、宋琢谢：《县级媒体融合的现状、路径与问题研究——基于全国问卷调查和四县融媒体中心实地调研》，《新闻记者》，2019年第3期。

邢小强、仝允桓、陈晓鹏：《金字塔底层市场的商业模式：一个多案例研究》，

《管理世界》，2011年第10期。

晏青、侯涵博：《基层治理中融媒体中心的信任建构——基于广东省五个县级融媒体中心的调研》，《中国出版》，2020年第10期。

姚小涛：《理解商业模式：不是什么，又是什么？》，《外国经济与管理》，2017年第6期。

姚曦、李娜：《网络社会形态下传播关系的重构——对媒介融合本质的认识》，《西南交通大学学报（社会科学版）》，2018年第5期。

余东华、芮明杰：《模块化、企业价值网络与企业边界变动》，《中国工业经济》，2005年第10期。

喻国明、焦建、张鑫、弋利佳、梁霄：《从传媒"渠道失灵"的破局到"平台型媒体"的建构——兼论传统媒体转型的路径与关键》，《北方传媒研究》，2017年第4期。

喻国明：《新型主流媒体：不做平台型媒体做什么？——关于媒体融合实践中一个顶级问题的探讨》，《编辑之友》，2021年第5期。

于明涛、潘爱玲：《国有与民营新闻网站商业模式的差异及其形成机理——基于四个新闻网站的案例研究》，《商业经济与管理》，2016年第2期。

于秋阳：《在线文旅新空间的消费特征与建构机制》，《旅游学刊》，2021年第7期。

原磊：《商业模式体系重构》，《中国工业经济》，2007年第6期。

曾润喜、杨璨：《重建本地用户连接 融入基层社会治理：县级融媒体发展路径研究》，《新闻与写作》，2021年第5期。

张博：《县级融媒体中心经营模式的转型路径》，《中国广播电视学刊》，2020年第12期。

张惠建：《媒体融合背景下的组织扁平化探索——基于广东广电工作室的改革实践》，《新闻战线》，2018年第1期。

张敬伟、王迎军：《基于价值三角形逻辑的商业模式概念模型研究》，《外国经济与管理》，2010年第6期。

张开、丁飞思：《回放与展望：中国媒介素养发展的20年》，《新闻与写作》，

2020 年第 8 期。

张磊、张英培：《县级融媒体中心建设的邳州经验》，《新闻与写作》，2019 年第 7 期。

张祥、陈荣秋：《竞争优势的新来源：与顾客共创价值》，《管理工程学报》，2009 年第 4 期。

张晓雪：《县级主流舆论场建构路径探析——基于县级融媒体中心建设的思考》，《中国出版》，2020 年第 1 期。

张志安、沈国麟：《媒介素养：一个亟待重视的全民教育课题》，《新闻记者》，2004 年第 5 期。

赵子忠、孙艺珂：《县级融媒体的经营模式研究》，《新闻战线》，2020 年第 16 期。

周晓虹：《认同理论：社会学与心理学的分析路径》，《社会科学》，2008 年第 4 期。

邹军、荆高宏：《社会治理视域中的县级融媒体中心：意义、路径及进路》，《传媒观察》，2019 年第 10 期。

朱春阳：《县级融媒体中心建设的任务、核心问题与未来方向》，《传媒评论》，2018 年第 10 期。

朱春阳：《全媒体视野下新型主流媒体传播效果评价的创新路径》，《新闻界》，2019 年第 12 期。

# 附录 1
# 县级媒体融合与基层社会治理创新研究座谈、访谈提纲

**尊敬的各位领导／专家／媒体朋友们：**

您好！

我们是兰州大学"县级媒体融合与基层传播治理创新研究"课题组，现正在进行一项相关研究的学术调研。为全面反映县级融媒体中心建设现状和基层社会治理的重难点，探讨欠发达地区县级融媒体中心更好发挥引导群众、服务群众作用的现实路径，我们诚邀您拨冗参加本次座谈会，为县级融媒体中心建设建言献策。

【座谈主题】

县级融媒体中心参与基层社会治理的路径创新研究

【座谈时间】

【座谈地点】

【座谈目的】

辨析县级融媒体中心建设的重点和难点，厘清县级融媒体中心建设和基层社会治理的逻辑关系，讨论在打造新型主流媒体和构建现代传播体系的背景下，县级融媒体中心如何促进基层社会治理体系和治理能力现代化。为建设县级融媒体中心，打造治国理政新平台建言献策。

【座谈对象】

1.学界专家：从事媒体融合、县级融媒体中心建设、基层社会治理等研究的学界人士，曾参与过相关研究项目。

2.县级融媒体中心管理人员：参与县级融媒体中心建设、运行、管理等实际业务的负责人，熟悉县级融媒体中心相关业务、组织架构、运行模式等情况。

3.省市县宣传部负责人：长期在政府宣传部门任职，了解甘肃县级融媒体中心建设相关文件要求和省内建设现状。

4.媒体工作者：长期在媒体任职，了解甘肃县级媒体发展现状，了解县级融媒体中心建设方向、运行状况等，曾参与过县级融媒体中心建设调研。

【座谈原则】

1.严格遵守研究的匿名与保密原则，将以数字编码记名方式使用座谈材料。

2.整个座谈过程将进行录音，但录音资料只作研究用途。

【相关背景资料】

主要讨论县级融媒体中心参与基层社会治理有关问题，为此，我们整理出县级融媒体中心可能发挥的基层社会治理功能。如下文所示，仅供与会嘉宾参考（不限于这些方面）：

☆新闻发布：县级融媒体中心应立足媒体本位，积极整合协调县级广播、电视、报刊、新媒体等资源，借助自有平台和商业资讯平台，构建媒体传播矩阵，及时、有效地向公众传达信息，保证信息传播无延时，政策解读不走样。

☆对外宣传：县级融媒体中心必须解决以往县域信息发布渠道互相竞争、对外声音杂乱无章、宣传策略朝令夕改的问题，力求整合县级所有对外传播资源，打造"一个声音"，提升对外宣传政策的科学性、合理性、权威性。

☆舆论引导：舆论引导功能是县级融媒体中心的立身之本，坚持管建同步、管建并举，及时与政府、公众、社会沟通，构建多元调解机制，妥善处理突发舆情事件，将问题解决在萌芽之中。

☆政务公开：县级融媒体中心应当整合政府新媒体，一方面与政府部门做好信息公开与政务信息服务对接，另一方面与群众做好信息公开后的信息解读、评论评价，把融媒体中心的优势与政府部门掌握信息的优势对接起来，用政务公开提升县域传播环境的透明度，提升政府的公信力，提升群众的获得感。

☆集成政务：县级融媒体中心应该打通政务服务后台，实现政务办理、建言资政、服务评价等功能，真正实现"数据多跑腿，群众少跑路"，运用新闻媒体及时发布信息、推动政府和群众双向沟通、引导社会舆论做好政策解读，使得县级融媒体中心进一步发展成为基层政权履职尽责的重要渠道和平台，促进县域治理体系和治理能力现代化。

☆基层党建：县级融媒体中心应打造联系党员干部、强化党建工作的新平台。通过搭建党建资讯平台、多功能线上学习平台、便捷化沟通平台和党建数据平台，将本地的党员队伍凝聚、团结起来，加强基层党建引领。

☆公共服务：建设服务型政府的关键在于强化公共服务职能，县级融媒体中心是政府履行公共服务职能的重要支点和提升公共服务能力的重要手段，为本地用户提供各类民生服务、文化服务、教育服务等。县级融媒体中心未来应该成为基层信息流的一个主要入口，加强与公共服务机构的联系和对接，畅通服务信息传播渠道，扩大用户基数。同时也可以通过信息导流服务增加收入来源，提升融媒体中心的造血功能。

☆增值服务：县级融媒体中心应凭借深入基层和贴近用户的天然优势，提供更多增值服务，如电子商务、文化旅游服务、广告运营等，整合县域资源，服务基层用户，增加用户黏性，构建充满活力的基层生态。

【座谈、访谈提纲】

县级融媒体中心参与基层社会治理现状

1. 目前县级融媒体中心整合县域媒体资源进展如何？

2. 目前县级融媒体中心组织架构、运行机制、软硬件投入、人员安排都是怎样的？

3. 目前县级融媒体中心可以实现哪些新闻、政务、服务方面的功能？（请举例分别说明）

4. 目前本县融媒体 APP 开发和运行状况如何？有多少用户使用？

5. 当下县级融媒体中心参与基层社会治理的重点是什么？

县级融媒体中心参与基层社会治理面临的问题

6. 您认为当下县域传播环境面临什么问题？

7. 您认为县级融媒体中心发挥治理功能还面临着哪些难点？

8. 在以往县域突发舆情事件发生的时候，政府发声慢一拍，县级媒体长期缺位的现象非常普遍，您认为县级融媒体中心在县域突发舆情的过程中该如何扮演好舆论引导的角色？

9. 党建服务是传播党的声音、密切党群关系、推动党的工作、展现党的形象的重要抓手，您认为县级融媒体中心应该如何做好党建服务，实现上级精神和政策指示落实到基层每一名党员，确保上情下达、下情上传？

10. 您认为县级融媒体中心在集纳信息服务的过程中面临着哪些难题？县级融媒体中心如何打通电子政务数据后台？

11. 您认为县级融媒体中心集纳的公共服务和增值服务侧重点是什么？如何与商业化平台提供的服务竞争？

**县级融媒体中心参与基层社会治理实践的典型经验**

12. 在县级融媒体中心建成运行过程中形成了哪些爆款融媒体产品？（请举例说明）

13. 在推进"新闻＋政务＋服务"的过程中，县级融媒体中心有哪些探索？（请举例说明）

14. 在面对新冠疫情、甘肃洪涝灾害等突发事件时，县级融媒体中心是如何进行信息发布、解疑释惑、舆论引导、提供服务的？有什么经验？（请举例说明）

15. 在县级融媒体中心的运行中，在制度、组织、人事的改革和协调中形成了什么有益经验？（请举例说明）

16. 在逐渐兴起的电商直播带货的实践中，县级融媒体中心有哪些探索？（请举例说明）

17. 在服务脱贫攻坚政策的过程中，县级融媒体中心有哪些好的思路和优秀产品或服务？（请举例说明）

18. 县级融媒体中心如何因地制宜，服务乡村振兴战略？（请举例说明）

**县级融媒体中心参与基层社会治理的对策**

19. 治理问题因县而异，县级融媒体中心建设不能"千县一面"，今后县级融媒体中心应该如何向基层化、本地化、特色化方向发力，实现精准治理、科学治理、共同治理？

20.您认为县级融媒体中心今后该如何提升传播力、影响力、引导力和公信力？

21.您认为县级融媒体中心在发挥治理功能的时候应该如何处理与政府、省级技术平台、公众、媒体平台之间的关系？

22.您认为县级融媒体中心今后该如何增加用户黏性，服务存量，拓展增量？

23.您认为今后县级融媒体中心如何解决技术落后、队伍老化、技术人才缺乏的问题？

24.您如何评价本县融媒体中心建设效果？今后的着力点和发力方向是什么？

# 附录2
# 县级融媒体的公众认知、使用及评价情况调查问卷

**尊敬的先生/女士：**

您好！我们是兰州大学新闻与传播学院的研究团队，正在承担教育部社科基金研究项目。为更好了解县级融媒体的公众认知及使用情况，助推县级融媒体健康发展，我们组织了此次问卷调查，感谢您在百忙之中抽空填写问卷，您的协助对我们正在开展的研究非常重要。本次调查仅作学术资料统计分析使用，不作其他用途亦不向社会公开，所有回答无对错之分，谢谢您的支持与配合！

【注：本课题涉及的县级融媒体主要包括县级融媒体中心涉及的所有媒体形态，包括各类政府网站、县级广播电视、政务微博、政务公众号（微信号、头条号、抖音号、强国号）等各类形态。】

Q1 您的性别为？

1□男

2□女

Q2 您的年龄为？

1□18岁-25岁

2□26岁-35岁

3□36岁-45岁

4□46岁-55岁

5□56岁-65岁

6□66岁及以上

Q3 您的受教育程度为？

1 □初中及以下

2 □高中 / 中专 / 技校

3 □大学专科

4 □大学本科

5 □研究生及以上

Q4 您的职业为？

1 □党政机关工作人员

2 □企业工作人员

3 □专业技术人员（如教师、记者、工程师、医师、律师等）

4 □商业、服务业人员（如销售人员、商店职员、服务员等）

5 □农、林、牧、渔、水利业生产人员（如农民、牧民、渔民等）

6 □生产、运输设备操作人员及有关人员（如工人、司机、修理工等）

7 □自由职业者

8 □军人

9 □学生

10 □无业

11 □其他（请注明）：_____

Q5 您的目前居住为？

1 □城镇　　　　2 □农村　　　　3. 其他（请注明）：_____

Q6 您知道您当前所在地建有县级融媒体中心吗？（如"不知道"则问卷结束）

1 □知道

2 □不知道

Q7 您是否使用过县级融媒体？（如"否"则跳转至 32 题）

1 □是

2 □否

Q8 您出于什么原因使用县级融媒体？[多选题]

1 □浏览新闻，获取最新资讯

2 □政务服务更便捷（如监督投诉、政民互动等）

3 □生活服务更便捷（如交通出行、疫情防控等）

4 □官方宣传或周围人推荐

5 □无聊打发时间

6 □参与讨论，表达观点

7 □其他（请注明）：_____

Q9 您所知道的县级融媒体有哪些形式？[多选题]

1 □电视台

2 □广播电台

3 □客户端

4 □网站

5 □微博

6 □微信公众号

7 □手机报

8 □电子屏

9 □第三方商业平台（如抖音、快手、头条号、企鹅号等）

10 □第三方党媒平台（学习强国以及各类省级官方融媒体平台等）

Q10 您认为县级融媒体中心的主要身份有哪些？[多选题]

1 □政府部门

2 □新闻单位

3 □文化公司

4 □技术平台

5 □服务机构

6 □我不太了解

Q11 您认为县级融媒体中心的主要功能有哪些？[多选题]

1 □提供新闻资讯

2 □提供政务服务

3 □提供便民服务

4 □ 开展商业活动

5 □ 开展技术服务

6 □ 进行舆论引导

7 □ 外界参观考察

8 □ 参与基层治理

9 □ 说不清楚

10 □ 其他（请注明）：_____

Q12 以下关于县级融媒体的说法在多大程度上符合您的看法：[矩阵量表题，数值越大表示越符合]

|  | 1 | 2 | 3 | 4 | 5 | 6 | 7 | 8 | 9 | 10 |
| --- | --- | --- | --- | --- | --- | --- | --- | --- | --- | --- |
| 应该成为民众获取本地信息的平台 | | | | | | | | | | |
| 应该成为民众获取便民服务的平台 | | | | | | | | | | |
| 应该成为民众获取政务服务的平台 | | | | | | | | | | |
| 应该成为民众表达意见和需求的平台 | | | | | | | | | | |
| 应该成为政府和民众的沟通平台 | | | | | | | | | | |
| 应该成为民众参政议政的平台 | | | | | | | | | | |

Q13 您正在使用的县级融媒体有哪些？[多选题]

1 □ 电视台

2 □ 广播电台

3 □ 客户端

4 □ 网站

5 □ 微博

6 □ 微信公众号

7 □ 手机报

8□电子屏

9□第三方商业平台（如抖音、快手、头条号、企鹅号等）

10□第三方党媒平台（学习强国以及各类省级官方融媒体平台等）

Q14 您使用以下县级融媒体形式的频次为？[矩阵量表题，数值越大表示使用频次越高]

|  | 1 | 2 | 3 | 4 | 5 | 6 | 7 | 8 | 9 | 10 |
|---|---|---|---|---|---|---|---|---|---|---|
| 电视台 | | | | | | | | | | |
| 广播电台 | | | | | | | | | | |
| 客户端 | | | | | | | | | | |
| 微信公众号 | | | | | | | | | | |
| 微博 | | | | | | | | | | |
| 网站 | | | | | | | | | | |
| 手机报 | | | | | | | | | | |
| 电子屏 | | | | | | | | | | |
| 第三方商业媒体平台（抖音、快手、头条号、企鹅号等） | | | | | | | | | | |
| 第三方党媒平台（学习强国以及各类省级官方融媒体平台等） | | | | | | | | | | |

Q15 您在县级融媒体上主要浏览哪些类型的新闻信息？[多选题]

1□时政新闻

2□社会民生新闻

3□经济新闻

4□娱乐新闻

5□农业农村新闻

6□文化教育新闻

7□体育新闻

8□军事科技新闻

9 □ 旅游电商新闻

10 □ 其他（请注明）：_____

Q16 您是否转发、评论或点赞过（有其一种情况即为"是"）县级融媒体发布的内容？

1 □ 是

2 □ 否

Q17 对比其他类型的媒体，现在通过县融媒获取本地信息，您对以下说法的认同度如何？[矩阵量表题，数值越大表示越认同]

|  | 1 | 2 | 3 | 4 | 5 | 6 | 7 | 8 | 9 | 10 |
|---|---|---|---|---|---|---|---|---|---|---|
| 获取本地信息更快捷了 | | | | | | | | | | |
| 关于本地的信息更丰富了 | | | | | | | | | | |
| 接收的信息和自己关系更密切了 | | | | | | | | | | |
| 接收的信息实用性更强了（能帮助指导生产生活） | | | | | | | | | | |

Q18 结合您的使用情况，请您对县级融体中心提供的新闻服务进行满意度评价。[矩阵量表题，数值越大表示越满意]

|  | 1 | 2 | 3 | 4 | 5 | 6 | 7 | 8 | 9 | 10 |
|---|---|---|---|---|---|---|---|---|---|---|
| 新闻性评价（新闻报道体现重要性、时效性、显著性、接近性、趣味性等新闻要素） | | | | | | | | | | |
| 专题策划评价（专题策划即就某一主题展开的报道组合） | | | | | | | | | | |
| 融合创新评价（视频、图文、H5等新形式） | | | | | | | | | | |
| 新闻服务总体评价 | | | | | | | | | | |

Q19 结合您的使用感受，您对当前县级融媒体提供的新闻服务有什么建议？
[多选题]

1□加大本地新闻推送力度

2□提高原创新闻比例

3□提高融媒体新闻比例（如视频、图片、H5 等新形式）

4□突出不同平台新闻报道的差异性

5□增设直播类新闻

6□新闻报道应该"接地气"

7□其他（请注明）：_____

Q20 您在县级融媒体上使用过相关政务服务吗？

1□使用过

2□未使用过（跳转至 25 题）

Q21 您通过县级融媒体体验政务服务时，主要体验过哪些项目？ [多选题]

1□信息公开

2□建言献策

3□举报监督

4□办事大厅（个人和企业能够进行政务办理的统一入口）

5□服务评价（对政务办理服务的满意度评价）

6□其他（请注明）：_____

Q22 您最后一次通过县级融媒体体验政务服务是在什么时候？

1□一个月内

2□三个月内

3□半年内

4□一年内

5□一年以上

Q23 结合您的使用情况，请您对当前县级融媒体中心提供的政务服务进行满意度评价。[矩阵量表题，数值越大表示越满意]

|  | 1 | 2 | 3 | 4 | 5 | 6 | 7 | 8 | 9 | 10 |
|---|---|---|---|---|---|---|---|---|---|---|
| 服务功能齐全 |  |  |  |  |  |  |  |  |  |  |
| 功能使用便捷 |  |  |  |  |  |  |  |  |  |  |
| 办事流程高效 |  |  |  |  |  |  |  |  |  |  |
| 政务服务总体评价 |  |  |  |  |  |  |  |  |  |  |

Q24 结合您的使用感受，您对当前县级融媒体提供的政务服务有什么建议？[多选题]

1□提供民众参政、议政的渠道

2□增设异地业务办理

3□优化第三方链接跳转

4□提高对民众的互动反馈效率

5□增强数据安全与隐私保护

6□其他（请注明）：_____

Q25 您在县级融媒体上使用过相关便民服务吗？

1□使用过

2□未使用过（跳转至30题）

Q26 您在县级融媒体上体验便民服务时，主要使用哪些服务项目？[多选题]

1□生活缴费（水电费、处罚费、燃气费等）

2□在线医疗（预约挂号、电子处方、健康档案等）

3□交通出行（火车票、机票等出行服务项目、路况等）

4□同城交易、招聘信息、常用电话等多类资讯

5□疫情防控（健康码、通信行程卡、风险区域地图等）

6□教育服务（教育信息、在线教育等）

7□其他（请注明）：_____

Q27 您最后一次通过县级融媒体体验便民服务是在什么时候?

1 □一个月内

2 □三个月内

3 □半年内

4 □一年内

5 □一年以上

Q28 结合您的使用情况,请您对县级融媒体中心提供的便民服务进行满意度评价。[矩阵量表题,数值越大表示越满意]

|  | 1 | 2 | 3 | 4 | 5 | 6 | 7 | 8 | 9 | 10 |
|---|---|---|---|---|---|---|---|---|---|---|
| 服务功能齐全 |  |  |  |  |  |  |  |  |  |  |
| 功能使用便捷 |  |  |  |  |  |  |  |  |  |  |
| 办事流程高效 |  |  |  |  |  |  |  |  |  |  |
| 便民服务总体评价 |  |  |  |  |  |  |  |  |  |  |

Q29 结合您的使用感受,您对当前县级融媒体提供的便民服务有什么建议?[多选题]

1 □增设消费购物渠道

2 □提供娱乐、游戏等休闲服务

3 □优化第三方链接跳转

4 □增强数据安全与隐私保护

5 □其他(请注明):_____

Q30 结合您的使用情况,请您对县级融体其他使用体验进行满意度评价。[矩阵量表题,数值越大表示越满意]

|  | 1 | 2 | 3 | 4 | 5 | 6 | 7 | 8 | 9 | 10 |
|---|---|---|---|---|---|---|---|---|---|---|
| 页面设计(美观度) |  |  |  |  |  |  |  |  |  |  |
| 使用便捷(方便度) |  |  |  |  |  |  |  |  |  |  |
| 综合体验(好感度) |  |  |  |  |  |  |  |  |  |  |

**Q31 您未使用县级融媒体的主要原因是？[多选题]**

1 □ 没听说过

2 □ 不会使用

3 □ 不信任、缺乏权威性

4 □ 担心占用内存过多

5 □ 与其他平台发布的内容差不多，感觉没必要

6 □ 和我的生活相关性不大

7 □ 缺乏有效的互动形式，体验感差

8 □ 其他（请注明）：＿＿＿＿＿＿

再次感谢您的参与！祝您工作顺利！生活愉快！

# 附录 3
# 政府工作人员媒介素养调查问卷

**尊敬的先生/女生：**

您好！我们是兰州大学新闻与传播学院的工作人员，正在承担教育部社科基金项目。为了更好地了解政府工作人员的媒介素养情况，我们组织了此次问卷调查。调查仅作为学术资料进行统计分析，恳请您根据自己的实际情况和感受填写，感谢您的支持与配合！

备注：问卷中凡涉及评分的问题，选项由 5 至 1 程度依次递减，请在所选方框中打 "√"。无特殊注明均为单选题。

所属部门：_____

Q1 您的性别：
1□男　　　　2□女

Q2 您的年龄：
1□18岁-25岁　　2□26岁-35岁　　3□36岁-45岁
4□46岁-55岁　　5□56岁以上

Q3 您的职务属于哪个级别？
1□科级以下　2□副科、正科级　3□副处、正处级　4□处级以上

Q4 您的学历为：
1□初中及以下　2□高中/中专　3□大专　4□本科及以上

Q5 您的工作年限为：

1□ 2 年及以内　　　　　　2□ 2 年以上，5 年以下

3□ 5 年及以上，10 年以下　4□ 10 年及以上，20 年以下

5□ 20 年及以上

Q6 您的网龄有多长？

1□ 2 年及以内　　　　　　2□ 2 年以上，5 年以下

3□ 5 年及以上，10 年以下　4□ 10 年及以上，15 年以下

5□ 15 年及以上

Q7 您是否理解媒介素养？

1□完全理解　2□比较理解　3□一般　4□比较不理解　5□完全不理解

Q8 以下关于媒介素养的内涵，请您根据认识进行评价。（5 为非常同意，1 为非常不同意）

|  | 5 | 4 | 3 | 2 | 1 |
|---|---|---|---|---|---|
| 接待记者、与媒体打交道的能力 |  |  |  |  |  |
| 运用新媒体技术的能力 |  |  |  |  |  |
| 成熟的新闻业务（采写编评等）能力 |  |  |  |  |  |
| 运用媒体提高政府工作效率的能力 |  |  |  |  |  |
| 有效管理媒体的能力 |  |  |  |  |  |
| 控制、引导舆论的能力 |  |  |  |  |  |
| 运用媒体处理、应对危机事件的能力 |  |  |  |  |  |

Q9 您是否认同"媒介素养体现执政能力"？

1□非常认同　2□比较认同　3□一般　4□不太认同　5□完全不认同

Q10 以下新媒体时代的媒介功能，请您根据认识进行评价。（5 为最强，1 为最弱）

|  | 5 | 4 | 3 | 2 | 1 |
|---|---|---|---|---|---|
| 传播信息和知识 |  |  |  |  |  |
| 监督社会公共事务的执行过程 |  |  |  |  |  |

|  | 5 | 4 | 3 | 2 | 1 |
|---|---|---|---|---|---|
| 宣传党和国家的方针政策，引导主流价值观 |  |  |  |  |  |
| 提供娱乐消遣 |  |  |  |  |  |
| 发布广告的平台 |  |  |  |  |  |
| 公众表达意见的渠道 |  |  |  |  |  |
| 公众进行沟通交流的社交渠道 |  |  |  |  |  |

Q11 您对新媒体时代的记者是如何认识的？（5为非常同意，1为非常不同意）

|  | 5 | 4 | 3 | 2 | 1 |
|---|---|---|---|---|---|
| 与其他职业没有多大差别的信息工作者 |  |  |  |  |  |
| 政府声音的传播者 |  |  |  |  |  |
| 拥有调查权的社会监督者 |  |  |  |  |  |
| 专注娱乐八卦的"狗仔" |  |  |  |  |  |
| 海量信息的"把关人" |  |  |  |  |  |
| 刻意迎合社会热点的新闻制造者 |  |  |  |  |  |
| 没有任何权力的"新闻民工" |  |  |  |  |  |
| 互联网社会中"人人都是记者"，专业记者不再有用 |  |  |  |  |  |

Q12 作为政府工作人员，您怎样理解媒体和政府的关系？（5为最强，1为最弱）

|  | 5 | 4 | 3 | 2 | 1 |
|---|---|---|---|---|---|
| 新闻媒体是党和政府的喉舌 |  |  |  |  |  |
| 新闻媒体是社会舆论的重要引导者 |  |  |  |  |  |
| 新闻媒体是公共管理的重要手段 |  |  |  |  |  |
| 新闻媒体是和谐社会的促进者 |  |  |  |  |  |
| 新闻媒体是政府形象的塑造者 |  |  |  |  |  |
| 新闻媒体是政府与公众之间的桥梁 |  |  |  |  |  |
| 新闻媒体是政府工作的有效监督者 |  |  |  |  |  |
| 新闻媒体是政府工作的挑战者 |  |  |  |  |  |
| 新闻媒体是政府工作的合作者 |  |  |  |  |  |
| 在我们基层，政府与新闻媒体的关系不太重要 |  |  |  |  |  |

Q13 您认为新媒体在哪些方面有助于政府开展工作？（5为最强，1为最弱）

| | 5 | 4 | 3 | 2 | 1 |
|---|---|---|---|---|---|
| 更加有效地宣传党的政策主张 | | | | | |
| 全面弘扬社会主流价值观 | | | | | |
| 更加迅速地了解社情民意 | | | | | |
| 有利于引导社会舆论方向 | | | | | |
| 加强与民众之间的对话交流 | | | | | |
| 公共政策的执行更加透明化 | | | | | |
| 更好地进行舆论监督 | | | | | |
| 内部行政沟通更加高效 | | | | | |

Q14 您怎么看待"网络问政"？

1□有利于开展政府工作　　　　2□只是顺应潮流的形式

3□在工作中不能起到实质性作用　　4□不知道具体是干什么的

5□其他，请注明：_____

Q15 您平时的媒介接触情况：

| | 7小时以上/天 | 5-7小时（含7小时）/天 | 3-5小时（含5小时）/天 | 1-3小时（含3小时）/天 | 1小时及以下 |
|---|---|---|---|---|---|
| 报纸、杂志 | | | | | |
| 广播 | | | | | |
| 电视 | | | | | |
| PC互联网 | | | | | |
| 移动互联网 | | | | | |

Q16 在工作中，您对以下类型的媒体关注情况如何？请根据实际情况进行选择。

| | 非常关注 | 关注较多 | 一般 | 很少关注 | 不关注 |
|---|---|---|---|---|---|
| 主流新闻网（如人民网、新华网等） | | | | | |
| 政府信息门户网站（如中国政府网、甘肃省人民政府网等） | | | | | |

|  | 非常关注 | 关注较多 | 一般 | 很少关注 | 不关注 |
|---|---|---|---|---|---|
| 门户网站(如新浪、网易等) | | | | | |
| 贴吧、论坛(如百度、天涯等) | | | | | |
| 政务微博(甘肃发布、甘肃公安等) | | | | | |
| 政务微信(如每日甘肃、甘肃教育等) | | | | | |
| 官方短视频账号(抖音、快手等) | | | | | |

Q17 您最近三个月参与以下媒体活动的频次情况如何?

|  | 12次以上 | 7-12次 | 4-6次 | 1-3次 | 没有参与 |
|---|---|---|---|---|---|
| 在新闻媒体上发表文章 | | | | | |
| 参加新闻发布会 | | | | | |
| 接待来访的新闻媒体 | | | | | |
| 接受记者采访 | | | | | |
| 参与策划媒介议题及新闻报道 | | | | | |

Q18 工作中如果有记者采访,您会怎么做?(可多选)

1□任何采访来者不拒

2□更愿意接受间接采访,如电话、微信、微博、电子邮件等

3□更愿意接受正面宣传的采访

4□不回避危机事件及负面舆情的采访

5□不接受任何情况的采访

6□其他,请注明:_____

Q19 以下类型的新媒体,您注册个人账号进行使用的有哪些?(可多选)

1□微博  2□微信  3□电子邮件  4□短视频APP(如抖音、快手等)

5□论坛、贴吧(如百度、天涯)  6□知乎

7□其他,请注明:_____

Q20 以下各种媒介类型，您使用它的最主要的目的分别是什么？（每行限选一项）

| 目的＼选项 | 了解新闻 | 学习新知识 | 社交通信 | 消遣娱乐 | 工作需要 | 获得社会话题 | 其他 |
|---|---|---|---|---|---|---|---|
| 报纸、杂志 | | | | | | | |
| 电视 | | | | | | | |
| 互联网 | | | | | | | |
| 广播 | | | | | | | |
| 手机媒体 | | | | | | | |

Q21 您更倾向于了解哪一类型的新闻信息？（可多选）

1 □时政类　　　2 □社会民生类　　　3 □农业类

4 □经济类　　　5 □科技类　　　　6 □娱乐类

7 □其他，请注明：_____

Q22 您运用网络主要进行哪些日常工作？（多选）

1 □利用社交软件与同事进行工作沟通交流

2 □在网页中搜索政策文件通知

3 □浏览相关政府部门信息门户网站

4 □开视频工作会议

5 □运用新闻策划手段为所在地区进行宣传推广

6 □收发邮件

7 □上传和下载相关工作文件

8 □参与网络评论

9 □其他，请注明：_____

Q23 您认为政府工作人员需要具备以下哪些媒介使用能力？（5 为非常需要，1 为完全不需要）

| | 5 | 4 | 3 | 2 | 1 |
|---|---|---|---|---|---|
| 掌握信息制作与发布的技能（新闻业务技巧） | | | | | |
| 会根据不同的媒介平台选择不同的传播形式 | | | | | |

|  | 5 | 4 | 3 | 2 | 1 |
|---|---|---|---|---|---|
| 会根据受众阅读习惯发布信息(如时间节点) |  |  |  |  |  |
| 会根据社会热点进行新闻策划 |  |  |  |  |  |
| 能够熟练操作使用"两微一端"等新媒体平台 |  |  |  |  |  |
| 能够利用新媒体及时了解公众意见 |  |  |  |  |  |

Q24 您是否能够辨别新闻报道内容的真实性？

1□完全可以 2□基本可以 3□一般 4□几乎不可以 5□完全不可以

Q25 您怎么判断信息的真实性？（可多选）

1□看信息的发布平台是否为国家权威媒体(平台)

2□看援引消息来源是否权威

3□看新闻要素是否齐全

4□看公众对于该信息的评价态度是否一致

5□利用多方渠道进行核实

6□自己凭主观意识去判断

7□其他，请注明：_____

Q26 您对媒体在新闻中所表述的立场观点持什么态度？

1□完全接受媒体表达的观点

2□观察多家媒体报道再予以判断

3□对新闻事件坚持自己的判断和立场

4□看其他人的评论态度再决定支持哪种观点

Q27 当您怀疑某一信息的真实性时，您会怎么做？

1□寻找多条信息传播渠道，立刻弄清事实真相

2□依内容的重要程度决定是否去核实信息真实度

3□从未怀疑媒体信息的真实性

4□没有什么想法，信息真实与否跟我无关

5□错误在所难免，不会影响媒体在自己心中的形象

Q28 面对突发事件或公共危机，您认为政府工作人员一般会采取哪些措施？（可多选）

1 □ 封锁消息，不对外公开

2 □ 轻描淡写，大事化小

3 □ 做好记者采访的接待和服务工作

4 □ 第一时间组织新闻报道，引导社会舆论

5 □ 及时利用媒体澄清真相，化解谣言

6 □ 注意信息的统一发布与媒体协调工作

7 □ 随时关注媒体报道，特别是网络媒体的后续影响

8 □ 加强新闻宣传策划，消除负面影响，以树立良好政府或部门形象

9 □ 不断完善预警机制，牢牢把握报道主动权

10 □ 其他，请注明：_____

Q29 面对来自互联网的挑战，您认为政府应该如何做？（5 为非常同意，1 为非常不同意）

|  | 5 | 4 | 3 | 2 | 1 |
| --- | --- | --- | --- | --- | --- |
| 建立法律法规，通过网络实名制等手段严格控制网络 |  |  |  |  |  |
| 重视网络对社会舆论的影响，积极发挥网络的正面舆论引导作用 |  |  |  |  |  |
| 通过网络收集民意、充分发挥网络舆论的监督作用 |  |  |  |  |  |
| 充分利用网络的交互性展示政府形象 |  |  |  |  |  |
| 加强网上沟通、提供政务公开 |  |  |  |  |  |
| 加强行业自律与道德规范建设，尊重互联网自身发展规律 |  |  |  |  |  |
| 加大对于网络有害信息的封堵、删除 |  |  |  |  |  |
| 加大网络评论员队伍建设，增强政府舆论引导能力 |  |  |  |  |  |
| 加强政府工作人员媒介素养教育 |  |  |  |  |  |
| 网络不可靠、不可控，因此不能相信、依靠网络 |  |  |  |  |  |

再次感谢您的参与！祝您工作顺利、生活愉快！

# 后 记

整理完成这部书稿的时候，历时三年之久的新冠疫情终于迎来全国性的解封时刻。在书稿即将整理完成的这段时间，我和家人突然遭遇一次大范围流行感冒的侵袭。正是这次亲身经历，让我们去除了不少对新冠的恐惧，消解了一度缠绕于日常生活的诸多不确定性。

新冠疫情的这三年，正好是这个课题落地开展研究的三年。三年来，我和研究团队克服疫情带来的各种困难，立足甘肃一隅，放眼全国各地，对县级媒体融合与基层传播治理创新问题展开了一次小切口、全景式的祛魅性观察。这本小书就是这次祛魅性观察的最终报告，也是整个研究团队集体劳动的结晶。

首先要感谢课题组成员王赟、高怡、权玺、张华、王芳、李惠民等人的大力支持，在他们帮助之下，课题不仅成功立项而且顺利实施。其次要感谢参与课题研究的研究生们。他们分别承担的具体工作是：翟芯仪负责本书第一章的前期研究；柳泽兴负责本书第二章的前期研究；黄金镛负责本书第三章的前期研究；叶晓梅负责本书第四章的前期研究；孔子俊负责本书第五章的前期研究；苟立锋负责本书第六章的前期研究；熊新幸负责本书第七章的前期研究。全书框架由刘晓程设计，最后由刘晓程重新整理结集并编撰定稿。此外，研究生彭倩、敖雅倩、汪宁宁、张庚蓉、陈苏洁、张文青、刘畅、吴丽燕等人也参与了与本课题有关的一些研究讨论工作。研究生鲁晓航和苏晓参与了本书的部分校对工作。他们共同助力本课题研究，在此一并表示感谢。

本课题是相关团队开展的系列研究之一。2017 年，我们团队由王赟老师牵头申报获批了教育部社科基金项目《基层政务新媒体的舆论引导功能及其对话机制创新研究》（项目编号：17YJC860024）。该课题主要关注基层政务新媒体舆论引导现状，讨论基层政务新媒体如何助力提高社会治理、民主协商、对话沟通等问题。在这一课题的实施过程中，我们注意到县级媒体融合这一新现象，由刘晓程牵头申报获批第二个教育部社科基金项目《县级媒体融合与基层传播治理创新研究》（项目编号：19XJA860001）。本书是这一课题的结题成果，也是我们对这一问题的系统研究和总结回应。

兰州大学团队对中国西部欠发达地区新媒体与社会发展问题的研究有着十分悠久的传统。早在2005年前后，李惠民教授相关团队就曾围绕"经济落后地区互联网发展"问题开展系列研究，总结提炼了镇巴模式、金塔模式、黄羊川模式等西北欠发达地区乡村互联网发展的不同类型，并对西北欠发达地区乡村互联网与社会发展问题形成较为集中的研究。此后，王芳教授团队开展"新媒体在西北农村信息传播中的效果研究"，对西北农村信息化发展及落地表现、西北农村信息化发展制约因素等问题展开较为集中的研究。上述王赟老师负责的"基层政务新媒体的舆论引导功能及其对话机制创新研究"和本人负责的"县级媒体融合与基层传播治理创新研究"都是这一系列相关研究的继承和延续。2022年，王芳教授团队又成功获批国家社科基金项目《社会生态系统视角下西部县级融媒体参与乡村社会治理的角色定位与路径创新研究》（项目号：22XXW011），这让兰州大学团队对这一系列问题的研究上又有了新的探索机会。

这本书是兰州大学公共关系与战略传播研究中心推出的"公共关系与战略传播丛书"第一本理论研究专著。"公共关系与战略传播丛书"是兰州大学公共关系与战略传播研究中推出的一种相对开放的出版计划。我们希望这个计划能让更多从事相关教学、研究、实践的同人能以"公共关系与战略传播"的名义结集，用更加多元灵活的方式整理我们的工作，积累我们的成果。

这本书的出版离不开兰州大学公共关系研究中心、兰州大学现代咨询策划研究所、兰州大学社会舆论调查与舆情研判中心相关专家学者的支持鼓励，尤其是杨魁、段京肃、李惠民、张克非、樊得生、穆建刚、许小平、王芳、于永俊、韩亮等前辈，既是我求学时期的授业恩师，又是我职业发展道路上的指引者，同时还是我主持的多个重要研究课题的合作者。感谢兰州大学新闻与传播学院冯诚院长、曹国林书记、张硕勋常务副院长，以及王君玲副院长、周兆瑜副书记、王春彦副书记。他们一直在工作上关心我、帮助我、支持我，让我有更多时间在学术上开垦自留地。

感谢兰州大学新闻与传播学院为本书出版提供的经费支持。感谢读者出版社王先孟社长、漆晓勤编辑为本书出版付出的辛勤劳动，是他们的严谨、专业、耐心让本书避免了不少令人汗颜的差错。期待本书"物有所值"，对得起大家的付出。

感谢"程门好学"的小伙伴。我的每一个课题、每一本书、每一篇文章，都是在师门的组会中生发灵感、开展研究、合作完成的。与他们对话，是我参与各类学术研究的直接动力。

最后要感谢我的家人。过去几年，我们共同经历新冠疫情的艰辛，亲朋好友的变故，以及日常生活中的各种具体困难。希望这本书的出版能给大家带来一些欣慰。尤其要感谢儿子团团，小学四年级的他一直知道我在写书，也经常会跑到旁边关心问我何时写完。希望上面敲下的每个字，对他也是一种激励。

刘晓程<br>
2022 年 12 月 10 日